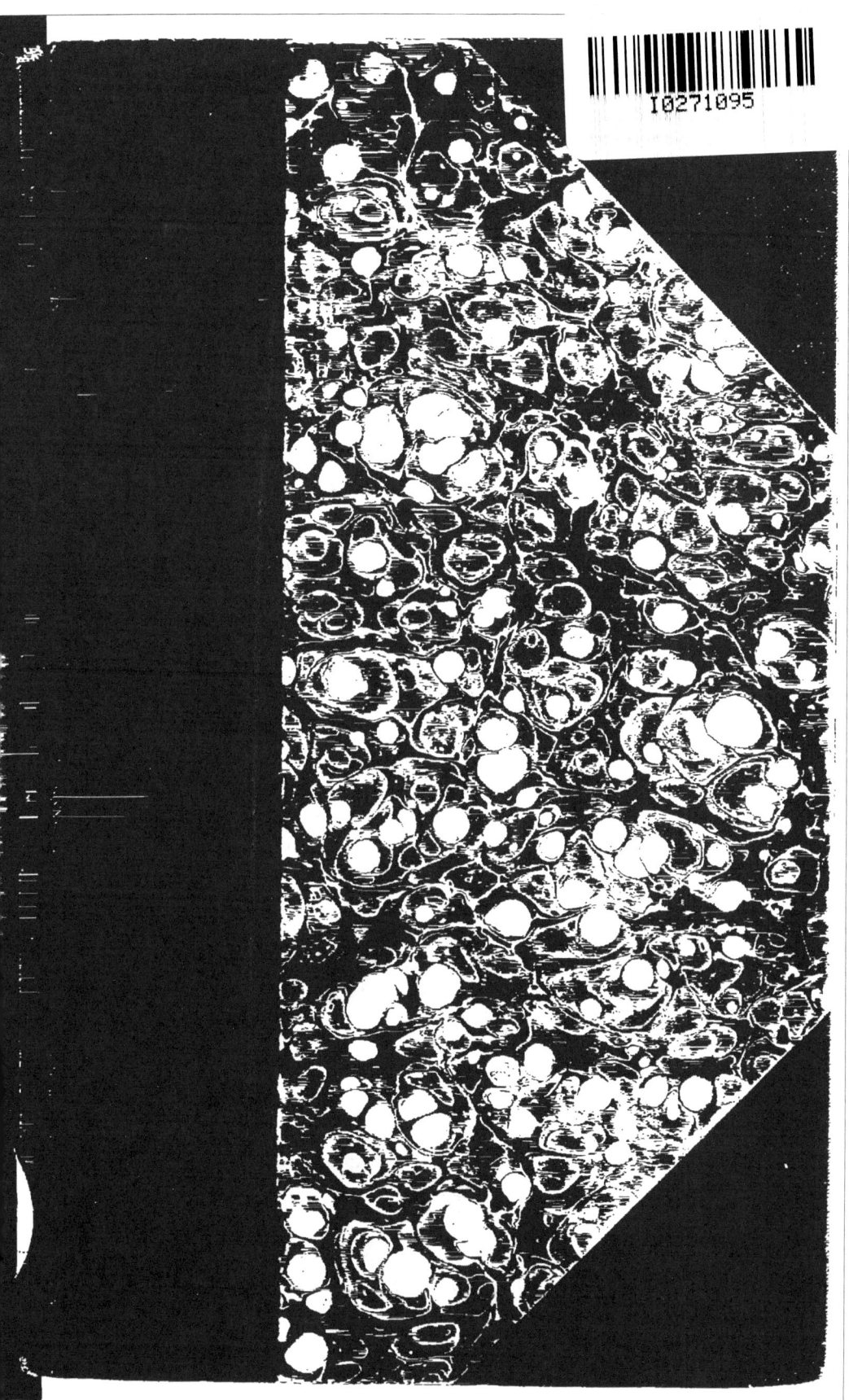

8° Z Le Senne
3106

ARTHUR DE BOISSIEU

LES VIVANTS

ET

LES MORTS

IIIe SÉRIE DES LETTRES D'UN PASSANT

D'août 1868 à mai 1870)

PARIS
ALPHONSE LEMERRE, ÉDITEUR
PASSAGE CHOISEUL, 47

M. D. CCC. LXX

LES VIVANTS

ET

LES MORTS

IMPRIMERIE L. TOINON ET Ce, A SAINT-GERMAIN

ARTHUR DE BOISSIEU

LES VIVANTS

ET

LES MORTS

IIIe SÉRIE DES LETTRES D'UN PASSANT

D'août 1868 à mai 1870)

PARIS
ALPHONSE LEMERRE, ÉDITEUR
PASSAGE CHOISEUL, 47

M. D. CCC. LXX

A LA MÉMOIRE VÉNÉRÉE DE MON PÈRE

C'est à la tombe que je dédie ce livre, à la tombe où vient de descendre le plus grand homme de bien que j'aie connu — mon père. Naguère encore il se tenait au milieu de nous, heureux de vivre et d'aimer. C'est en pleine vie qu'il fut touché de la main froide de la mort. Quelques jours de maladie semés d'espérances et de craintes, de confiance et d'inquiétudes!... Puis enfin l'éternel silence et l'immobilité terrible de ceux qui ne sont plus. Trois mois ont déjà passé depuis qu'il nous a quittés, pour la première fois, hélas, et pour toujours.

Je dirai plus tard cette noble vie si peuplée d'œuvres. Je raconterai sa carrière publique et quarante années consacrées aux calmes labeurs de la justice. La magistrature voit rarement ses pareils s'arrêter sur ses pentes ou siéger sur ses sommets. Il était de la lignée de ces grands hommes d'autrefois qui également inaccessibles à la corruption et à la crainte et se sentant, pour ainsi dire, le cœur aussi haut que la justice, pesaient dans des balances équitables les intérêts et les crimes et opposaient les tables de la loi aux empiétements des princes comme aux emportements des peuples.

Je louerai cette modestie native qui est à la fois la marque du talent et de la vertu. Il dissimulait en lui ce que les autres y découvraient, le bon sens servi par l'esprit, et la science par la raison. La première fois qu'il dirigea les débats criminels il ressentit ces nobles appréhensions dont se sont déshabituées les consciences des magistrats. Il n'aborda qu'en tremblant ces redoutables devoirs, craignant d'être responsable devant les hommes d'un oubli, ou devant Dieu d'une erreur. Les actes des hommes répondent à leurs pensées et qui pense bien agit de même. Il agit bien et mérita, au même titre, les hommages et les regrets. Ce fut un juge qui fit honneur à la justice par sa façon de la concevoir, son intelligence à la rendre, son dévouement à la servir.

Il entra dans la magistrature comme la Restauration finissait. Il garda dans son cœur et m'a transmis à moi, son fils, le culte de la royauté proscrite. Ses regrets s'accroissaient avec le temps et il eût voulu oublier la honte des choses présentes par la gloire des choses anciennes. Il voyait la magistrature abaissée par des choix sans dignité et décriée par des arrêts sans indépendance ; il voyait les interprètes des lois, serviles avec les puissants et insolents avec les faibles, placer l'intérêt de leur fortune plus haut que leur devoir de juges. C'est pourquoi par son attitude et ses exemples il paraissait un frondeur perpétuel et une protestation vivante. Soutenant avec quelques-uns de ses amis d'autrefois l'honneur de la justice avilie, il ressemblait à ces hautes cimes qui, seules éclairées du soleil quand tout le reste est perdu dans l'ombre, se jouent dans la lumière et la sérénité.

Et c'est ainsi qu'il traversa le gouvernement de Juillet, la République et l'Empire, intègre parmi tant de corruptions, pur parmi tant de scandales. En plusieurs occasions que je dirai en d'autres temps, il défendit le droit contre le pouvoir, et la justice contre son ministre. Ai-je besoin d'ajouter que nul ne songea jamais à récompenser en lui le mérite, les travaux et l'âge! Entré dans la magistrature avec le titre de conseiller auditeur, il mourut quarante ans après avec le rang de conseiller. Combien, qui ne le valaient pas, ont achevé de scandaleuses fortunes, et travaillant à passer maîtres ont doré leurs galons de valets? Combien, parvenant aux sommets, le front et les mains tachés de boue, n'avaient, pour rendre la justice, d'autre titre que de l'avoir prise, et pour la gouverner que de l'avoir vendue!

Quant à lui, mon père, si, en lui, on n'eût regardé que le talent, il fût monté aux premiers rangs : on ne regarda que l'intégrité, il demeura aux rangs obscurs. On lui reprochait son attachement au passé, son respect des lois humaines, et le dirai-je, religieuses! La foi déplaît à nos maîtres et l'Empire ne récompense que les sceptiques ou les transfuges. Il refusa, je le dirai, un avancement dont son apostasie eût été la condition. Qu'il n'ait rien demandé, rien renié, rien reçu, ce fut autrefois son honneur et, maintenant, c'est le mien.

Toutes ces choses, je les dirai quand seront émoussées en moi les pointes aiguës de la douleur. A l'heure présente je ne veux, je ne dois que me souvenir et pleurer. En lui, m'écrivait il y a peu de jours Mgr le comte de Chambord, « en lui la magistrature française a perdu un de ses membres les plus éclairés et les plus intègres. » Entre tous les éloges que j'ai entendus ou lus, je choisis celui-ci, rendu par un roi dans l'exil à mon père dans la tombe. Et à quoi servent toutes ces louanges, maintenant que la mort a tout repris? Les yeux que j'aimais tant se sont fermés pour jamais et j'ai senti se glacer dans la mienne la main qui fut mon appui. Il a rejoint dans une autre patrie ceux des miens que le monde ne connaît plus, et dont je revois, par les regards de l'âme, les ombres chères et vénérées. Si quelque souci de la terre délaissée survit encore dans les cieux reconquis, ô père, objet éternel de mes regrets et de mes larmes, ami présent et invisible, soyez-moi, comme aux jours passés, un protecteur dans l'adversité, un conseil dans l'incertitude, un consolateur dans les chagrins. Dieu me donne de vous imiter dans la vie et de vous retrouver dans la gloire. Et, en vous dédiant ce livre que vous avez vu commencer, je le dépose sur votre cercueil comme un dernier et filial hommage de piété, de douleur et d'amour.

ARTHUR DE BOISSIEU.

10 mai 1870.

LETTRES D'UN PASSANT

I

MONSEIGNEUR LE COMTE DE CHAMBORD

Août 1868.

En moins de deux heures, le chemin de fer franchit les quinze lieues qui séparent Vienne de Neustadt. Le train s'arrête plus de dix fois dans le parcours, mais le chemin est si varié qu'on s'amuse à ses bagatelles et qu'on se plaît à ses retards. La vaste plaine porte gaiement l'or des moissons nouvelles, et dans la verdure des arbres et des prés se cachent les maisons blanches et courent les ruisseaux d'argent. A l'horizon s'élèvent des montagnes assez hautes pour se couvrir éternellement de l'aile des nuages et du manteau des neiges.

A Neustadt on prend une de ces voitures autrichiennes qui sont larges, commodes et chères. On suit pendant quelque temps une route sans intérêt menant à des collines sans caractère; on franchit sur un pont de bois la Leitha, rivière sans eau, où ne pourrait se baigner le plus petit des diplomates qui se sont occupés d'elle. Çà et là les bœufs de Hongrie, qui tondent l'herbe des fossés, relèvent au bruit des roues leurs têtes aux cornes sans fin, et les enfants, montrant aux portières leur bouche ouverte et leur main vide, laissent à la poussière du chemin l'empreinte de leurs pieds nus. A l'extrémité d'un pauvre village on rencontre enfin ce château qu'ont rendu célèbre le dévouement de ses hôtes et la grandeur de ses maîtres, Frohsdorf; Frohsdorf, le seul lieu du monde où s'épanouissent encore les souvenirs d'un passé sans rival et les fleurs du lys sans tache !

Il n'est personne que le respect ne touche et que l'émotion ne gagne parmi ceux qui mettent le pied dans cette demeure des bannis et ces Tuileries de l'exil. J'entendis une voix amie me disant : Vous êtes en France et chez le descendant des soixante rois qui l'ont faite. Dans ce hameau de la lointaine Allemagne, je retrouvais la langue et le reflet de la patrie. Quand le héros troyen fuyait sa ville en flammes, il n'avait rien perdu, puisqu'il emportait avec lui ses pénates et son épée, ses ancêtres et ses dieux ! Quand l'orage de 1830 eut renversé le vieux trône de saint Louis, il ne resta qu'un vieillard et qu'un enfant condamnés tous deux à expier dans le long exil le malheur de leur chute et la grandeur de leur nom mais avec ces têtes sacrées fuyait le passé proscrit. Partout où les exilés dressaient leur tente passagère, à Holyrood, à Goritz, à Frohsdorf, se fixaient avec eux nos souvenirs et nos regrets, nos espérances et nos gloires. Près d'eux se pressait le cortége des amis fidèles, dont la mémoire est sans oubli et le cœur sans trahisons ! Pour eux, deux ans après leur départ, quelques épées vaillantes brillèrent dans quelques nobles mains !

Bien des jours se sont écoulés depuis l'heure où Charles X et son petit-fils partaient pour la terre étrangère. Le vieillard n'est plus, mais l'enfant a grandi. Sur la tombe de l'un et sur la demeure de l'autre, pleurent et veillent toujours la statue de la France et l'image de la patrie.

Frohsdorf est à la fois trop grand pour une maison et trop simple pour un palais. Il est château comme on est lord en Angleterre, par courtoisie. C'est en somme un bâtiment carré sans ornement et sans prétention, mais entouré d'arbres, de gazons et de fleurs. Dans le parc, des daims aux larges ramures se poursuivent sous les sapins ou s'étendent sur les herbes. C'est dans cette France lointaine que l'on peut admirer encore ce que l'infortune a de plus achevé et le dévouement de plus noble. C'est dans cette triste demeure que des majestés découronnées et des amis fidèles attendent et prient sous les regards d'un Dieu qui n'a pas voulu tarir le trésor des souvenirs et la source des espérances.

A Frohsdorf, les jours se suivent et s'écoulent réguliers, tranquilles et pareils. Chaque heure a son emploi : le matin est à Dieu, le jour à l'étude, le soir au plaisir, et, par plaisir, j'entends les promenades en voiture, le repos sous les arbres ou les causeries sous la lampe. Le temps passe vite, s'emploie bien, et l'exactitude est l'une des politesses de celui qui devait être et qui n'est pas le roi. Nulle contrainte, nulle étiquette, mais, de la part du maître, une cordialité dont sa dignité s'accommode, et, de la part des hôtes, un abandon qui n'exclut pas le respect. Les entretiens se prolongent longtemps, avec gaieté souvent, avec charme toujours. On parle de toutes choses sans amertume comme sans colère. Et dans la pensée et sur les lèvres revient sans cesse le nom de la France oublieuse qui a fait un exilé du plus noble de ses fils et du meilleur de ses princes.

Il est temps que je dise enfin quel est celui pour lequel tant de gens sont prêts au sacrifice sans calcul et au dévouement sans réserves. Je raconterai mes impressions personnelles sans souci du sentiment des autres, que je n'ai ni le dessein de heurter ni le désir de connaître. Je le ferai avec ma franchise accoutumée, et jamais, grâce à Dieu, la vérité ne fut plus consolante à dire et plus saine à propager. J'ai l'espoir d'être écouté et le droit d'être cru, quand j'apporte en faveur d'un prince exilé un témoignage dont personne ne peut suspecter la bonne foi ou dénier l'intelligence. Et je l'avoue hautement, si je n'avais vu dans le descendant de la plus grande famille humaine qu'un être incapable ou vulgaire, j'aurais fait comme le soldat découragé qui, brisant son glaive inutile et désintéressé des luttes d'ici-bas, se plaint de n'avoir plus sur terre de croyance à garder et de cause à défendre.

Monseigneur le comte de Chambord compte aujourd'hui quarante-huit années révolues dont dix passées en France et trente-huit en exil. Mais personne ne lui donnerait son âge, tant il a su garder sous le contact de l'âge mûr le rayonnement de la jeunesse. Malgré l'exil qui dure et le temps qui s'écoule il a retenu l'entrain des premiers jours et le charme du printemps. Et si son front s'est dégarni au souffle des années rapides, c'est à la place que devrait couvrir le cercle d'or de la couronne qui fut promise à son berceau.

Rien qu'à voir le prince on reconnaît le sang dont il sort. Jamais l'intelligence et la bonté n'ont mis leur double reflet sur un plus noble et plus charmant visage. Il porte un collier de barbe blonde où le temps n'a pas neigé et des cheveux tombants qui semblent un diadème descendu. Sous le nez droit, aux ailes repliées, se dessinent des lèvres fines que le chagrin resserre ou le sourire entr'ouvre. Le front est large et sans rides, les sourcils purs et déliés ; les yeux d'un bleu pâle et largement ouverts, lancent droit devant eux ces regards lumineux et francs dont la flamme réchauffe et dont l'éclair pénètre. La voix, limpide et vibrante, sonne comme un timbre d'argent et paraît faite pour retentir, soit dans la mêlée des batailles, soit sur les sommets d'un trône.

Le prince est né Français et s'est conservé tel ; il est Français jusqu'au bout des ongles, Français de race et d'aspect, Français de caractère, d'allures et d'esprit. Il semble, à le voir, et on croit à l'entendre, qu'il a quitté Paris par le récent *express*, tant il est au courant de la dernière injustice dont nous avons souffert et du dernier bon mot dont nous avons ri. Il connaît nos grands hommes et leurs petites actions et les juge sévèrement, ce qui prouve qu'il les juge bien. Rien de ce qui est Français ne lui paraît indifférent et ne lui demeure étranger. Il est de son temps et de son pays, et sent qu'en matière de gouvernement, il y a dans le passé des souvenirs à honorer plutôt que des exemples à suivre. Sans préjugés gothiques et sans théories surannées, il sait que, de nos jours, l'autorité a besoin d'être restreinte et la justice d'être étendue. En politique et en économie, il a l'idée neuve de moraliser l'une et de pratiquer l'autre ; et si Dieu l'avait voulu, il aurait offert au monde le rare spectacle d'un prince honnête régnant sur un peuple libre.

Il n'a rien oublié, mais beaucoup appris. Doué d'une mémoire sûre et d'un sens droit, il s'est fortifié par l'étude et mûri dans l'exil. Il a des traits heureux, des reparties vives et, dans l'esprit, cette grâce et cette mesure dont nous avons méconnu la valeur et désappris l'usage. Il croit, il attend, il espère. Prêt et préparé à tout, même à l'impossible qui, quoi qu'on en dise, est français, il conserve des droits qu'il ne voudrait ni compromettre par folie, ni appuyer par violence. Il a, de son aïeul Henri IV, l'esprit, le courage et la bonté. Il emploie au soulagement des misères humaines le peu de ressources que les événements ont laissées dans ses mains royales. Il répond à tous les appels, secourt toutes les infortunes et augmente le prix de ses bienfaits par sa grâce à les accorder et sa promptitude à les répandre. Il abandonne aux pauvres de Chambord les revenus de ce vaste domaine ; élève, instruit et protége toute une colonie française réunie à Frohsdorf autour du maître exilé, et prodigua à Venise de si larges aumônes que naguère une lettre couverte de deux mille sept cents signatures le rappelait dans cette ville découronnée, dont jadis il était l'hôte et paraissait le roi. Il se console du trône qu'il a perdu par le bien qu'il sait faire. Auprès de lui, l'aidant de ses conseils et l'assistant de son exemple, se tient sa noble femme, vivante image de la vertu qui s'ignore et de la charité qu'on bénit; la comtesse de Chambord, figure mélancolique et touchante, qui porte, au lieu de la couronne attendue, l'auréole des saintes de la terre et des anges d'ici-bas!

Dieu n'a pas ménagé à ce fils aîné de son Église, les tristesses et les douleurs. Pauvre prince! Il a connu les épreuves où le cœur saigne et l'âme se retrempe, et a pu montrer à tous la quantité de larmes que contiennent les yeux des rois. Chacune de ses années fut marquée d'un deuil amer, et il a vu tomber autour de lui les compagnons de son exil, les amis de son malheur et les aînés de sa maison. C'est de Froshdorf que la duchesse d'Angoulême, s'envolant de la terre au ciel, partit pour aller rejoindre les martyrs de sa race et recevoir la récompense de ceux qui ont beaucoup aimé, beaucoup souffert, et beaucoup pardonné.

Mgr le comte de Chambord a converti en oratoire la chambre où mourut la sainte fille du roi Louis XVI. On voit les meubles où elle s'assit, le lit où elle agonisa et le crucifix de bronze où sa lèvre expirante cherchait encore à se poser. Sur une plaque de marbre noir sont gravés en lettres d'or ces mots dont j'ai gardé souvenance :

> Ici,
> Élevant son âme à Dieu,
> Marie-Thérèse de France
> Exhala sa dernière prière
> Et son dernier soupir.

Dans cette même chambre, à la place même où j'ai prié, vint, il y a quelques années, s'agenouiller le duc de Nemours. Il y resta longtemps, et se relevant, la voix émue et les yeux humides : « C'était ma marraine, » dit-il. Ces souvenirs sont vieux aujourd'hui, mais alors deux familles royales paraissaient mettre à profit les leçons de l'expérience et les loisirs de l'exil, et on pouvait croire qu'un des fils du roi Louis-Philippe venait demander au chef auguste de sa maison la sanction de l'avenir et l'oubli du passé.

Combien ont suivi Madame la duchesse d'Angoulême dans ce monde meilleur, où sont réunis ceux qui s'aiment et consolés ceux qui souffrent. Morts, MM. de Blacas et de Lévis, ces sublimes courtisans d'une infortune pour laquelle leur présence était un charme et leur dévouement un appui! Morte, la duchesse de Parme à qui tant d'années semblaient promises, morte sans avoir vu se lever ce jour de la justice dont elle attendait l'aurore! C'est le cas de s'écrier avec le poëte : *Manibus date lilia plenis :* jetez les lys à pleines mains, les lys blancs qui se lèvent sur des ruines et fleurissent sur des tombeaux.

Que d'autres, depuis peu, sont partis pleins de vie!

Parmi ceux-là, je citerai l'aumônier de Froshdorf, l'abbé Trébuquet, dont le prince fut l'élève et demeura l'ami, puis M. de la Ferronays, que le comte de Chambord vit mourir à ses côtés dans une journée du dernier hiver. Il expira sur une route couverte de neige qui traverse un bois de sapins. Une croix s'élève à la place où il fut frappé, et sur le piédestal on lit ces touchantes paroles : « Ici mourut le comte Fernand de la Ferronays après une courte et noble vie, toute de fidélité, d'honneur et de dévouement. » Que de têtes chères à jamais glacées ! Le prince a vu partir avant lui sa sœur, que le malheur lui avait rendue et que lui reprenait la mort. Il a mené le deuil de ses amis fidèles tombés tour à tour, les uns dans la verte vieillesse, les autres dans la jeunesse en fleur ! Tous, le sentant près d'eux à leurs derniers moments, se sont un instant réveillés pour le voir et ranimés pour l'entendre ! Tous, en le quittant, ont emporté avec la joie de l'avoir servi, l'honneur d'en être pleurés ! Hélas ! c'est pour les meilleurs d'entre nous que semblent faites les plus grandes douleurs, et la couronne d'épines ceint tour à tour les fronts du Dieu méconnu et des rois dépouillés.

Comme ses douleurs, l'exil a ses fêtes. Elles apparaissent de loin en loin et brillent comme un rayon entre deux orages, comme entre deux larmes un sourire. Je fus témoin de l'une d'elles. Il me fut donné de passer à Froshdorf le jour de la Saint-Henri. Le soir, le prince admit à sa table tous les hôtes de sa maison. La musique de Neustadt jouait dans une pièce voisine, tantôt des morceaux choisis des opéras en renom, tantôt les airs vieillis dont s'égayaient nos pères. Le dîner touchait à son terme, lorsque Mme la comtesse de Chambord, se levant, le verre en main, porta la première, la santé de son auguste époux. L'émotion fut vive alors et les cœurs battaient ensemble. Tous, debout et attendris, cherchant le regard et la main du prince, nous demandions à Dieu, pour la France et pour son noble fils, des jours meilleurs et des destins unis!.. Ces moments sont rapides, hélas! mais le souvenir nous en ramène l'illusion et nous en redonne le charme... Bien doux est de les vivre et de les raconter.

Et maintenant, j'ai terminé. C'est au lecteur de conclure. Pour juger un prince que la haine poursuit et que l'exil éloigne, j'ai voulu voir et j'ai vu. J'ai été séduit, pourquoi m'en taire? Peut-être étais-je plus sensible qu'un autre aux séductions de l'infortune et aux attraits de l'exil, mais quel cœur bien né peut se défendre du charme du malheur et de la pauvreté?

En parlant de Mgr le comte de Chambord, j'affirme qu'à aucun de ceux qui le méconnaissent il ne fut donné de le connaître, et qu'à aucun de ceux qui l'ont approché, il n'est possible d'en médire. Malgré la différence des partis et des croyances, il n'est personne qui, au contact de ce déshérité, ne ressente à défaut de l'affection, l'estime, et du dévouement, le respect. Quant à moi,

> Je le pense et le dis à qui voudra m'en croire,
> Non pas en courtisan qui flatte la douleur,
> Mais je sens qu'une place est vide dans l'histoire :
> Tout un siècle était là, tout un siècle de gloire,
> . . . .
> Dans cette aimable tête et dans ce brave cœur!

Parmi ceux qui liront ces lignes, plusieurs, je le sais bien, seront tentés de me dire : Pourquoi vous obstiner dans le culte du passé mort et des dieux inconnus?

Quel fruit vous revient-il de tous ces sacrifices?

Avec un doigt de bonne volonté, vous seriez de ceux dont on forge les décorés et les sous-préfets de l'avenir. Aujourd'hui les mêmes prix sont décernés aux chevaux vainqueurs et aux hommes changeants. En fait d'opinions, on adopte celles qui coûtent le moins et rapportent le plus. On ne naît pas bonapartiste, on le devient, et cela s'appelle, soit devancer la justice du peuple, soit mériter la faveur du prince.

Parmi les cochers du char de l'État, il en est beaucoup qui, avant d'avoir fait fortune et de devenir quelque chose, n'étaient rien et n'avaient rien. Je le sais et je le regrette. Je juge les actes et je plains les gens. Le costume change, mais l'homme reste. A quelques exceptions près, ce qui manque à nos grands hommes, c'est l'estime des petites gens.

Laissez-moi, loin du monde où vous vivez, placer mes rêves décevants dans les lointains de l'avenir et dans les nuages du ciel; je ne demande et ne veux rien. Dans nos temps agités, il n'est ni d'un mauvais exemple ni d'un médiocre courage de demeurer, sur les ruines d'un temple écroulé, invaincu, debout et croyant. Alors que la foule se presse dans les chemins détournés qui conduisent à la fortune, il est bon que quelques hommes de cœur s'obstinent dans un seul amour et un dévouement unique. Moins la foule les imite, plus peut-être elle les admire. Elle comprend, quand vient leur mort, que la patrie fut atteinte dans ceux-là qui l'aimaient le plus et l'honoraient davantage.

Quand j'entends nos grands hommes affirmer leur durée et célébrer leur gloire, je me dis que rien n'est éternel sur ce sol où ils démolissent encore plus de maisons qu'ils n'en élèvent. Quand plusieurs de ces grains de sable que nous nommons des années seront tombés dans l'océan des âges, eux et leurs œuvres entreront dans le néant des choses et dans l'oubli des hommes.

II

HAVIN, ROSSINI, ROTHSCHILD — LES DÉBUTS
DE M. GAMBETTA

Novembre 1868.

C'est avec les dernières feuilles et les premières neiges que se fait la jonchée des vivants, et il semble que la mort reconnaissante fête régulièrement les approches de décembre. On dirait, qu'avant de s'enfuir, chaque année veut réparer ses oublis et couper des gerbes mûres dans la moisson des hommes. La semaine qui court encore, vient d'enlever un écrivain à la presse, un musicien à l'harmonie et un banquier à la finance. Aucun d'eux ne disparait tout entier. L'écrivain laisse un journal, le musicien une renommée, et le banquier une succession.

M. Havin est une des pousses les plus étranges de la bourgeoisie moderne. Pendant toute sa vie, il a eu le bonheur de monter au second rang et le don de s'y éclipser. Il fut journaliste, sans savoir écrire, député, sans savoir parler, influent, sans savoir agir. Mais, enfermé dans une médiocrité qu'il avait su dorer, il déguisait l'impuissance du penseur sous la majesté du pontife. Tout entier fait d'apparences, il était vide et paraissait gonflé; il était creux et passait pour profond; il ne donnait qu'aux grands moments, comme il convient à la vieille garde; mais, en se taisant, il avait l'attitude d'un philosophe qui médite, et, en parlant, d'un prophète qui s'explique. Content de lui et parfois des autres, ne manquant ni de finesse, ni de fortune, ni de tenue, il employait son crédit à défendre ses bénéfices, et son capital à servir ses intérêts.

On comptait avec lui et il savait compter. Il était normand et s'en souvenait. Situé à une égale distance des niais et des forts, il n'humiliait personne par l'insuffisance des idées ou par l'étendue du savoir. Directeur d'un journal dont les marchands de vin appréciaient l'abondance, il avait dans sa clientèle les comparses de la démocratie et le fretin des commerçants. Également bien reçu sur les tables des cafés et dans les loges des francs-maçons, il plaisait aux demi-satisfaits par sa modération calculée, et aux demi-mécontents par son opposition complaisante. Il jouait dans la presse le rôle des utilités et ménageait un pouvoir dont il ne s'était ni constitué l'ennemi ni déclaré le partisan. N'ayant d'idées fixes ni en politique, ni en religion, il ne se montrait ni athée sans souvenirs, ni libéral sans restrictions, ni courtisan sans réserves, et, changeant d'idées comme d'habit, il passait des rendez-vous de l'opposition aux dîners fins des Tuileries et des entretiens de son évêque à la lecture de Voltaire. Dans le but d'élever une statue au patriarche de Ferney, il ouvrit une souscription qui fit plus de bruit que d'argent. Comme il croyait devoir quelque chose à Voltaire, il jugeait bon de s'acquitter par la bourse des autres. Et, de fait, il ressemblait à l'auteur de *Candide* en ces deux points seulement, qu'il réussit à s'introduire à la cour et à travailler pour le roi de Prusse.

C'était un vétéran de la presse, habitué au maniement de son arme. Je ne lui ferai pas l'injure de le comparer au grand Bertin, dont il n'eut ni le talent ni la vénalité. Il ne se loua ni à terme ni à condition, et ne fit payer à personne la note de ses articles et la ferme de son journal. Ses adversaires lui accordaient estime et lui ont rendu justice. Il a fait, on le dit du moins, une fin chrétienne, qui est à la fois le démenti et la couronne de sa vie. Dieu tiendra compte à cet ouvrier de la dernière heure du repentir qu'il témoigna, et de l'exemple qu'il a donné. Il a évité d'être jugé selon des œuvres qui ne peuvent ni le suivre là-haut ni lui survivre ici-bas.

Après la mort d'un mince écrivain français, celle d'un grand homme étranger; après Havin, Rossini! Les œuvres du maestro sont trop connues pour que j'en parle, et sa vie fut trop privée pour que je la raconte. Italien de fait et Français d'adoption, il naquit à Pesaro et mourut à Paris. Entre son berceau et sa tombe, il mena soixante-seize années d'une existence qui toucha aux deux extrêmes de la misère au début et de la gloire au déclin. D'autres diront la place qu'il occupe parmi les maîtres immortels dont le nom brille en lettres d'or sur le fronton de l'Opéra. Il avait entendu et redit à la terre l'écho lointain des harpes du ciel. On le comparait au cygne : seulement, il oublia de chanter dès qu'il se vit heureux et quand il dut mourir.

Il était aussi avare de son génie que prodigue de son esprit. Et son esprit, un des plus rares qui furent jamais, brillait par un alliage heureux de finesse italienne et de verve française. Ne se livrant qu'à demi, et ayant l'air de retenir à moitié chemin un trait déjà parti, il donnait à sa causerie le piquant des allusions et le charme des sous-entendus. Plus enclin de nature à la malice qu'à la raillerie et à l'enjouement qu'à la gaieté, il mettait dans ses moindres propos la grâce qui séduit et le goût qui discerne. Il se servit de l'art de plaire qu'il garda jusqu'à la fin, et, si sa gloire fit des jaloux, sa personne n'eut pas d'ennemis. Il était, comme ce Figaro qu'il fit encore mieux chanter que Beaumarchais ne l'avait fait rire, musicien par occasion et paresseux avec délices. C'était un égoïste raffiné qui s'arrangea pour vieillir et qui jugeait que l'amour de soi vaut mieux que l'autre amour. Il préférait son repos à la musique et sa santé à la gloire. Il tenait, et je le comprends, à retarder le plus possible le dur moment où il faut retourner à la terre qui nous porta et à la cendre qui nous fit.

Le troisième personnage qui, dans ces derniers temps, s'est envolé d'un monde à l'autre, est M. James de Rothschild, qui naquit juif et fut créé baron. Il possédait plus de millions que le Mexique n'en a coûté, et avait poussé la fortune au point fabuleux où elle devient de la gloire. Je me souviens des vers d'un rimeur intelligent qui nous représente le grand baron :

> Assis à son bureau, comptant un milliard,
> Cette somme en démence;
> Et si le malheureux s'est trompé d'un liard,
> Il faut qu'il recommence.

Il avait un budget comme l'État et des caves comme la Banque. Il récoltait dans ce champ de la finance, où les Péreire tripotent et où les Fould picorent. Il avait lancé plusieurs grandes affaires, dont quelques-unes retombèrent, mais non sur lui, comme on le devine. Il bâtit des châteaux en France et des chemins de fer en Espagne. Il ne prêtait qu'aux riches, c'est-à-dire aux princes momentanément gênés. Les États avaient recours à lui pour les emprunts de la guerre et les travaux de la paix. Il représentait la puissance de l'or dans un siècle où l'or est souverain, et en était arrivé à ne s'étonner de rien, même de sa fortune. Il avait trop vécu pour n'être pas sceptique et savait le prix exact où se cotent à la Bourse la vertu d'une femme facile et la conscience d'un homme d'État.

Il possédait plus de palais que je n'en puis compter.

Il avait dans Eugène Lamy, peintre et architecte tout ensemble, un surintendant des bâtiments et un ministre des beaux-arts. Si, dans les salons de l'hôtel Laffitte et dans le hall du château de Ferrières, on remarque une collection sans rivale de ce que l'art, dans toutes les formes, a produit dans tous les temps, de rare, de merveilleux ou d'exquis, c'est qu'elle put être à la fois choisie par le goût de l'artiste et payée par l'argent du banquier. M. de Rothschild sut se faire pardonner sa fortune par le noble usage qu'il en fit. Il donnait à tous et partout, s'inquiétant, dans ses bienfaits, non de la religion, mais des besoins des pauvres. C'est par là qu'il méritera, en haut le pardon, ici-bas le regret. A ses funérailles, plus que simples, se pressait une foule de toute nation, de toute langue et de toute tribu. Et sur sa tombe, trop tôt fermée, sont tombées des larmes sincères, les seules choses de ce monde qu'il eût pu désirer sans pouvoir les payer.

Et tout ceci n'est rien. A peine avons-nous rendu les derniers devoirs à ceux qui sont tombés dans la bataille de la vie qu'il nous faut craindre encore pour des têtes illustres et chères. Bien peu restent debout de ceux qui furent la gloire de l'âge présent, et le siècle se dépouille comme un arbre au vent d'automne. Dans les générations nouvelles, nulle voix ne s'élève et nul front ne domine, et l'empire, qui n'est plus la paix, est demeuré le silence. Dans les temples désertés, où jadis affluait l'humanité, on ne voit plus que des marchands avides jouant l'avenir sur les ruines du passé et les tombeaux des morts.

Nous n'étions pas ainsi avant le triste jour où le représentant Baudin tomba sous les balles des soldats. Mais le culte des martyrs n'est permis qu'aux peuples tout à fait libres. Le gouvernement juge qu'on attaque ses origines en honorant ses victimes... Si plusieurs ont péri dans la naissance de l'empire, il faut être factieux pour s'en souvenir et insolent pour s'en plaindre. On ne peut sauver une société sans endommager les associés, ni frapper un coup d'État sans que quelqu'un le reçoive.

Me Gambetta est un des avocats qui ont plaidé en faveur des souscripteurs de Baudin. Il a perdu son procès, mais il a parlé et fait parler de lui. Je disais tout à l'heure qu'il n'y avait plus de jeunes. Si, il en reste encore quelques-uns dans les rangs de la presse ou sous les robes noires du barreau. Ils ne veulent rien du pouvoir et se fient au lendemain. Parmi eux se trouve l'avocat que j'ai nommé et qui prononça ce plaidoyer terrible dont l'écho vibre encore. Celui-là est un mâle de la famille un peu amoindrie des Mirabeau et des Berryer. Il a les qualités de l'orateur: une voix puissante, le geste hardi et la probité fière. Joignez-y la passion, le souffle et l'élan. Il ira loin, s'il parvient à épurer le côté vulgaire de son talent et à se dégager des étreintes des plébéiens aux mains sales. Heureux les avocats qui ont pu faire de leur ordre le dernier refuge de la liberté proscrite! Ainsi que le voulait Boileau, ils appellent un chat un chat et Rollet un fripon. Si nous n'avons pas le droit d'écrire comme ils parlent, il nous reste, sur certains points, la consolation de penser comme ils pensent.

III

LE MARQUIS D'HASTINGS — UN MOT DE M. DE ROTHSCHILD — LE ROI DE SIAM — LE GÉNÉRAL LA ROCHEJAQUELEIN — LE COUP D'ÉTAT PAR M. E. TÉNOT — RARA AVIS — L'INDÉPENDANCE D'UN TRIBUNAL.

Novembre 1868.

Au commencement de ce mois un grand seigneur s'éteignait dans le seul pays du monde où se soient conservés les bénéfices de la naissance et les priviléges de la noblesse. J'ai nommé l'Angleterre. En France, les grands seigneurs privilégiés sont rares, et parmi eux, je ne vois guère que le comte Walewski qui remonte à l'empereur, et le duc de Persigny qui descendit à Strasbourg.

J'emprunte aux journaux anglais le récit de la vie et la nouvelle de la mort de Henri Weysford Plantagenet Rawdon Hastings, quatrième marquis d'Hastings, trois fois comte, huit fois baron, et titulaire de douze pairies dans les trois royaumes d'Écosse, d'Angleterre et d'Irlande. Sa famille datait de la conquête et il portait le nom de la grande bataille où ses ancêtres avaient pris part. Maître à sa majorité d'une fortune égale à son rang, il usa si précipitamment de la vie, qu'il ne lui fallut que cinq ans pour se marier une fois, se ruiner tout à fait, voyager dans ce monde et s'en aller dans l'autre.

Le marquis aimait trop le turf, et c'est ce dont il est

mort. Il achetait des chevaux à des prix inconnus jusqu'à lui et, à chaque course, engageait des paris insensés sur la casaque de ses jockeys et les pieds de ses coursiers. Tout lui réussit d'abord, et ses étalons heureux n'apparaissaient que pour vaincre sur les dunes d'Epsom ou les bruyères de New-Market. Le jeune lord semait les guinées d'une main prodigue, et riait à la barbe des puritains d'Angleterre, inquiets de voir sa personne entourée des maquignons du turf, et son nom traînant dans les scandales de Londres.

Or, il advint qu'une femme charmante fut, dit-on, courtisée à la fois par deux célébrités du sport, M. Chaplin, simple esquire, et lord Hastings, douze fois pair. Le marquis gagna cette course disputée dont la main de lady Florence-Cécilia Paget était la cause et devint le prix. M. Chaplin sentit quelque déplaisir de se voir distancé, mais il jugea que son rival devait expier par son infortune aux courses son bonheur en amour. Ayant ainsi pensé, il courut à ses écuries demander des nouvelles du jeune Hermit, poulain de deux ans, dont il attendait de grandes choses. Hermit se portait comme un charme, dormant bien, courant mieux encore. Il avait lutté le matin même avec les pouliches de son âge qu'il était assez rapide pour vaincre, mais trop jeune pour épouser.

En conséquence, M. Chaplin paria que son cheval *Hermit* gagnerait le prochain derby. Le marquis d'Hastings soutint de son côté que jamais Hermit ne remporterait le ruban bleu du turf anglais. Le jour mémorable arriva, et Hermit gagna d'une tête, grâce au plus triomphant coup de fouet qui ait jamais résonné sur les reins d'un cheval vainqueur. Le marquis perdit sur cette seule course la bagatelle de trois millions et quelques francs. Il les paya à échéance, au grand étonnement et à la grande joie de ses créanciers. Mais il était ruiné autant que faire se pouvait, et devint la proie et le jouet des filous hardis qui, en Angleterre comme en France, trichent impudemment sur le tapis vert des courses. Si on place les hippodromes aux abords ou au centre des forêts, c'est qu'il est naturel que la plaine où l'on court soit entourée du bois où l'on vole.

Le marquis connut encore, pendant une saison ou deux, les émotions alternées de la perte et du gain. A Paris, au mois de juin dernier, il vit son cheval The Earl, arriver beau premier dans le grand prix de cent mille francs. Puis il parcourut la Norwége et revint en Angleterre pour assister au triomphe probable du même The Earl dans le Saint-Léger de Doncaster. The Earl venait d'être retiré de la course par un entraîneur d'une délicatesse douteuse. Le marquis comprit que tout était fini, et caressant une fois encore les naseaux fumants de sa jument Athéna, il disparut sans conserver d'espérance et sans laisser de regrets. On sut qu'à l'exemple du Rolla de Musset,

> Il s'était pris la main et donné sa parole
> Que personne avant peu ne le verrait vivant.

Il a tenu ce qu'il avait promis et s'est éteint en vrai sportsman au moment de l'année où commencent les neiges et où finissent les courses.

Le *Times* ajoute en guise d'oraison funèbre les réflexions suivantes : « Sa fin est enfin venue, et le titulaire de douze pairies, le descendant d'une famille antérieure à la conquête, le maître d'une fortune princière, le possesseur de tout ce que peuvent donner d'honneur en ce monde le rang, la famille, la jeunesse et le mariage, est mort à vingt-six ans, également ruiné, dans sa santé, son honneur et sa situation. Un court espace de cinq ans a suffi pour le rendre la proie de spéculateurs éhontés, et pour le faire descendre dans une tombe précoce et sans honneur. » J'ai traduit sans en changer une lettre cet implacable jugement. On doit la vérité aux morts, dit un proverbe, qui a cours en toute nation. En vérité, voilà un défunt auquel le *Times* ne doit plus rien.

Voici par quelles réflexions le journaliste anglais termine son article de la mort : « S'il ne s'agissait que des désastres d'une vie déréglée, nous aurions pu les passer sous silence et les oublier vite. Mais dans la ruine du marquis, il y a quelque chose de plus important que le marquis lui-même. Lord Hastings était revêtu d'une dignité dont l'importance est nationale. Quand un pair d'Angleterre oublie les devoirs que son rang lui impose, il compromet non-seulement son propre honneur, mais celui de l'ordre tout entier. La honte d'une vie semblable à celle du marquis rejaillit directement sur la pairie, et cette grande institution est compromise par ceux de ses membres qui font profession d'une conduite inavouable. » Si, en France, un écrivain tenait de pareils propos sur un |personnage quelconque, mort en état de sénateur, j'ose affirmer qu'il passerait vite de la sixième chambre de nos tribunaux à la dernière de nos prisons.

Ce n'est pas tout. « Nous sommes, ajoute le journaliste, à la veille d'un nouveau parlement qui soumettra chacune de nos institutions à un examen sévère. La pairie peut hardiment affronter cette enquête. Elle possède en ce pays des pouvoirs considérables produisant des avantages proportionnés. Nous devons exiger que chacun de ses membres soit actif pour le bien et honoré de l'estime publique. Les obligations de la noblesse sont plus strictes que jamais. Les scandales d'un seul individu attirent sur tout un ordre les raisonnements des philosophes et les déclamations des démagogues. Dans l'avenir, ce sera pour un pair du royaume un crime plus grand que jamais que de faire descendre sur son nom le mépris universel, etc. » J'arrête ici une traduction que j'aurais prolongée, si je n'étais arrivé à la fin de mon rouleau et au bout de mon anglais.

N'est-il aucune des réflexions d'un auteur étranger dont nous puissions tirer profit et nous faire l'application ? Si vraiment : D'abord, ne pariez jamais trois millions qu'un cheval obscur ne gagnera pas le Derby. Tout arrive, surtout aux courses, et les plus malins sont rarement les plus honnêtes. Je ne voudrais pas médire d'une industrie qui compte beaucoup de chevaux et plusieurs chevaliers ; mais je crois que l'on ramasse rarement des perles sur le fumier des écuries. Si l'on tient absolument à se ruiner avec ou s. g. d. g., que l'on achète les actions du Crédit mobilier lancées par MM. Pereire, ou les obligations mexicaines patronnées par M. Rouher. Cela ne coûte pas plus cher, ne rapporte pas davantage, et ne dure pas plus longtemps.

Je retiens et j'approuve cette seconde maxime qu'il ne faut confier les fonctions publiques qu'à des hommes à l'abri du blâme et au-dessus du soupçon. Les grands personnages qui prennent part au gouvernement de leur pays doivent être capables, mais non de tout. Il est permis de souhaiter qu'ils aient en politique des opinions invariables, et en morale des idées saines; qu'ils ne cèdent ni à la crainte ni à l'espoir; qu'ils travaillent au bien général plutôt qu'à leur fortune particulière et qu'ils réunissent l'agréable, qui est le talent, à l'utile, qui est la vertu. Ces hommes modèles se rencontrent encore, le tout est de les chercher. Comme la pairie en Angleterre, le Sénat, en France, pourrait souffrir par la faute d'un seul de ses membres........ Mais chassons ces tristes augures. Nous n'avons que des gardiens parfaits d'une Constitution perfectible, et, comme dirait Abel-el-Kader, rendons-en grâce au Dieu unique. Nos sénateurs sont nombreux, mais tous brillent par une intelligence encore au-dessus de leur âge. Heureux le pays qui eut la gloire de les réunir et le moyen de les payer !

Il me plaît encore d'entendre dire, même par un Anglais, que la noblesse a des obligations qui s'accroissent avec le temps. Chez nous, la naissance ne confère plus de privilèges, mais elle impose des devoirs. Je sais qu'un tel sujet prête aux lieux communs et aux phrases de sept lieues ; aussi serai-je avare de commentaires et sobre de détails. Nous avons tous été aux croisades dans la personne de nos aïeux ; seulement, les uns s'y rendaient en qualité d'officiers, les autres en tenue de soldat. Il est plus agréable de descendre des premiers que des seconds. Je sais bien que nous n'entrons pour rien dans la confection de nous-mêmes; mais il est flatteur de savoir que nos pères se sont acquis par leurs services ou leurs vertus quelque renom aux temps passés. La gloire des ancêtres est pour les fils une valeur qui s'escompte et qui sert. Elle n'ajoute rien, ni au total de nos joies ni à la durée de nos jours, mais elle aide aux transactions et facilite les mariages.

Seulement, quand on a le bonheur de connaître son père et les pères d'iceluy, jusqu'à la plus haute antiquité, il convient de rester fidèle aux obligations du nom et aux traditions du passé. Si on est noble comme le roi et même un peu moins, il ne faut ni s'en glorifier ni le faire oublier. On a reçu de ses aïeux, donc il faut rendre à ses enfants. On s'annule en ne faisant rien, on se dégrade en faisant mal. Si on est gentilhomme, il est bon de le prouver, et les preuves ce sont les actes. Or, en tous pays, même dans le nôtre, il est pour les détenteurs de noms illustres des occupations meilleures que de fréquenter les coulisses des théâtres ou les allées des bois, les cabinets des restaurants ou les salons des cercles ; il est d'autres plaisirs que les courses et le jeu, et d'autre société que les chevaux et les filles. J'ai dit.

Si vous voulez, nous parlerons d'autre chose. Depuis

plusieurs jours, les journaux racontent les mots heureux que M. de Rothschild aurait produits durant sa vie mortelle. On prête tout aux riches décédés, même le mot de la fin. Le grand banquier avait de l'esprit, argent comptant, et, s'il n'a pas émis la plupart des reparties qu'on lui suppose, il peut les endosser toutes. Je veux citer de lui un trait qui le peint au naturel et qui, jusqu'ici, n'eut pas cours. Il me fut raconté jadis par des vieillards aimables n'ayant ni l'habitude de mentir ni d'intérêt à le faire.

> Hoc mihi non vani, nec erat cur fallere vellent
> Narravere senes.....

C'était au cercle : le dîner avait cessé et les cigares commençaient. Un des convives avouait avoir prêté dix mille francs à quelqu'un et se plaignait de n'avoir ni nouvelles de son débiteur, ni reconnaissance de la dette. — Où est votre débiteur? disait le baron avec cet accent tudesque que Balzac plaça sur les lèvres du financier Nucingen. — A Constantinople, chez les Turcs. — On en revient. — Oui, mais on y reste. — Vous voulez une reconnaissance? — Sans doute, mais comment l'obtenir? — C'est bien simple, écrivez. — J'ai écrit, on ne répond pas. Il y a lettre et lettre, reprit le baron, et en affaires comme en littérature, le style c'est l'homme. Écrivez : « Mon cher ami, au premier loisir que vous laisseront les Turques, ayez l'obligeance de me renvoyer les vingt mille francs que vous m'avez empruntés. » — Mais il ne m'en a emprunté que dix mille. — Justement, fit le baron avec un doux sourire, il vous répondra : Vous faites erreur, je ne vous dois que dix mille francs... Et voilà une reconnaissance !

Le roi de Siam est mort et je ne sais si la cour a pris le deuil. Le monarque qui n'est plus régnait sur le pays qui produit les éléphants blancs et les jumeaux célèbres. C'était le seul allié que nous possédions en ce monde, et, en cas de guerre, comme au jeu d'échecs, il eût pu mettre à notre service un certain nombre d'éléphants chargés de tours. Instruit pour un Siamois, il connaissait notre histoire et avait entendu parler de Napoléon Ier comme d'un prince belliqueux et d'un oncle à succession. Il avait reçu nos décorations et, par un doux échange, il nous rendait les siennes. On ne lui parlait qu'à genoux, mais chaque peuple a ses usages. Plus le sujet s'abaisse, plus le maître se redresse, et, en tous pays, l'homme est un roseau qui ne pense guère et qui plie trop.

Les jours se ressemblent et les deuils se suivent. C'est hier que le général de La Rochejaquelein terminait une longue vie de dévouement et d'honneur. Il avait encore ajouté à la gloire d'un nom qui, à une seule exception près, fut illustré par tous ceux qui l'ont porté. Il combattit en Vendée pour la royauté, et pour la France, sous l'Empire. Il paya chacun de ses grades d'une blessure et brisa après 1830 une épée devenue inutile en ses vaillantes mains. Depuis, il vit se succéder l'avénement et la chute de gouvernements éphémères auxquels il n'avait rien promis et ne demandait rien. Ayant vécu sous le premier empire, il s'abstenait sous le second. Fidèle jusqu'à la fin à la cause des rois proscrits, il est mort, mais non tout entier, laissant à d'autres l'héritage de ses croyances et le souvenir de ses exemples.

Je ne veux pas finir sans vous parler d'un livre dont le sujet n'a pas vieilli ; c'est la narration du coup d'État du 2 décembre, écrite par M. Ténot, qui rédige le *Siècle* par habitude et l'histoire par occasion. En lisant ce curieux ouvrage, j'ai pu remonter jusqu'aux origines du pouvoir fort qui nous gouverne. M. Ténot raconte sans commenter, il a raison, car les faits parlent. J'ai retrouvé la teneur du serment prêté et le texte des discours prononcés par le président d'une république trop patiente pour être éternelle. J'ai vu comment le coup d'État mûrit dans quelques têtes avant de tomber sur les nôtres. J'ai relu avec une émotion poignante le récit de ces journées où les représentants payèrent de l'emprisonnement, de l'exil ou de la mort leur dévouement à la loi, et je me suis rendu compte de ce qu'il fallut pour sauver un pays et fonder un empire.

Ces choses sont loin de nous, mais l'oubli ne croît pas sur les événements comme l'herbe sur les tombes. L'histoire déplaît à nos maîtres, mais la souscription Baudin a prouvé que nous savions encore les menus détails de l'histoire moderne. Presque tous les journaux coupables du délit de souscription avaient déjà reçu de la justice, au front d'airain, le salaire de leur audace, lorsqu'un bruit assez étrange nous est venu de province. Les juges de Clermont ont acquitté un journaliste et décidé qu'il n'y avait point d'offense au gouvernement dans les hommages rendus aux morts. Et de telles choses se passent dans le pays qui envoyait jadis M. de Morny à la Chambre, dans la province où naquirent à de si longs intervalles, le patriote Vercingétorix et le ministre Rouher. Les temps sont changés, et la liberté reparaît sur les hauteurs sereines où s'élèvent les temples de la justice et les demeures des sages.

La meute des officieux aboie aux robes noires des trois juges de Clermont. Où serions-nous si nous adressions aux juges qui condamnent la moitié des injures dont nos adversaires honorent les magistrats qui nous acquittent ? Nous sommes aussi résignés dans la défaite que calmes dans le triomphe, et condamnés ou absous, nous n'envoyons à la justice ni éloges ni blâme. Les juges sont ce qu'on les fait, et nous sommes indulgents même à ceux qui nous sont sévères. La faute est au gouvernement qui, demandant à la magistrature plus qu'elle ne pouvait donner, lui a confié la tâche de sanctionner sa politique et d'interpréter ses lois. Or, le gouvernement ne peut avoir la prétention d'avoir toujours conformé ses désirs à la loi et ses actes à la justice.

IV

BERRYER

Décembre 1868.

Si j'ose encore parler de Berryer après que tant de voix se sont élevées des rangs de la presse, du barreau et du clergé pour rendre hommage à ce grand homme disparu, ce n'est pas que, venant le dernier, j'aie la prétention de dire mieux que n'ont fait les autres ou d'en savoir davantage. Non, mais c'est qu'en vérité il m'est impossible de détourner ma pensée de ce mort immortel, qui fut la gloire la plus haute et la plus pure de son parti, de son temps et de son pays. Chacun s'honore à le pleurer, mais à mes regrets se mêle quelque chose de personnel et d'intime. Il fut l'ami de plusieurs des miens, et, à une heure décisive, il voulut être mon appui. Il y a quelques mois, j'étais son obligé et son hôte. Nous lui croyions alors de longs jours à fournir encore, tant il secouait gaiement le fardeau des années, tant ses yeux avaient de flamme et sa voix de puissance, tant il portait haut sa tête blanchie, une des plus nobles de celles où Dieu ait jamais placé l'expression de la bonté et le rayon du génie.

De tous les personnages qui laisseront un nom à l'histoire, il est un des seuls qui offrent le spectacle d'une longue vie sans souillures. Il fut honnête dans un siècle vénal, fidèle dans un monde changeant. Tous ses actes se rattachent et se complètent, et il n'est rien dans sa carrière qui se démente ou se contredise. Il servit passionnément la monarchie et la liberté, deux puissances que l'on disait inconciliables et qu'il savait unies. Il avait fait ses clientes de ces deux exilées. Il vécut, lutta, souffrit pour elles. Il combattit pour la justice devant les juges et pour le droit contre la force. Français avant et malgré tout, il se déclarait, dans un de ses derniers discours, plus que jamais confiant aux belles et heureuses destinées de son pays. Si les destinées françaises ne sont pas telles, hélas ! que le souhaitait ce vaillant cœur, la faute en est aux événements contre lesquels il eut l'honneur de réagir par la puissance de la parole et l'autorité de l'exemple.

Berryer est une des gloires présentes dont l'origine remonte à la fin du dernier siècle. Il naquit le 5 janvier 1790, au moment où cette famille royale, qu'un jour il devait défendre, allait devenir féconde pour l'exil et pour la mort. Il était presque un jeune homme, au jour où un soldat escaladant le trône nous enseigna la force du glaive et le mépris des lois. Il vit l'empire acclamé par des millions de voix et les premiers égarements des suffrages populaires. Il assista au défilé prodigieux de nos triomphes et de nos revers et connut ce que coûte à une nation le génie de son maître et l'éclat de ses armes. Durant cette période, il s'adonna à l'étude ingrate du Code récemment promulgué. La loi, il faut bien le dire, n'était pas faite pour un conquérant qui n'en comprit ni l'utilité dans son règne, ni la justice dans sa chute.

Bientôt un régime nouveau vint rajeunir la France. La Restauration réparait les désastres passés, et chez un peuple débarrassé du joug impérial, inaugurait une ère de liberté, de travail et de paix. On se reprenait à l'espoir et on recommençait à vivre. Partout la jeunesse et ses audaces, la lutte et ses triomphes. De hardis novateurs s'élançant à la découverte dans le domaine des sciences, de la politique et des arts, formèrent cette pléiade d'hommes illustres qui rayonnaient sur la patrie. Parmi ceux-là et à leur tête, Berryer ! Bien peu marquèrent aussi profondément l'empreinte de leurs premiers pas. Il se levait comme une aurore à côté de son père au déclin. Applaudi, envié, célèbre, maître de lui-même et du temps, il pouvait, d'après son présent, augurer de son avenir et mesurer ce qu'il avait encore d'espérance à récolter et de gloire à cueillir.

Je ne puis énumérer toutes les causes célèbres qu'au début de sa carrière il plaida devant de justes juges. Royaliste, il défendit les fidèles de l'empire et couvrit toutes les infortunes des larges plis de sa robe noire. Il ne flattait ni le pouvoir ni la fortune et prenait rang parmi les maîtres d'un barreau toujours fidèle à la liberté qu'il acclamait alors et défend aujourd'hui. La place d'un tel avocat était marquée d'avance à la Chambre des députés, dont sa jeunesse seule lui interdisait l'accès. Dès qu'il eut quarante ans, et ce fut en 1830, il entra dans le parlement, où l'appelait la faveur d'un roi dont le règne allait finir. M. Guizot et lui prononcèrent, le même jour, leur premier discours politique, mais là s'arrête leur ressemblance. Tous deux se retrouvèrent peu après, l'un sur les degrés du ministère, l'autre sur les bancs de l'opposition. Ces deux hommes éminents comprirent différemment leurs intérêts et leurs devoirs. L'histoire dira ceux qui, dans ces tristes jours, ont le mieux mérité d'elle et décidera entre la foule que la cause triomphante eut le privilége de séduire et l'élite que la cause vaincue eut la puissance d'attacher.

M. Berryer fut vraiment un orateur, selon la définition de Quintilien, c'est-à-dire un homme de bien sachant parler. Il avait ce que les anciens appelaient *l'os magna sonaturum,* la voix puissante et qui sonnait au loin. Tout en lui ajoutait à l'impression et concourait à l'effet : le geste, l'action, la parole. Qui ne l'entendit point est impuissant à le juger. Il ne s'égalait pas toujours et se surpassait parfois. Il n'abordait pas la tribune sans cette émotion virile, qui saisit, lorsque l'action s'engage, le général ou l'orateur. Plus maître de lui à mesure qu'il le devenait des autres, il élevait la discussion à des hauteurs où nul n'a su la maintenir ni si souvent ni si longtemps. Parfois seul contre tous et dominant l'orage, il lançait à ses interrupteurs des reparties de génie qui partaient comme un trait et qui frappaient de même. C'était une force déchaînée courbant sur son passage ses adversaires forcés de plier, d'admirer et de craindre. Il faisait vibrer toutes les cordes et excellait dans tous les genres. Redoutable même à M. Guizot dans les questions de finances, où il apportait sa clairvoyance honnête, supérieur à tous dans les discussions politiques qu'il traitait avec l'amour du bien public et l'absence d'intérêt vénal, il communiquait à ses auditeurs ses convictions et sa flamme et leur apparaissait comme le plus grand charmeur qui ait jamais manié l'instrument de la parole humaine.

Je l'ai entendu comparer aux orateurs de la Grèce et de Rome auxquels il ressemblait si peu. Il était lui et n'imitait personne. Vos harangues sentent la lampe, disait à Démosthènes un buveur qui se mêlait d'éloquence; et les vôtres sentent le vin, répliquait l'orateur d'Athènes. Les harangues de Berryer ne sentaient ni le vin ni l'huile. Il préparait longuement ses plaidoiries et ses discours, mais il n'étudiait que le fond et laissait le reste au hasard. Il comptait sur les ressources que fournit l'occasion à celui qui peut la saisir et qui sait la comprendre. Naturellement simple et modeste, il était seul à s'ignorer ou à se méconnaître. Un jour qu'on vantait son savoir, il répondit : « Vous pourriez me dire instruit si je savais ce que j'ignore en ignorant ce que je sais. » Dans son discours de réception à l'Académie française, il proclamait la supériorité de l'écrivain sur l'orateur et des livres qui restent sur les discours qui s'envolent. C'était là faire galamment les honneurs de soi-même et l'éloge des autres. Les académiciens ne croyaient pas que leurs écrits pussent survivre à ses harangues ; mais cette flatterie les charmait sans les persuader, et ils avaient à la fois le plaisir de l'entendre et l'esprit d'en douter.

Si humble qu'il fût, il avait souvent pu se rendre compte de l'impression profonde que produisait sa parole. Il avait vu ses auditeurs pliés sous l'effort d'une éloquence qui n'avait pas plus de rivale qu'elle n'avait eu de modèles, il l'avait vu et s'en souvenait. En défendant devant la cour des pairs le prince Louis-Napoléon, accusé d'appétence pour le trône et d'attentat contre les lois, il disait aux juges : « Condamnez-le dans sa défaite, si votre conscience vous assure qu'après son triomphe vous ne l'auriez pas servi. Vous qui avez suivi l'oncle, n'auriez-vous pas subi le neveu et déserté, pour lui plaire, la monarchie de Juillet, comme vous avez abandonné et servi l'empereur vaincu et les Bourbons tombés ? » A cette vérité accablante, l'orateur vit s'incliner devant lui ces têtes blanchies sous tant de harnais. Quant à l'accusé, au coupable, ai-je voulu dire, en regardant les pairs de la monarchie de Juillet, il put se convaincre qu'il ne manquerait pas de sénateurs le jour où le succès lui permettrait d'en nommer et l'envie lui prendrait d'en faire.

Ces paroles de Berryer, nous pouvons les répéter aujourd'hui devant les juges qui nous reprochent non d'avoir conspiré contre le trône, mais d'avoir écrit pour la liberté. L'autel disparaît, et les pontifes se retrouvent. A chaque révolution, on s'aperçoit que la loi change, mais que ses interprètes demeurent. Si les astres variaient leur cours, que de gens dont nous ne courtisons pas le soleil seraient prêts à adorer le nôtre. Ce qui nous met au-dessus des champions rétribués de tous les pouvoirs qui passent, c'est que nous avons la certitude qu'ils défendraient ce que nous servons et l'orgueil de ne pas servir ce qu'ils défendent.

Quelques années plus tard, sous la seconde république, Berryer montait à la tribune de l'Assemblée nationale. En combattant une proposition généreuse, mais qu'il jugeait inacceptable, il s'écriait que « Monseigneur le comte de Chambord ne pouvait rentrer en France qu'à condition d'y être le premier de tous — le Roi. » Il lança ces deux mots : « Le Roi ! » avec un geste superbe et l'accent d'un hérault d'armes. L'effet fut si grand que chacun se tournait vers la porte comme si elle eût dû s'ouvrir devant le monarque annoncé. Il semblait que l'histoire fût détournée par la puissance d'un seul homme et qu'allait enfin paraître « le Roi » qui seul pouvait épargner tant de douleurs au présent et de défaillances à l'avenir.

Bientôt cette République intelligente, qui proscrivait les Bourbons et rappelait les Bonaparte, entra dans sa quatrième et dernière année. Elle avait un président et c'est là ce qui l'a tuée. Le prince Louis-Napoléon, reprenant son œuvre interrompue de Strasbourg et de Boulogne, franchit d'un seul élan le Rubicon qui le séparait de l'Empire. Parmi les gens de cœur qui firent entendre la protestation du droit contre la force, je retrouve Berryer ! Le grand orateur, ralliant à la mairie du dixième arrondissement les membres dispersés de l'Assemblée nationale, leur fit rendre un décret de déchéance qui se perdit dans le tumulte des événements et le retentissement des armes. Il fut actif, pressant, dévoué, dirigeant et aiguillonnant l'assemblée, sentant le péril et y obviant autant qu'il était en lui, par des actes et non par des mots. Je rappelle la conduite de Berryer, en ces tristes journées, parce qu'elle est une des auréoles de sa gloire et un des honneurs de sa vie. Si chacun avait montré le même courageux amour du pays et des lois, nous n'aurions pas eu le salut et la grandeur qui nous sont venus de l'Empire!... Mais étions-nous si perdus qu'il nous fallût un coup d'État, et si pauvres de victoires qu'il nous fallût le Mexique?

<small>Grammatici certant et adhuc sub judice lis est.</small>

Les écrivains se le demandent et la question va devant les juges.

Sitôt que son ancien client se fut mis en possession du pouvoir, Berryer abandonna noblement la politique pour le Barreau. Entre autres causes célèbres, il soutint les procès des d'Orléans et des Montmorency, revendiquant les uns leurs biens, les autres leur nom. Il plaida pour Monseigneur le comte de Chambord contre le domaine, et pour le roi de Naples contre le roi d'Italie. Il défendit l'évêque d'Orléans et le comte de Montalembert accusés d'avoir dépassé l'un les bornes du langage, l'autre les droits de l'écrivain. Il eut pour clients des gouvernements et des princes, des ouvriers et des pauvres. Il ne soutint que de justes causes et en perdit quelques-unes. Pendant dix ans, l'illustre vieillard figura dans tous les combats engagés pour le droit, devant la justice au front calme. Pour l'honneur et l'exemple du Barreau dont il était le chef, il multiplia dix ans des plaidoyers qui resteront comme des modèles de ce que l'avocat peut dire quand il est éloquent et doit faire quand il est intègre.

Lors des dernières élections au Corps législatif, la ville de Marseille sollicita de nouveau l'honneur d'être représentée par lui ; il accepta, et l'on vit dans une chambre restreinte reparaître ce vétéran des assemblées souveraines. Là, comme toujours et partout, il employa pour la liberté toutes les ressources de la parole et de l'exemple. Il se leva, toutes les fois qu'il vit un progrès à demander, une faute à éviter ou une erreur à combattre. Il se leva au cours de l'expédition du Mexique, lorsque n'osant pousser ses prévisions aussi loin que la réalité, il s'écriait : « Quels legs laisserez-vous à cet enfant chéri de vos victoires? **La banqueroute.** » Il se trompait, nous lui avons laissé davantage. Il se leva dans les questions de finance pour demander la diminution des charges et la réduction des dépenses. Il se leva dans la question romaine pour arracher à M. Rouher cette déclaration célèbre qui place entre l'Italie et Rome l'invincible obstacle de la France. Il se leva dans la discussion de la loi sur la presse pour rappeler aux magistrats les traditions d'indépendance qu'ils tenaient de leurs devanciers. Comme la semence des Livres-Saints, souvent ses paroles tombaient sur la pierre ou s'en allaient dans le vent; mais, témoin des temps passés et juge du temps présent, il se leva toutes les fois qu'il y eut à faire retentir dans le désert des hommes les conseils de la sagesse et le langage du devoir.

Il fut fidèle jusqu'à son dernier jour à ses convictions et à ses regrets. On lui reprochait ainsi qu'à nous de s'attacher à un principe suranné que les révolutions ont condamné par deux fois et que le pays a oublié depuis longtemps. Que nos adversaires se détrompent : nous sommes de notre temps et nous marchons au premier rang des chercheurs de l'avenir. Croyez-vous qu'acharnés à des restaurations impossibles, nous ayons tenu à ressusciter la monarchie absolue de Louis XIV comme vous teniez à renouveler les traditions serviles de l'Empire. A Dieu ne plaise! Nous savons que, quel que soit le souverain qui règne, il faut que la liberté gouverne. Or, le vœu qu'avait formé le grand cœur de Berryer et que nous avons conservé, c'était d'appeler tous les hommes de bonne volonté à concourir au triomphe définitif de la paix sur la terre et de la liberté dans le monde.

Hélas! Berryer ne pourra voir l'accomplissement de ses désirs. Il a vécu; sa fin couronna son œuvre. On sait quels soins remplirent les dernières heures d'une vie jusqu'à la fin militante et fidèle. Il fit comme le soldat blessé qui combat jusqu'à ce qu'il tombe. Dans une lettre justement célèbre, il déclara vouloir souscrire au monument expiatoire qu'un défenseur oublié du droit attendait depuis seize années. Puis, après la liberté il se souvint de l'exil. Et reprenant la plume d'une main déjà tremblante il écrivit au comte de Chambord ces lignes tant admirées, qui sont le testament d'un fidèle et la prière d'un croyant, et qui resteront comme la plus grande preuve qu'il ait jamais donnée de foi, d'espérance et d'amour.

Il fut, en face de la mort, doux, patient et courageux. On eût dit que, comme il nous avait donné l'exemple de bien vivre, il voulût nous apprendre le secret de bien mourir. Que de liens pourtant le rattachaient à ce monde, mais comme il les brisa vite! Comme il accepta résolûment le sacrifice et comme il se dégagea des souvenirs d'ici-bas pour se ravir tout entier aux immortelles certitudes! il arracha de son médecin l'aveu de sa fin prochaine, et ayant tout prévu, tout réglé, déployant dans ses derniers actes l'énergie d'une volonté qui ne faiblit jamais, il résolut de quitter la terre à l'endroit même qu'il en avait le plus aimé. Il partit pour Augerville pour y retrouver encore les reliques de son passé et les échos de sa vie. Retournant aux choses inanimées dont il aimait le commerce et comprenait la douceur, il souhaitait, à l'instant suprême, se sentir entouré d'elles, pour en emporter la vision et en recevoir l'adieu.

Il partit, entouré d'un groupe d'amis pieux qui ont consolé et adouci sa fin. Dès qu'il fut arrivé dans le salon d'Augerville et qu'il reconnut dans leurs cadres d'or les images de ses rois et les portraits des siens, il étendit les bras vers ces figures muettes et se mit à entonner le chant de la délivrance et de l'éternel revoir. On pleurait autour de lui, mais il n'entendait et ne voyait rien. Le pied lui ayant manqué, il tomba, et comme on se précipitait vers lui : Laissez, dit-il, en marquant sur le parquet l'empreinte de ses larges mains, laissez, je suis bien ici ; c'est ici mon sol et ma maison, ma demeure et mon bien. Il se remit bientôt et se sentit revivre. On le crut un instant sauvé et reconquis. C'était, hélas! la trêve et le renouveau que la mort accorde parfois à ceux qu'elle mène d'une patrie à l'autre et de la terre au ciel.

Dès le lendemain, il retombait, et la lutte suprême commençait. Elle dura dix jours entiers, pendant lesquels ne défaillirent ni sa raison ni son courage. Il lui manquait la force de vivre, mais non celle de souffrir. Les amis accourus pour le voir l'entendaient d'un étage à l'autre s'écrier de sa voix puissante : « Mon Dieu, ayez pitié de moi! mon Dieu, recevez mon âme! » Puis, dans les angoisses de l'agonie et sur les confins du monde futur, il jetait les derniers cris de son patriotisme ardent et de sa foi politique. Toute sa vie se retrouvait dans sa mort, quand il invoquait l'un après l'autre les noms augustes du Dieu qu'il avait confessé et du prince qu'il avait servi.

Qu'ai-je besoin d'ajouter encore? Lundi dernier, à Augerville, les membres de l'Institut, les délégués des corporations ouvrières et les meilleurs représentants de la noblesse et du clergé, des lettres et du barreau s'étaient réunis autour de la poussière qui fut Berryer. Seule, la magistrature n'avait envoyé qu'un petit nombre de ses membres aux funérailles de celui qui l'avait si efficacement servie et si souverainement jugée. Le nombre est grand — nous le voyions lundi, — de ceux qui gardent en France le culte des vertus délaissées : honneur, patriotisme, dévouement! Nous savons les vénérer et nous voulons y croire. Échappés pour un moment aux dégoûts dont le siècle nous abreuve, nous étions heureux — si un tel mot est de mise dans un pareil moment — de sentir en nous l'empire des justes admirations et des nobles douleurs.

Ainsi vécut, ainsi finit cet homme illustre à qui la libre Angleterre eût accordé la sépulture de Westminster. Moins libres, nous réservons l'officialité des honneurs funèbres à des personnages plus dépendants. Berryer n'est plus; mais rien ni personne ne s'est ému dans les hautes régions où planent les puissants. Compiègne est en fête et les invités se costument pour la chasse du jour ou le spectacle du soir. Nulle voix d'en haut ne se fit entendre dans cette grande perte et ce grand deuil de la patrie. Rien ! — pas même l'hommage discret des vainqueurs aux vaincus, des obligés aux bienfaiteurs, des éphémères aux immortels !

V

L'INVITATION A COMPIÈGNE

Décembre 1868.

C'était le 3 décembre dernier, — jour de triste anniversaire ! Comme, avant de rentrer chez lui, il s'engageait dans les rues qui avoisinent le cimetière Montmartre, il aperçut un nuage de sergents de ville ardents à réprimer la protestation des tombes. En homme prudent, il se détourna du nuage; en homme sensé, il se disait : « Oh ! qu'est-ce ceci et où allons-nous, si les morts donnent le signal d'une révolution d'autant plus redoutable qu'elle est sans précédents? Et cependant on ne sait pas assez combien le souvenir de ceux qui ne sont plus peut troubler le repos de ceux qui vivent. L'Empire fait bien de se défendre. Où serais-je, s'il cessait d'être? Je doute qu'un nouveau gouvernement eût l'idée de me conserver, avec ma place de conseiller d'État, les forts émoluments qu'elle entraîne. Je le dis bien bas, pour que nul ne l'entende : ce n'est pas l'État qui a besoin de ses conseillers ; ce sont ses conseillers qui ont besoin de son argent. »

Je n'ai, on le comprend, aucune envie de parler des événements du 3, qui fournirent à la force armée l'occasion de barrer les rues et d'arrêter les passants. Je n'aurais, je le sens bien, ni le courage de la raillerie, ni la liberté du blâme. Ce sont sujets moins tristes dont j'ai dessein de causer! J'ai supposé un personnage d'invention pure, que j'ai placé au conseil d'État, ce grand logis, dont l'imagination n'est pas la folle. Ce brave homme aime la paix publique et ses intérêts privés. M'est avis qu'il en a le droit. Il n'est défendu à personne de rechercher la société des billets de banque numérotés. C'est l'Écriture qui l'a dit : Il n'est pas bon que l'homme soit seul.

Il regagna donc son hôtel situé sur ce nouveau boulevard auquel le glorieux M. Haussmann a permis de s'appeler comme lui. Comme il mettait la main sur la rampe dorée de son escalier d'honneur, il fut attrapé soudain par son concierge, un homme poli. Ce serviteur lui tendait une large lettre dont il put aisément reconnaître l'écriture et deviner l'origine. Au centre de la lettre, on voyait un vaste cachet de cire rouge, et au centre du cachet cet aigle, un peu inquiet, qui a toujours la mine de s'envoler et l'esprit de n'en rien faire. Il contempla longtemps l'effigie d'un volatile qui jouit depuis longtemps de la réputation de regarder le soleil et de servir les dieux. L'image lui parut d'une médiocre ressemblance et d'un pauvre dessin. Il avait tort assurément; mais, étant du conseil d'État, il ne pouvait ni avoir rencontré d'aigles ni passer pour un d'eux.

Il lut cette lettre, qui le conviait à jouir dans un château bien connu d'une hospitalité tout écossaise. Après quoi il ouvrit le dictionnaire de Bouillet pour dissiper d'un seul coup les incertitudes géographiques qui envahissaient son esprit. C'est bien cela, s'écria-t-il, la ville est ancienne, puisque Jeanne d'Arc y fut prise. Elle joint aux agréments d'une bibliothèque les douceurs d'une filature. Un sous-préfet y réside et une garnison l'embellit. Pourtant on ne peut tout avoir. L'évêque et le préfet se tiennent d'habitude à Beauvais et, avec un esprit bien supérieur à mes fonctions, j'ajouterai même que le premier n'y est pas de trop.

Puis il manda sa jeune fille et sa vieille femme douées, l'une de la beauté du diable, l'autre de la laideur du même. Louez Dieu, leur dit-il, vous monterez dans le convoi qui emportera les invités de la soixante-deuxième série. Je ne vous cacherai pas que la fournée dont vous êtes se compose d'un horrible mélange de ducs et de négociants, de militaires et d'étrangers, de fonctionnaires et d'artistes. Mais, qu'importe? Dans les dîners officiels on se préoccupe plus de la qualité des mets que du rang des convives. Vous rappelez-vous l'histoire du cuisinier de Vitellius? — Quelle histoire, ô mon mari? — Quelle histoire, ô mon père? — Cet artiste élaborait un pâté dans lequel il introduisait des ingrédients de toute nature et des oiseaux de tous pays. Oh! oh! dit l'empereur en forçant ses larges sourcils, aujourd'hui, je n'aurai pas besoin d'émétique et je ne dînerai qu'une fois. Le pâté fut servi pourtant. — Eh bien? firent les deux curieuses. — Eh bien! il était excellent quoique mélangé, et l'empereur en mangea beaucoup. Encore un repas pareil, dit Vitellius à son cuisinier et je te fais sénateur. En ce temps-là, vous le savez, les sénateurs discutaient beaucoup sur le meilleur mode d'accommoder le turbot. — Et maintenant? — Maintenant, ils reçoivent trente mille francs, ce qui accuse la différence des mœurs et le progrès des temps.

— Ce n'est pas tout, dirent les deux femmes, avec cette volubilité qui distingue le sexe faible, il nous faut quatorze robes. — Quatorze robes! fit le conseiller, au comble de la surprise, quatorze robes, y songez-vous? — Nous y songeons, et nous les aurons de satin blanc et de satin pâle, de velours bleu, de dentelles noires et de taffetas vert lumière. Et les ruches de blonde, et les effilés de plume, et les agrafes de perles, et les garnitures, les accessoires, les ornements et les fruits en coiffure, et les fleurs au corsage, et les diamants partout! — Mais... fit le conseiller. — Mais, mon père, reprit la jeune fille, crois-tu que l'État te prêterait l'oreille si la fantaisie te prenait un jour de le conseiller sérieusement ? Non, assurément. Eh bien ! mon père, l'État, c'est nous. Et les robes de tulle blanc relevées par des pavots noirs à cœur d'or, et les robes de trille lilas avec feuillage de vigne vierge !... Autrefois, dit le conseiller, le feuillage aurait suffi.

— Oh ! ma fille, dit l'homme d'État, mes appointements d'une année passeront à vos toilettes d'un jour ; mais recueillez au moins les sages avis que m'inspirent le soin de mon avancement et l'intérêt de votre avenir. Vous devez à votre arrivée un salut et un compliment, mais que votre salut révèle la souplesse d'un corps gracieux, et votre compliment la fierté d'une âme d'élite. Vous ne verrez rien d'extraordinaire ; par conséquent, ne vous étonnez de rien. Ayez l'air libre, même dans ces salons réservés où la liberté n'entre pas. Soyez simple sans modestie, et coquette sans manége. Plus vous exigerez, plus aussi vous recevrez ; changez d'attitude aussi souvent que de toilette. Ressemblez le matin à l'innocence en robe montante, et le soir à une déesse sortant d'un nuage. C'est ainsi que vous dénicherez cet oiseau rare qui s'appelle un mari et que vous ferez oublier l'exiguïté de votre dot par le prestige de vos charmes.

Si le maître ou la maîtresse du logis commettent un de ces mots charmants qui tombent ordinairement des lèvres des princes ou des fées, ne faites pas semblant de joindre les mains pour applaudir ou de vous pencher pour ramasser. Vous ferez preuve d'esprit en risquant un sourire expressif qui découvre les dents et un soupir d'admiration qui soulève le corsage. Parlez sans excès, écoutez avec art et affichez en toute occasion le respect de vous-même et le dédain des autres. Paraissez naturelle et gardez-vous de l'être.

Appropriez vos paroles au rang de vos interlocuteurs et ne craignez pas de vous montrer soumise devant les puissants, arrogante devant les petits. Conformez-vous au vieux proverbe qui affirme qu'il ne faut parler ni de cordes dans la maison des pendus, ni de clefs derrière le dos des chambellans. A table, si l'on vante devant vous l'excellence du repas que les maîtres du lieu offrent à leurs invités, ne répondez pas par une phrase du genre de celle-ci : « Nos moyens le leur permettent. » Ces reparties sentent leur petit génie et trahissent de pauvres rancunes. Et d'ailleurs, que vous importe ? Jouissez de l'hospitalité sans questionner vos hôtes sur l'origine de leur fortune et l'avenir de leur puissance. Respirez le double parfum des roses et des vins, et laissez-vous aller au courant des choses heureuses, sans vous inquiéter de la veille ni vous soucier du lendemain.

Et gardez-vous, sur votre vie, d'amener la conversation sur des personnages célèbres dont il fut parlé jadis et dont maintenant on ne parle plus. Ne rappelez jamais les aventures de Baudin, qui fut représentant, et de Maximilien, qui fut empereur. Tous ces gens, et d'autres encore dorment du grand sommeil, et l'herbe a poussé sur leurs tombeaux, comme l'oubli sur leurs noms. Et si, par hasard, pendant le séjour que vous ferez aux lieux où nous allons, venait à mourir quelqu'un de ces hommes illustres et intègres dont la perte est le deuil de la patrie, abstenez-vous de regrets que personne n'aurait l'idée de comprendre ou le désir de partager. Chassez les pensées importunes pour assister en robe de fête au défilé des tableaux vivants. Applaudissez aux belles invitées, qui, revêtues de maillots couleur chair, savent nous rendre l'illusion et imiter l'attitude d'Esther aux pieds d'Assuérus ou de la Sulamite devant Salomon. Imprégnez-vous de ces souvenirs, moins vieux après tout qu'il ne semble. Déjà, dans ces temps primitifs, la femme triomphait des rois, pour peu qu'elle daignât prendre la peine de demander ou le parti d'obéir.

Le conseiller ajouta d'autres recommandations d'une importance moins grande, puis il finit par où commencent ses collègues, — par se taire. L'invitation qu'il avait reçue étant de celles qu'on ne décline guère, il s'y rendit et sut ce qu'il en coûte pour aller chercher le plaisir en province et le soleil à la campagne. Quant à moi, débarrassé d'une fiction qui m'ennuyait, je reviens du pays des rêves où j'ai voulu courir. Qu'on me pardonne cette fantaisie dont je coupe les ailes boiteuses :

Qui ne peut amuser doit savoir se borner.

Et il en est des caprices comme des sermons : les plus courts sont les meilleurs.

VI

L'HISTOIRE DE NAPOLÉON, PAR M. LANFREY
LE DUC D'ENGHIEN

Janvier 1869.

N'en déplaise à M. de Guilloutet, nous commençons enfin à connaître la vie privée de ce Napoléon qu'on a raison de surnommer le premier, puisqu'il ne fut pas le seul. Jusqu'à présent, nous n'avions écouté que des historiens trop sensibles au spectacle des soldats et à la fumée des batailles. Ils ont composé, sans le vouloir peut-être, un Bonaparte de roman à l'usage des familles tendres. Ils le montrent accompli, à la modération près; profond politique, même dans ses mensonges; grand général, même dans ses revers; sensible, même dans les combats; bon époux, malgré le divorce; bon catholique, malgré Savone, et clément, malgré Vincennes. Ils le représentent comme un ami de la France, multipliant les preuves d'une affection touchante, et comme un père des lettres désolé de l'insuccès de ses filles. Enfin il aimait les femmes, mais en sultan économe et superbe qui n'a ni de résistance à craindre, ni de mouchoirs à perdre.

A part le dernier trait, d'une incontestable justesse, il faut éteindre bien des nuances dans ce tableau trop flatteur. C'est à ces travaux que MM. d'Haussonville et Lanfrey ont apporté, l'un, sa recherche patiente, l'autre.

sa passion virile. Ils ont été puissamment aidés par cette correspondance fameuse qui semble le vivant portrait de Napoléon peint par lui-même. Grâce à ce récent ensemble de publications et d'études, nous savons quel fut ce fondateur d'empire qui se dresse sur le siècle naissant, et ce sire, véritablement triste, dont s'affola la nation. Nous connaissons l'étrange nature de ce phénix qui renaquit de ses cendres, et nous avons appris à nos dépens, hélas! ce qui peut tenir d'abaissement dans la grandeur et de scandales dans la victoire.

Le nouvel historien de Napoléon, M. Lanfrey, vient de terminer son troisième volume qui conduit le grand homme du Consulat à l'Empire et du camp avorté de Boulogne au champ de bataille d'Iéna. M. Lanfrey a des qualités et des défauts, mais s'il n'est pas parfait, c'est qu'il est vraiment homme. Il ne décrit pas une expédition militaire avec cette verve fougueuse dont M. Thiers est envahi, mais il raconte une négociation politique avec cette clairvoyance honnête qui change un historien en auxiliaire de la justice; il a le mérite d'être complet et le temps d'être court. Impartial quant aux choses, mais sévère pour les personnes, souvent prêt à s'indigner, parfois contraint d'admirer, il tient un langage mesuré et calme qui épargne aussi bien l'indulgence aux attentats que l'insulte aux coupables.

M. Lanfrey raconte, au début de son volume, par quel procédé ingénieux Napoléon amena le roi d'Espagne à lui servir un subside annuel de soixante-douze millions. Voyant que ce faible monarque, dont il était l'allié, tardait à lui ouvrir encore sa bourse presque tarie, il lui écrivit une de ces lettres, dont, bien avant M. Vandal, il avait déjà le secret. Il l'avertit que le prince de la Paix, empiétant sur les droits de la couronne, aurait touché à la reine d'Espagne de plus près qu'il ne convient à un ministre qui se modère. Il pensait que le roi trompé ne pouvait payer trop cher la révélation de ses infortunes maritales. En cela, il ne se trompait point. Quant à lui, trop couvert de lauriers pour craindre de semblables foudres, il oubliait, dans les leçons de la philosophie et la pensée du divorce, les souvenirs de Beauharnais, et les services de Barras.

M. Lanfrey, écrivant le récit de la conspiration de Georges, venge l'héroïque partisan de l'accusation d'assassinat dirigée contre lui par des historiens plus hardis dans leurs reproches que décisifs dans leurs preuves. Georges, écrit M. Thiers, « s'imaginait qu'en attaquant le premier consul entouré de ses gardes, il livrait une sorte de bataille et n'était pas un assassin ! Apparemment qu'il était l'égal du noble archiduc Charles combattant le général Bonaparte au Tagliamento ou à Wagram. » Non, répond M. Lanfrey; « mais il était au moins l'égal du général Bonaparte attaquant, à main armée, le 18 brumaire, les députés désarmés des Cinq-Cents, et, pas plus que lui, ne méritait le nom d'assassin. » C'est en vain que ce pouvoir, ajoute-t-il, « né d'un coup de violence, s'efforce de ravir à ses adversaires l'arme dont il s'est servi lui-même. Ils ont à en faire usage le même droit que lui, et quant aux ratifications populaires qu'il invoque à l'appui de son inviolabilité, comme elles sont les humbles servantes du succès, on peut toujours affirmer qu'on les aura pour soi après avoir réussi. » M. Lanfrey dit encore qu'il est des recours toujours ouverts contre les usurpations de la force, et des cas où la justice, bannie des institutions, se réfugie dans la conscience. Alors le droit a ses martyrs comme la violence ses agents, mais le condamné dépasse ses juges de toute la hauteur d'une conviction qui ne veut pas changer, et d'un front qui ne sait pas fléchir.

Au reste, l'épithète « d'assassin » est un de ces gros mots sur lesquels il ne faut pas jouer, et ceux qui en gratifient Cadoudal à propos de la conspiration déjouée, l'épargnent à Napoléon, après le piége d'Ettenheim. En apprenant la mort du dernier des Condé, le spirituel Talleyrand, qui s'y connaissait, s'écria, à ce qu'on prétend : « C'est plus qu'un crime, c'est une faute. » La faute m'importe peu, et le crime seul me touche. Bonaparte s'était souvenu des leçons du tendre Robespierre dont il avait cultivé l'amitié et recherché l'appui. Et, pour dire toute ma pensée dans une comparaison frappante, ceux qui votèrent la mort du roi avaient au moins pour excuse, les uns, leur lâcheté; les autres, leur conviction ; et cependant soixante-seize années d'oubli n'ont pas affaibli l'horreur qui s'attache à leur nom. Cela étant, comment qualifier ce « crime » affreux, commis sur une autre victime royale, si touchante et si pure, que contre elle l'envie n'a pu formuler un soupçon, ou la haine, une injure?

Il faut reprendre d'un peu haut le récit de cette tragédie. De tels procès sont toujours bons à relire. Comme M. Lanfrey l'établit sans peine, Bonaparte s'était décidé à frapper la maison de Bourbon dont les princes avaient eu la prudence de ne pas s'aventurer à la suite de Georges sur les côtes de Normandie, et dont le chef avait eu l'audace de se refuser à vendre pour deux millions ses droits à la couronne de France. Le duc d'Enghien habitait alors Ettenheim. Ce vaillant jeune homme, qui avait toujours figuré au premier rang dans les combats livrés par l'armée de son père, s'était, la guerre finie, fixé sur le territoire badois, où il retrouvait le voisinage d'une femme aimée et de la patrie perdue. Se consolant de l'inaction par la chasse et de l'exil par l'amour, il vivait heureux, sous la double protection d'une jeunesse qui lui ouvrait l'avenir et d'un nom qui le faisait sacré.

Le seul tort de cet infortuné fut de se trouver à la portée de Bonaparte qui, désespéré d'avoir manqué la capture du comte d'Artois, que Savary avait guetté pendant vingt-huit jours sur les falaises normandes, tenait à s'indemniser de ce mécompte de la fortune. Bonaparte était d'un pays où la *vendetta* s'étend jusqu'aux parents de ses adversaires et aux amis de ses ennemis. Du même coup, l'arrestation, le jugement et la mort du dernier des Condés furent décidés dans cet esprit fertile en miracles. Cambacérès, à la nouvelle qu'il s'agissait de faire enlever et fusiller le duc d'Enghien, ayant exprimé respectueusement l'espoir que la rigueur n'irait pas si loin, s'attira cette foudroyante apostrophe : « Vous êtes devenu bien avare du sang des Bourbons. » Et cependant dans le procès du roi Louis XVI, le conventionnel Cambacérès avait voté le sursis et non la mort. Mais le premier consul allait lui montrer qu'il n'apportait pas dans ses résolutions ces lenteurs efféminées qui laissent parfois des ressources au hasard et du temps au repentir.

Et qu'on ne se laisse pas prendre aux mensonges de Napoléon rejetant, à Sainte-Hélène, tout l'odieux d'un pareil attentat sur la mémoire de Talleyrand. Ce dernier était l'homme des moyens termes et non des partis extrêmes, et resta peut-être étranger à un crime pour lequel il n'avait d'ailleurs ni antécédents qui l'engageassent, ni intérêt qui le poussât. Le premier consul ne peut tromper personne en affectant d'avoir cru à la culpabilité du duc d'Enghien conspirant, soit contre sa vie avec Cadoudal, soit contre la France avec Dumouriez. Il était facile de se convaincre que Dumouriez n'avait jamais figuré parmi les visiteurs ou les résidents d'Ettenheim, et Bonaparte savait, à n'en pas douter, que les princes de la maison de Bourbon étaient incapables de l'acte qu'il allait froidement accomplir. Lui seul est responsable et reste sans excuses comme il fut sans complices. Il voulait se venger d'une famille royale dont il savait l'hostilité, les espérances et les droits. Il comptait frapper un grand coup pour l'épouvante de l'Europe coalisée, et se révéler de la race des Robespierre et des César par la façon dont il touchait à la couronne et comprenait la justice.

On a prétendu que l'arrestation du duc d'Enghien

aurait été le résultat d'une déplorable erreur. On aurait confondu le prince avec un personnage mystérieux désigné sous le nom de Charles, que plusieurs témoins affirmaient avoir vu chez Georges, et dont ils donnaient le signalement. D'après cette version, Bonaparte n'aurait fait enlever le duc d'Enghien que dans le but de le confronter avec cet inconnu, dont le signalement, minutieusement décrit, n'était autre que celui de Charles Pichegru, enfermé depuis dix jours dans la prison du Temple. Cette légende ne soutient pas l'examen, et, comme le dit excellemment M. Lanfrey, « les apologistes de Napoléon ont trouvé des justifications auxquelles lui-même n'eût jamais pensé et dont le succès lui eût probablement fourni de nouvelles raisons de mépriser les hommes plus ingénieux que le tyran lui-même pour amnistier la tyrannie. » Au surplus, le commun des historiens considère le drame de Vincennes comme une simple tache au beau soleil de Bonaparte. Ils trouvent qu'on ne peut demander aux conquérants les mêmes scrupules qu'aux pacifiques et prétendent qu'on aurait tort d'imposer le respect de la vie humaine à un homme habitué à regarder au soir d'un combat ce qu'il faut de victimes aux exigences de la gloire et pour le gain des batailles.

Le 15 mars, Ordener franchit le Rhin, enveloppe Ettenheim et cerne la maison du duc. Le même jour, Réal reçoit l'ordre de faire tout préparer dans le château de Vincennes. Le 17 mars, le premier consul a entre les mains toute la correspondance du prince, et le 19 il la renvoie à Réal, avec ordre de se taire sur les charges qu'elle révèle. Ces charges se réduisaient à une seule : avoir servi dans l'armée de l'émigration. Mais ce tort, pardonné à tant d'autres, devenait une vertu chez un prince que la révolution avait vêtu de deuil et contraint à l'exil. Bonaparte, prévoyant que le prisonnier peut demander à le voir, décide que, dans ce cas, nulle suite ne sera donnée à sa réclamation. Il ordonne que le jugement à intervenir recevra une exécution immédiate, — formule sinistre qui laisse assez deviner la teneur de l'arrêt futur. Il communique à chaque instant et règle les mesures à prendre avec ses hommes d'exécution, Réal, Hulin et Savary. Puis il nomme, pour juger les prisonniers, une commission composée d'officiers dont le dévouement dépassait l'intelligence. Ainsi, le malheureux prince, capturé sans droit sur un territoire étranger, puis livré sans défense à une juridiction soumise, ne pouvait même invoquer ni la foi des traités qu'on avait violés pour le saisir, ni la sainteté des lois qu'on insultait pour le frapper.

Le 20 mars à onze heures du matin, le duc d'Enghien arrive à la barrière de Paris. On l'y retient jusqu'à quatre heures du soir dans l'attente de nouveaux ordres émanés de la Malmaison. Puis il arrive à Vincennes, où des témoignages indiscutables établissent que sa fosse était déjà creusée. Vaincu par la fatigue et par la faim, il prend son dernier repas et s'endort avant de mourir. A minuit, il est réveillé par le rapporteur de la commission venant procéder à un interrogatoire préliminaire. Les réponses du prince sont simples, nobles et vraies. Il convient qu'il a servi dans l'armée de Condé, et reconnaît que l'Angleterre lui fait une pension dont il vit. Mais il nie avoir jamais connu Dumouriez ou Pichegru. Puis, après avoir signé le procès-verbal, il écrivit de sa main sur la minute « qu'il désire avec instance avoir du premier consul une audience particulière. » « Mon nom, mon rang, ma façon de penser et l'*horreur de ma situation*, ajoute-t-il, me font espérer qu'il ne se refusera pas à ma demande. » Cette légitime requête, nous le savons, était prévue et rejetée d'avance. Ce dernier vœu d'un condamné allait se briser contre la volonté d'un maître depuis longtemps inaccessible à la prière et sourd à la pitié.

Cette demande d'audience se transforme dans les relations de Sainte-Hélène en une lettre que retient Talleyrand « toujours altéré du sang des Bourbons. » Le duc, dit Napoléon, m'avait écrit « pour m'offrir ses services et me demander le commandement d'une armée. » Je transcris les nobles paroles qu'inspire à M. Lanfrey la muse indignée de l'histoire : « Il y a ici une double et honteuse calomnie, l'une contre Talleyrand, l'autre contre le duc d'Enghien, et celle-ci est particulièrement odieuse ; elle est comme le soufflet dont le bourreau frappait le visage de la victime après l'avoir décapitée. Le duc n'écrivit jamais cette lettre déshonorante ; mais, l'eût-il écrite, soit de Strasbourg, soit de Vincennes, elle n'eût été, dans aucun cas, remise à M. de Talleyrand. Elle eût été, comme tous ses autres papiers, envoyés directement à la Malmaison, ou, dans le cas invraisemblable d'une confusion, soit à Réal, qui dirigeait la police, soit à Murat, qui gouvernait Paris. » Nous le savons, le système de Napoléon fut toujours d'incriminer pour s'absoudre, et de rechercher son innocence dans l'infamie de ses agents. Mais ici on ne peut ni excuser le crime ni soupçonner la victime. Ce singulier César ne fut jamais salué par l'innocent qui allait mourir.

A deux heures du matin, le prisonnier est amené devant la commission militaire que préside le général Hulin. Entre la victime et ses meurtriers, il n'y a rien ni personne; ni témoins, ni défenseurs, ni public. L'accusé est sans secours et la sentence sans appel. Le lieu où siége le tribunal, l'heure étrange où il s'assemble, le mystère dont il s'entoure, l'activité qu'il déploie, tout annonce, qu'à la faveur du silence et de l'ombre, va se jouer une des plus sinistres parodies de la justice aveugle! Devant la mort le noble jeune homme se redresse. Aux questions sommaires qui lui sont posées il répond avec une dignité simple et virile. Il repousse avec indignation les réticences utiles que lui suggérait Hulin, embarrassé dans une mission dont il comprenait la honte en en acceptant la rigueur. L'interrogatoire terminé, le prince renouvelle sa demande d'un entretien avec le premier consul. Maintenant, dit Savary, de témoin devenu acteur, maintenant, cela me regarde. Puis les membres de la commission s'étant retirés perdirent une demi-heure de huis-clos à la confection de l'arrêt. Quand ils revinrent, pâles encore de la décision rendue, ils rapportaient la plus inique condamnation qui ait jamais changé des juges en bourreaux et un juste en martyr.

Le gouverneur de Vincennes, un flambeau à la main, vint chercher le prisonnier. Il le conduisit à travers un sombre passage jusqu'à un escalier donnant sur les fossés du château. Arrivés là, dit M. Lanfrey, « ils se trouvèrent en présence d'une compagnie des gendarmes de Savary, rangés en bataille. On lit au prince sa sentence près de la fosse creusée d'avance où l'on allait jeter son corps. Une lanterne déposée au bord de la fosse prêta sa lueur sinistre à cette scène de meurtre. Le condamné, s'adressant alors aux assistants, leur demande si quelqu'un d'eux peut se charger du message suprême d'un mourant. Un officier sort des rangs; le duc lui confie un paquet de cheveux destinés à une personne aimée. » Quelques instants plus tard, la nuit sombre fut traversée par l'éclair et le retentissement des armes. Tout était consommé, et le dernier des Condés gisait sur le sol natal, agrandi et sauvé jadis par les victoires de ses aïeux. On couvrit de terre ce noble corps. Le silence se fit, l'oubli revint, et, deux mois après, le premier consul posait ses mains avides sur la couronne de France et le manteau des rois.

Pendant que ses exécuteurs travaillaient ainsi pour lui, que faisait à la Malmaison ce futur maître du monde? Ses flatteurs le représentent en proie à un trouble et à une oisiveté, sans précédents comme sans retour, dans son illustre vie. A les entendre, durant ces tristes jours, il ne put ni donner un ordre, ni écrire une lettre. Ses flatteurs se trompent, comme au reste c'est leur coutume. En fait d'ordres, il donna celui qu'on sait; en fait de lettres, il en écrivit vingt-sept.

Dans la seule journée du 20 mars, il en dicta jusqu'à sept, et, dans ce nombre, il s'en trouve une d'une longueur exceptionnelle, qui entretient le général Soult « des ballots de coton empoisonné que les Anglais ont vomis sur nos côtes pour empester le continent. » Il récitait à ses familiers les vers que nos grands poëtes ont écrits sur la clémence, mais ces déclamations n'avaient d'autre but que de prévenir les solliciteurs en faisant croire à sa pitié. On ne trouve en lui ni trace d'hésitation, ni marque de repentir. Au reçu de la fatale nouvelle, il joue l'impatience et simule la surprise. Ainsi s'égayait dans la comédie de caractère ce merveilleux acteur, qui reste plus célèbre par les larmes qu'il a fait répandre que par celles qu'il a versées.

Un long cri de douleur et d'indignation parcourut l'Europe entière coalisée contre nous. On lit dans les mémoires de Consalvi « que lorsque le Saint-Père apprit l'*assassinat de cette grande et innocente victime*, ses larmes coulèrent autant sur la mort de l'un que sur l'*attentat* de l'autre. » Et cependant, lorsque Napoléon, au jour du sacre, voulut « se faire casser une petite fiole sur la tête, » par des mains pontificales, le Pape ne refusa point d'accomplir cette opération douloureuse. En France, l'impression fut sinistre. On se crut ramené d'un bond à la tyrannie de Robespierre par un disciple jaloux du maître. Mais la liberté étant sans soutiens et l'opinion sans organe, l'émotion fut passagère chez un peuple de muets. Il n'y eut que la protestation d'un seul homme, Chateaubriand ! Et encore cette voix isolée fut s'éteindre sans écho dans le silence universel. On redoutait de parler et l'on craignait d'agir, tant le nouveau César avait étendu chez nos pères les limites de la servitude et le domaine de la terreur.

Je n'emprunte au beau livre de M. Lanfrey que cet unique épisode. En vérité, cela suffit. En demandant au passé ses enseignements et ses leçons, j'ai imité ces vieux Romains qui, au déclin d'Auguste, se racontaient les commencements de César. Plus on étudie la vie de Napoléon, plus on voit de quelle argile ce colosse était pétri, moins on comprend l'admiration qu'il inspira et le culte qu'il a fondé. Et cependant son nom, répété dans les bivouacs et les hameaux, sur les lèvres des rhapsodes et dans les livres de l'histoire, grandissait du prestige de la distance et du charme de la légende. Il était devenu l'espérance et la foi du peuple flagellé par lui, et il avait fait adorer aux générations éblouies la couleur de sa redingote et la forme de son chapeau.

La nation, dit quelque part M. Lanfrey, « se remettait dans ses mains avec une sorte d'ivresse, semblable à ces femmes avilies qui se donnent de préférence à celui qui les méprise et les violente. » Il vaut mieux que les nations, pareilles à d'honnêtes femmes, ne se marient qu'après de longues réflexions qui attestent leur volonté, et sous le régime dotal qui sauvegarde leur fortune.

VII

LES RÉUNIONS PUBLIQUES — UNE ÉLECTION DANS LE GARD
LA MORT DU FILS DU ROI DES BELGES

Janvier 1869.

Les réunions publiques qui font parler d'elles et dans lesquelles on parle trop, ont excité depuis leur naissance l'horreur des bourgeois, l'attention des curieux, le rire des connaisseurs et la sympathie des juges, car il faut que les magistrats les aiment beaucoup pour les frapper si fort. Elles ont, comme toute chose humaine, des partisans et des adversaires : les premiers les regardent comme un instrument merveilleux, manié par des mains inhabiles; les seconds les comparent à des pommes de discorde tombées de l'arbre de décembre. Je suis de l'avis des premiers. Cependant, si je ne crains pas cette grande inconnue, — la liberté, je me méfie de cette redoutable connaissance, — le pouvoir. Or, les réunions publiques ne sont pas libres, elles sont surveillées. L'autorité a quelque intérêt peut-être à les discréditer, et le commissaire qui préside ces hautes assises peut céder à la tentation de remplir une salle... de police, bien entendu. S'il est des agents qui arrêtent, il en est d'autres qui provoquent. Quelques fougueux orateurs m'ont paru descendre de la Jérusalem nouvelle qui possède une préfecture. Je puis me tromper, ce qui m'engage à me taire. On comprendra que je m'abstienne de tout jugement téméraire : je ne suis pas un tribunal.

Depuis longtemps j'avais formé le projet et n'avais pu trouver le temps d'assister à une de ces réunions que l'on prétend populaires. J'aurais donné tout, et même un peu moins, pour apercevoir seulement les jambes de Mme Paul Menck escaladant les degrés de la tribune aux harangues. C'est Mme P. Menck qui, un jour, adressait au peuple ces paroles exquises : « Citoyens, le grand Proudhon a dit dans ses livres immortels : la propriété, c'est le vol. Permettez à une femme de relever l'unique erreur de ce sublime esprit. Proudhon aurait dû dire : La propriété, c'est l'assassinat. » La foule applaudissait et le cœur de Mme Menck battait à faire éclater un corsage de Mmes des Vertus sœurs. On voit par cette citation ce que doit être Mme Menck ; une femme libre, remplaçant la fortune absente par deux grains de philosophie. Tout ce qu'elle possède, elle l'a sur elle, à l'exemple de Bias d'Ionie, lequel n'était pas femme et n'en portait pas tant.

Mme Menck connut bientôt que le peuple est un souverain dont la faveur est inconstante. Une fois qu'elle se préparait à fulminer contre la propriété une harangue décisive, elle fut interrompue par des voix ironiques lui conseillant de retourner à sa cuisine qu'elle négligeait pour la tribune. Eh quoi ! s'écria l'oratrice — je ne sais si oratrice est français, mais je le risque à tout hasard — croyez-vous qu'une femme doive se borner à l'horizon de ses fourneaux et aux soucis de son ménage?

Et les interrupteurs répondirent : « Nous le croyons. » Comment, citoyens, il nous serait défendu de consacrer nos veilles à la solution des grands problèmes qui intéressent l'humanité? — Oui, affirmèrent les citoyens. Mme Menck en fut réduite à cette dure extrémité des femmes — le silence. La foule venait de reprendre la thèse du bonhomme Chrysale,

> Qui disait qu'une femme en sait toujours assez
> Quand la capacité de son esprit se hausse
> A connaître un pourpoint d'avec un haut-de-chausse.

Et cela est vrai de tout temps, moins dans la lettre qui tue que dans l'esprit qui vivifie. Les femmes ont des devoirs nécessaires qui n'excluent pas les petits talents, mais qui les priment. Elles sont les compagnes et la source des hommes, et cette double mission vaut mieux que le savoir.

Je fus donc à Belleville, dans l'espérance d'ouïr Mme Paul Menck. Hélas ! elle ne donnait pas ce jour-là. La salle, où deux mille personnes peuvent se loger à l'aise, se remplissait à vue d'œil et regorgeait de populaire. Le citoyen président prononça une harangue absolument inepte. Ce discours ouvrit la séance, un incident la ferma. La police, représentée par un commissaire et deux assesseurs, occupait trois places au bureau, contrairement à la loi qui ne lui en accorde qu'une. La loi était donc méconnue : un orateur en fit la remarque, et l'assemblée battit des mains. Au fond, l'inconvénient était mesquin, le commissaire ayant le droit de placer ses agents dans toutes les parties de la salle, le bureau seul excepté; mais la foule, comme Brid'oison, tenait surtout à la fo-o-orme. On invita donc les assesseurs à déguerpir, et le représentant de l'autorité à rester seul... avec son écharpe. Le commissaire refusa, et, parodiant Mirabeau, déclara qu'il ne céderait qu'à la force. Le mot m'a paru joli, il était de ceux qui font rire et qui désarment. Mais l'assistance n'était pas gaie, ce soir-là. Un autre orateur apparut à la tribune : « Citoyens, s'écria-t-il, prenons une résolution virile : allons-nous-en ! » On le crut et on s'en alla. Le commissaire semblait joyeux, et vraiment il y avait de quoi. De plus, il dut bien rire, car il resta le dernier.

Cet incident, tout singulier qu'il pût être, indiquait chez les assistants un amour de la légalité que j'aurais cru moins vif. J'avais pour voisin, un ouvrier qui, m'adressant la parole, me dit d'un air convaincu : Pourquoi ne nous apprend-on pas dès l'enfance les choses nécessaires en place des inutiles : la loi au lieu du catéchisme? Nous saurions ce qu'il faut respecter et surtout ce qu'il faut craindre. Je lui répondis : La loi est un sérail dont peu de gens savent les détours : je l'ai apprise trois ans de suite et je ne l'ai jamais bien sue. En outre, les lois ressemblent aux dieux d'autrefois : il en existe beaucoup, mais on en invente toujours. Après quoi, je quittai la salle qui se vidait peu à peu, non sans jeter un dernier regard sur le commissaire dont l'énergie m'avait frappé et dont l'esprit m'avait plu. Il siégeait seul et debout près du bureau désert. Il avait pris une majestueuse attitude et noué l'écharpe tricolore autour d'un ventre qui promettait beaucoup et qui tenait déjà.

En descendant des hauteurs de Belleville, je me dirigeai vers la rue Saint-Martin, où une autre réunion publique s'ébattait dans la salle Molière. Là, le local était moins vaste et le public moins nombreux, On discutait la question des salaires. Un orateur prétendait que l'ouvrier n'était pas rétribué en proportion de ses mérites et attaquait le capital, avec lequel visiblement il se trouvait peu lié. On l'écoutait, je dois le dire, avec patience et intérêt. Quand il eut fini, l'incident de Belleville recommença, mais dans des proportions moindres, et avec des suites moins graves. Un orateur aimé du peuple prit la parole à son tour et déclara que ses frères de Belleville avaient agi sans dignité. Leur conduite ne peut aboutir qu'à deux conséquences regrettables : ou la clôture ou la soumission. Toute protestation doit être suivie d'effet, et, en ce moment, nos protestations sont forcément stériles. Quant à moi, ajouta-t-il d'une voix profonde et avec un geste hardi : le jour où je protesterai, j'y laisserai ma tête. Ce dernier trait fut accueilli par des bravos retentissants. Je me rappelai le vers fameux :

> Que feriez-vous, monsieur, du nez d'un marguillier ?

et je regardai la tête de cet énergumène pour savoir ce qu'on en pourrait faire ! Après l'examen de ce chef, je plaignis son possesseur. Je pensais que si, au point de vue de l'art, il était fâcheux qu'il l'eût acquis; dans son intérêt propre, il serait triste qu'il le perdit.

Un robuste prolétaire vint se plaindre d'une société de secours mutuels qui lui avait retenu quelques francs sur ses appointements du mois. A l'accent dont il nous dit : Che chouis dans le bâtiment ! je devinai qu'il était Auvergnat et je compris qu'il était maçon. Tous les enfants du Puy-de-Dôme ont la tête tournée par l'exemple de leur compatriote Rouher qui, lui aussi, est dans le bâtiment. Pendant que je faisais cette remarque, la tribune changea de maître. Un orateur, connu pour montrer un bout d'oreille gouvernementale sous une peau de socialiste, lança quelques phrases obligeantes à l'adresse des malheureux qui travaillent pendant que les riches ne font rien. Ce personnage demandait que tout ouvrier parvenu à l'âge heureux de soixante ans jouît d'une pension de retraite à l'égal des citoyens militaires ou des citoyens magistrats. Si l'État n'était pas assez riche pour payer ses gloires ouvrières, il y pourvoirait au moyen d'un impôt prélevé sur l'opulence des propriétaires. Ces idées obtinrent un légitime succès, et quant à moi, content d'avoir entendu

Du peuple souverain les courtisans crottés,

je regagnai mon logis, en me disant que l'homme est toujours le même, soit qu'il trempe dans la politique, soit qu'il s'exerce dans le bâtiment. Il ambitionne plus qu'il n'a, travaille moins qu'il ne doit et reçoit plus qu'il ne vaut.

J'avouerai, pour être complet, que j'ai pris une autre fois le chemin des réunions publiques, et que j'ai entendu les déclamations d'un groupe d'enragés ne ménageant ni l'outrage aux choses saintes, ni la calomnie aux honnêtes gens. Je me souvenais de cette gauche républicaine, que Michel de Bourges, qui pourtant en faisait partie, avait surnommée le Sinaï de la démence. Oui, j'en conviens, il est un certain nombre de furieux qui veulent exiler Dieu du ciel, le mariage de la terre, et M. Jules Favre de la Chambre. La propriété les irrite et la famille leur déplaît. Ils rêvent une république fondée sur les principes de l'immortel Babeuf, qui fut prophète, comme chacun sait.

Ce Babeuf, qui commença par faire des faux et finit par faire des livres, s'adjugea le nom de Gracchus pour une idée renouvelée des Gracques. Il proposa tout simplement de partager entre les pauvres toutes les terres, toutes les richesses et toutes les femmes. J'imagine que les pauvres lui en surent gré, et j'ignore si les femmes lui en voulurent.

Les jeunes fous de ce temps-ci descendent en ligne directe, non de Babeuf, mais de ce fameux Dupont qu'Alfred de Musset inventa dans un jour d'humeur joyeuse ; or, voici ce que disait Dupont :

> L'univers, mon ami, sera bouleversé ;
> On ne verra plus rien qui ressemble au passé ;
> Les riches seront gueux et les nobles infâmes ;
> Nos maux seront des biens, les hommes seront femmes,
> Et les femmes..... seront tout ce qu'elles voudront.
> . . . .
> De rois, de députés, de ministres, pas un ;

De magistrats, néant; de lois, pas davantage.
J'abolis la famille et romps le mariage;
Voilà ! Quant aux enfants, en feront qui pourront,
Ceux qui voudront trouver leurs pères, chercheront.

Eh bien ! aucune des billevesées sorties de l'étroit cerveau des Dupont passés, présents et futurs, ne me paraît faite pour troubler le sommeil de l'empire, si tant est que l'empire veuille dormir. Ils sont plus à plaindre qu'à punir, et les choses qu'ils tuent se portent assez bien. Est-ce que la religion décroît depuis qu'ils menacent le ciel ? Est-ce que les mariages diminuent depuis qu'ils attaquent la famille ? Est-ce que le lion de décembre s'inquiéterait de quelques traits sans vigueur lancés du haut des tribunes de Belleville ou du Vieux-Chêne ? Le gouvernement doux et fort qui régit nos destinées ne s'émeut ni des adversaires qu'il rencontre ni des murmures qu'il soulève. Il a confiance dans la sagesse du pays et dans le nombre des chassepots. Il a raison, car, avec ce double appui, il peut se permettre impunément plus de fautes qu'il n'en commit. Quelque difficile que cela semble, il le peut ; car tout prince est sujet à l'erreur, et impossible n'est pas français.

Quand les orateurs du Vieux-Chêne traitent le divorce d'expédient orléaniste, je tâche de rester sérieux et quand les déclamateurs de Belleville jettent des pavés Babouviens dans le jardin des propriétaires, je m'efforce de demeurer calme : la propriété est bonne en soi, et nul ne devrait médire des choses qu'il n'a pas su connaître. Et puis il faut s'entendre ! Peut-être les

Démosthènes populaires voulaient-ils condamner les possesseurs de ce bien mal acquis qui profite quelquefois ? Peut-être voulaient-ils flétrir les voies étranges par lesquelles plusieurs grands personnages se sont élevés du fumier de Job à l'aisance de Crésus ? Peut-être, en répétant le mot de Proudhon, « la propriété, c'est le vol, » l'appliquaient-ils à ces banquiers opulents qui, soutirant de la poche des naïfs, des millions de mauvais aloi, n'ont rien perdu dans leurs entreprises, fors l'honneur qui n'a pas cours ? Il faut conserver les institutions et corriger les mœurs. Si depuis M. Guizot, dont l'exemple s'est perdu, bien peu sont sortis des affaires publiques plus pauvres qu'ils n'y étaient entrés, convient-il pour si peu de supprimer les ministères ? Les exceptions ne détruisent pas les principes. Parmi ceux qui poursuivent la fortune, il en est qui la cherchent au coin d'un bois, d'autres qui l'attendent dans leur lit, et cependant la propriété m'a pour défenseur et le mariage pour partisan.

J'ajouterai que tout n'est pas absolument mauvais dans la pire des réunions. Ces assemblées ont un respect de la loi qui confondrait M. Baroche lui-même. *Ipsissimum Barochium.* Et M. Baroche, dit le Superbe, est avantageusement connu pour son amour de la justice, dont il fut le précurseur et est devenu le ministre. Ces assemblées font preuve, en certains cas, d'une remarquable tolérance, et nul doute qu'elles n'entendissent la raison si la raison venait leur parler. Enfin, elles veulent devoir à la persuasion et non pas à la force le triomphe de leurs idées. Tout cela, ce sont des qualités sérieuses, mais presque anti-gouvernementales, si j'ose m'exprimer ainsi. En effet, le gouvernement ne doit pas être disposé à adorer chez autrui ce qu'il a brûlé pour son compte. Il n'a pas encore érigé sa tolérance en proverbe. Quand il a voulu nous convaincre de la supériorité des armes sur la loi, il a déployé une douce violence dont un grand nombre de personnes ont gardé le souvenir et conservé les marques.

Je ne raconte ici que ce qu'il me fut donné de voir et d'entendre. Les déclamations qui retentissent dans les réunions passeraient inaperçues si on n'appelait sur elles l'attention du public et les sévérités de la justice. De bonne foi a-t-on cru qu'en reconstruisant des tribunes, où le premier venu peut monter, l'écho n'apporterait aux oreilles des timides que des bêlements d'agneaux ou des roucoulements de colombes ? A-t-on pensé que toutes les oppositions et toutes les idées fausses avaient été guéries par la vertu du deux décembre et qu'un chant de reconnaissance et d'amour sortirait d'un silence de plomb observé dix-sept ans ? Le gouvernement se serait-il persuadé qu'il recueillerait les bénédictions populaires pour nous avoir accordé tant de bienfaits que nous en ignorons le nombre, et tant de libertés que nous ne savons où les mettre ?

Si cela était, le pouvoir aurait conservé plus d'illusions qu'il ne nous en a fait perdre. Mais tant de naïveté n'habite pas dans l'âme des puissants. Cependant l'autorité s'arme et la justice sévit. Les orateurs des réunions publiques, cités à la barre des tribunaux, ont à répondre de leurs discours inexactement recueillis ou adroitement tronqués par les sténographes de la police. Il est dur de payer de deux mois de prison et de mille francs d'amende une parole irréfléchie ou une théorie niaise. Ajoutez à cela que les magistrats, discutant avec les prévenus, décorent leurs jugements de discussions abstraites terminées par un coup de massue. Dernièrement, un orateur a été condamné à la bagatelle de deux mois de prison pour avoir prononcé quelques phrases de nature à atteindre le commissaire de police dans sa délicatesse et sa considération. Voilà des paroles qui ne sont pas tombées dans l'oreille d'un sourd. La peine passe le plaisir, si toutefois c'est une joie que d'effeuiller cette rose de délicatesse qu'on appelle un commissaire.

Une telle rigueur n'est pas de saison, et un de ses moindres défauts est d'attirer l'intérêt sur les adversaires du capital. En France, une condamnation grandit toujours ceux qu'elle frappe, et la meilleure raison est celle du plus raisonnable et non pas du plus fort. Le silence fait oublier, mais la sévérité rend la mémoire ; le ridicule tue, mais la prison ressuscite. Il faut une dose de hardiesse peu commune pour se livrer à des écarts d'éloquence immédiatement dénoncés et infailliblement punis. En vérité, il était au moins inutile d'accorder à des insensés qui n'en méritaient pas tant, le bénéfice du courage et les palmes du martyre.

Rien ne manque aux réunions publiques, ni les honneurs des tribunaux, ni les interpellations des Chambres. M. de Benoist a provoqué, au sein du Corps législatif, une discussion dont elles feront tous les frais.

C'est lundi que la chose aura lieu. Les orateurs du Palais-Bourbon viendront dénoncer le langage des orateurs de la Redoute, et alors les membres de la majorité frémiront d'une sainte indignation, qui ne leur inspirera ni des vers comme à Juvénal, ni de la prose comme à Jourdain. Avant que le Corps législatif passe à d'autres exercices, M. Rouher apparaîtra soudain comme le dieu de la machine, c'est-à-dire de la tribune. Il dira : Messieurs, si l'arbre est jugé par ses fruits, nos adversaires le sont par les juges. Le gouvernement n'a rien à craindre des tempêtes de la liberté qu'il déchaîna. L'empereur règne, les tribunaux sévissent et les consuls veillent. La haute assemblée acclamera son illustre chef et M. de Benoist lui-même ressentira ce doux contentement qui, sur la terre, est le partage des députés, et, dans le ciel, des colonels.

Puisque j'en suis venu à parler du Corps législatif, j'aurais bien voulu discuter après lui la grave question de l'indépendance des chambellans. Mais le temps me manque pour résoudre ce problème délicat dont les chambellans seuls ont la clef. J'arrive immédiatement à l'élection du Gard, que la Chambre a validée et que le public improuve. L'élu, M. Dumas fils, qu'il ne faut pas confondre avec l'auteur du *Demi-Monde*, a travaillé pour sa nomination, mais jamais pour le théâtre. C'est à propos de cette élection qu'éclata une des sept merveilles du chassepot. Une réunion privée, tenue au bénéfice d'un des concurrents de M. Dumas, fut dispersée par la force trop armée. Un électeur, M. Sagnier tomba dangereusement blessé. Son père mourut de chagrin.

Mais de telles misères ne nuisent pas à la sincérité du suffrage. M. Dumas fut nommé un peu après qu'on eût enseveli M. Sagnier, de sorte que la ville de Nîmes put conduire presque en même temps le triomphe des candidatures officielles et le deuil d'un de ses enfants.

Une triste nouvelle nous arrive de Belgique avec la dernière *Lanterne*. Le roi des Belges qui, naguère à Paris, semblait chercher dans le palais des Tuileries les traces de sa famille dispersée dans l'exil ou dans la tombe, vient de perdre son fils, jeune et fragile espérance d'une jeune monarchie. Que d'épreuves accablent la descendance de Léopold ! A peine le vieux roi mort, voici que son gendre et sa fille courent l'aventure du Mexique où l'un laissa la vie et l'autre la raison. Hier enfin, le petit-fils est allé rejoindre le grand-père dans les caveaux de Laeken. Le vieillard s'est éteint après avoir joué brillamment le rôle de fondateur d'empire, l'enfant s'est endormi avant d'avoir connu les inquiétudes de la vie et le poids de la couronne. Il a montré, durant sa longue agonie, le courage d'un homme et la résignation d'un chrétien. Son père et sa mère, qui l'aimaient d'une tendresse infinie, l'ont vainement disputé à la mort qui parfois sembla reculer et qui vainquit enfin. Maintenant la Belgique entière, réunie autour du trône, proteste sur ce jeune tombeau de son dévouement à ses rois. Heureux les peuples qui ont accepté l'alliance du pouvoir et de la liberté, et qui font des douleurs et des joies de leurs princes, leurs douleurs et leurs joies! Il nous est bien permis, j'imagine, d'envier chez les autres, un sort que nous aurions pu connaître et des exemples que nous aurions pu suivre.

VIII

LAMARTINE

Mars 1869.

Chaque jour enlève une gloire, creuse une tombe, amène un deuil; la vie est stérile, la mort seule est féconde. Chaque jour disparaît un de ceux qui, oubliés par le temps, flottaient sur le néant contemporain, comme les épaves d'un grand passé. MM. de Lamartine et Troplong se sont enfuis le même jour pour les mystérieux rivages et les jugements du juste juge. Ils ont pu se rencontrer sur la route et voyager ensemble. M. de Lamartine est parti de son chalet de Boulogne. M. Troplong s'est envolé par la porte des sénateurs.

Lamartine! ce nom seul évoque et réveille le défilé des ombres et la voix des échos. Il apparut dans la forte jeunesse d'un siècle qui s'élançait des illusions de la gloire aux conquêtes de la liberté. On avait encore dans les oreilles et dans les yeux le retentissement des armes et la fumée des batailles. Mais ce jeune homme aux airs penchés, reprenant la lyre abandonnée qui frémissait sous ses doigts, redit à nos pères le chant divin que la mort avait interrompu sur les lèvres d'André

Chénier. Sa voix décrivant tour à tour les sensations du monde inconnu et les spectacles du monde réel, et tour à tour douce comme la prière, émue comme la pitié, vibrante comme la passion, menait ses auditeurs, de la Grèce à Paris, à travers le temps; et de la terre au ciel, à travers l'espace. On croyait à un Homère jeune et beau, venu dans la moderne Athènes, pour nous apprendre ce que la poésie fait éclore en un seul chant de consolations, de rêveries et de larmes.

Il avait reçu tous les dons que d'ordinaire la nature divise et ne concentre pas. Noble de cœur comme de race, riche dès le berceau, célèbre à son premier livre, aimé dès son premier vœu! Il séduisait sans efforts et retenait à son insu. De haute taille et de charmant visage, il portait fièrement sa tête déjà ceinte des lauriers en fleurs. Dans ses yeux brillait le double rayon de la passion et du génie, et ses lèvres s'ouvraient d'elles-mêmes pour les sourires, les baisers et les chants. L'Amour, en l'approchant, prenait des airs de mystère, des noms de roman et des leçons de poésie.

> Qui de nous, Lamartine, et de notre jeunesse,
> Ne sait par cœur ce chant des amants adoré
> Qu'un soir, au bord d'un lac, tu nous a soupiré?...

C'est vrai, on l'a su et on le sait encore. Après tant d'années, nous entendons encore le bruit des rames, la chanson des matelots et la marche du navire sur les flots harmonieux. C'est toujours le poëte et sa maîtresse enlacés l'un à l'autre et se parlant tout bas, et nous regardons encore s'évanouir à l'horizon ces images fugitives de l'amour et de la jeunesse. Il semble que le lac ait gardé mémoire de son passager d'un jour. C'est en abordant à ces rives à jamais fameuses qu'on s'étonne de ce qu'une barque et des chants ont laissé de souvenir dans le cœur et de traces sur les eaux !

Tout le monde sait par quelles œuvres immortelles Lamartine a pris rang dans la famille des grands poëtes : les *Méditations*, les *Harmonies*, *Jocelyn !* C'est là qu'il donne la mesure d'un génie dont le seul tort fut de chercher le vague pour s'y complaire et l'infini pour s'y perdre. Aussi parmi ses rivaux ne peut-il être le premier. Il a des défauts plus sensibles et des qualités moindres. Inférieur à Hugo par la hardiesse des images et la hauteur des vues, dépassé par Musset dont il n'a ni les cris puissants ni le souffle inspiré; au-dessous d'eux, mais très-près pourtant, il reste le troisième de ceux qui pour notre admiration et leur gloire ont traduit les passions des hommes dans le langage des dieux.

Une seule renommée ne pouvait suffire à ce noble ambitieux qui s'essaya dans tous les genres et triompha dans beaucoup. Voyageur, il a retracé dans ses livres les splendeurs et les visions de l'Orient. Romancier prêtant à ses héros sa ressemblance et ses aventures, il nous a redit les meilleurs des amours où s'est égarée sa vie. Historien, il improvisa, pour les besoins et le goût du temps, dix volumes qui furent le prélude de la seconde République et l'apologie de la première. Il a chanté les Girondins, et bien d'autres avec eux, qui, égarés ou coupables, ont payé de leur sang celui qu'ils ont fait répandre. Je ne me souviens plus de ce livre et de ce qu'il contient d'éloges immérités et d'injustes outrages. Pour certaines œuvres, l'oubli ressemble au pardon. Rien ne reste de ces tristes pages que le vent fit envoler et que leur poids fit retomber. C'est pourquoi il serait trop sévère d'adjoindre Lamartine à ces écrivains hardis qui ont eu dans l'histoire la prétention d'innover et l'audace de mentir.

J'arrive maintenant à la plus importante peut-être des occupations de sa vie et des aptitudes de son génie. Admis de bonne heure à siéger dans les assemblées délibérantes, il passa de la poésie à la politique avec sa supériorité native et son habituelle aisance. Travaillant vite et devinant beaucoup, il jouait avec les questions qu'il comprenait en les abordant et qu'il élevait en les traitant. Il parlait de source, pour ainsi dire, et les mots venaient sans efforts se poser sur ses idées. Il avait les grandes qualités de l'orateur : l'action, la voix, le geste et l'empire de lui-même et des autres. Il avait plus encore ; car son éloquence empruntait à la poésie cette ampleur de formes, cette richesse d'images et ce balancement du rhythme qui donnent à la pensée une parure, un corps et des ailes.

Il remporta, comme orateur, de grands et de beaux triomphes. Mais dénué de prévisions sérieuses et de convictions politiques, il suivait l'inspiration, s'abandonnait au hasard, et trop souvent joua de la parole comme il eût fait de la lyre. On s'en aperçut, soit au 24 février, soit aux journées qui suivirent. Il dépendit de lui, plus que de personne en France, que la révolution, renouant le présent au passé, fût aussi réparatrice qu'elle venait d'être juste. Pendant qu'il parlait, une veuve et un orphelin, introduits dans l'assemblée souveraine, venaient à lui chassés du trône, reniés du peuple et suppliants de la tribune. Ils essayaient de retenir cette couronne qu'à dix-huit années d'intervalle, trois jours d'orage avaient donnée et reprise à leur front.

L'orateur, s'inclinant devant ces majestés tombées, les repoussa du présent et de l'avenir du pays, il comprit que la légitimité ne découlait pas du malheur, et que, pour remonter au trône, cet enfant n'avait d'autre titre que d'en être descendu. Mais, sans pousser plus avant la logique des événements, il aima mieux affronter l'imprévu que s'étayer sur le droit. Il oublia ses premières opinions consacrées par ses premiers vers... Sans une pensée, sans un hommage pour le prince dont il avait jadis célébré la naissance et consolé l'exil, il tourna sous l'effort du vent et comme un autre Memnon chanta la nouvelle aurore. On applaudissait ce chant sublime, et lui, lançant à l'aventure les destinées françaises, acclamait la jeune République, à laquelle, dans sa poésie naïve, il prêtait des allures de guerrière, de prêtresse et de vierge.

Je ne mets en doute ni son amour de la liberté ni la sincérité de son langage; mais enfin commencer par le chant du sacre et finir par l'adoption de la République, passer de la familiarité des princes à l'amitié de Ledru-Rollin, quelle différence et quel voyage! Au surplus la République ne lui fut pas ingrate : elle l'admit dans ses conseils et s'appuya sur sa gloire. Il fut sa voix la plus populaire et son chef le plus autorisé. Elle le fit puissant, il la rendit modérée. Pendant ces jours troublés, il fut l'instigateur de tout le bien accompli et l'adversaire de tout le mal proposé. Il déploya un courage à toute épreuve, une probité sans réserves, une grandeur sans souillures. Ne ménageant ni sa peine, ni son temps, ni sa vie, seul et debout dans la tempête qui courbait d'autres têtes, il porta au plus haut degré, où on les ait jamais vues, l'éloquence et la puissance humaines! C'est lui, qui acculé par les émeutiers aux marches de l'Hôtel-de-Ville, fit d'une parole et d'un geste s'évanouir leurs menaces et reculer leur drapeau. C'est lui, qui, défenseur de la République, la garda pure de crimes commis et de terreurs causées! C'est lui enfin qui fit de la France entière sa cliente provisoire et son éternelle obligée !

Et dans cet hommage déposé sur une tombe immortelle, il n'y a rien d'inexact et rien de trop. A ceux qui avaient l'âge d'homme, il y a vingt ans, demandez si j'exagère. Pauvre grand homme! comparez le service qu'il rendit à la récompense qu'il obtint. Il est de ceux à qui le pays dut beaucoup, et n'a pas tout payé. Mais depuis que le créancier n'est plus, la nation peut avouer sa dette, et, en tout cas, il serait indigne d'elle de s'affranchir de la reconnaissance par l'oubli du bienfaiteur ou la négation du bienfait.

Pauvre grand homme! qui donc eût pensé qu'il mettrait si peu d'années à descendre de la gloire au mépris? Qu'on se reporte à ces temps agités dont j'évoquais l'histoire. Alors, maître de la France inclinée devant son génie, faisant briguer à dix départements l'honneur de l'avoir pour mandataire, et porté aux Assemblées par d'innombrables suffrages, ne voyant ni obstacles qu'il ne pût vaincre, ni désirs qu'il ne pût atteindre, il pouvait, pour des lendemains semblables à ses veilles, croire à des espérances aussi riantes que ses souvenirs. Ah ! s'il fût mort en ce temps-là, que de regrets il eût emportés et laissés ! Quelle renommée il eût conquise, s'il fût parti en pleine gloire, avant les épreuves de la fortune et les neiges de l'hiver ! Quelles funérailles on lui eût faites, et quelles on lui fera ! Quel deuil sans restriction et quelle louange sans réserve ! Mourir à point, c'est là le grand bonheur ! Et encore, dans l'ignorance de l'avenir où Dieu nous a voulu tenir, comme ce bonheur semblerait amer aux élus de la mort opportune ! Nous aurions à courir le risque de témoigner trop ou trop peu d'admiration à des hommes que l'adversité n'a pas touchés et qui se seraient amoindris ou rehaussés à ce périlleux contact. Enfin, il faut avoir beaucoup souffert et longtemps vécu pour sentir l'ennui de la terre et le charme de la mort.

Je ne raconterai ni les événements ni les fautes qui ont conduit Lamartine de la fortune à la misère et de la puissance à l'oubli. Tout s'en va, disait Musset, dans des couplets charmants :

> Tout s'en va, les plaisirs et les mœurs d'un autre âge,
> Les rois, les Dieux vaincus, le hasard triomphant,
> Rosalinde et Suzon qui me trouvent trop sage,
> Lamartine vieilli qui me traite en enfant.

La politique, hélas! voilà notre misère,
Mes meilleurs ennemis me conseillent d'en faire;
Être rouge ce soir, blanc demain, ma foi, non.

Ces jolis vers portent la date de janvier 1850. Quelques mois plus tard, le président, arrivé au terme de son mandat, culbutait la République, à laquelle il ne tenait plus que par un bout de serment. L'Empire subi et réalisé fournissait à tous une occasion, que beaucoup saisirent, de passer du rouge au vert et du coq aux abeilles.

Comme l'avait écrit Musset, tout s'en était allé : les mœurs, les dieux et Lamartine. Rien n'est revenu, et c'est dommage. Lamartine ne se démentit pas. Comme il avait été courageux dans les jours prospères, il fut résigné dans les mauvais. Il se refusa au gouvernement nouveau, toujours trop fier pour s'abaisser, déjà trop pauvre pour subsister. Il était aux prises avec la compagne habituelle du génie, — la misère! Il avait mené sa fortune d'un tel train, qu'il semblait n'avoir ni supposé la ruine ni prévu la vieillesse. Il avait fait deux parts de son bien : l'une aux folies, l'autre aux aumônes, et sa main gauche ne sut jamais ce qu'avait donné sa main droite. Enfin, ruiné d'argent, pressé de créanciers, il se débattit dans ces embarras pécuniaires qui inspirèrent à Mirabeau l'idée de se vendre pour en sortir. Quant à lui, il n'alla pas jusque-là : l'Empire, toujours généreux, lui offrit le paiement de ses dettes et un siège au Sénat. Je le raconte à sa louange, — si cela vaut un éloge, — il n'eut jamais l'idée d'essayer, devant l'arche de la Constitution, la danse des libérés et le pas des sénateurs.

Lamartine vieilli recourut au travail. Il fonda un journal et utilisa la réclame. Quoi qu'il fît, le chiffre de ses abonnés n'atteignit pas celui de ses dettes. Son génie s'était usé en détail et ne rendait plus rien, et d'ailleurs, manquant du repos qui convient aux grandes œuvres, il n'avait plus le temps de rêver, mais l'obligation de produire. Et, régulier comme une machine, il s'habituait à une production aussi inférieure à sa renommée qu'à ses besoins. Enfin de chute en chute et de déboires en déboires, il en vint à avilir la dignité des lettres, et, ce qui est pis, la sienne. Il renia la poésie, son premier et son meilleur amour, et par là, il fut ingrat ; il battit monnaie avec des improvisations hâtives et des emprunts déguisés, et par là il fut coupable. Après avoir fait l'aumône, il fut forcé de la demander, et par là il s'abaissa. Et les oboles pleuvaient dans le casque de ce nouveau Bélisaire, qui n'avait plus, soit de clarté pour se conduire, soit de génie pour vaincre.

Toute cette menue monnaie se perdait dans les profondeurs du casque vide. Et le poëte mendiait toujours. L'Angleterre, si elle l'avait eu pour fils, lui eût accordé, vivant, la fortune, et, mort, la sépulture des rois. Français, il s'adressa pour subsister, à la France, qui n'est pas prêteuse. Longtemps il refusa la pluie d'or qui déguise Jupiter en tournée chez ses fidèles. De guerre lasse, il accepta. C'est au gouvernement qu'il avait combattu et non au pays qu'il avait sauvé, qu'il dut le moyen de vivre tranquille et de mourir solvable.

Il jouit bien peu de journées d'un secours accordé trop tard. Il avait soixante et dix-huit ans, mais les luttes de ces derniers temps lui avaient fait les années doubles. Il ne résista pas à la maladie qui lui apportait la délivrance et la couronne. L'heure vint, j'entends la dernière, et, un crucifix entre les mains, une prière sur les lèvres, il franchit le douloureux passage de la vie à l'immortalité !

Hélas ! Il n'en avait pas fini avec les tristesses de ce monde. Le même jour, à la même heure que lui, M. Troplong exhalait son âme présidentielle ; le même jour, dans le même journal, — l'*Officiel*, — paraissaient deux décrets qui, assimilant les services que M. Troplong avait rendus à l'Empire à ceux que Lamartine avait rendus au pays, mettaient à la charge du trésor public les funérailles de ces deux hommes dont l'un avait eu tant d'honneurs et l'autre tant de gloire ! Pauvre grand poëte, qui n'a pu éviter, ni pendant ni après la mort, les ironies de la destinée et les outrages de la fortune !

La tombe efface les fautes et fait surgir le nom : et ce nom restera — Lamartine ! Il est peu de grands hommes auxquels le pays ait eu à reprocher moins et auxquels il ait dû davantage. Il nous a tous consolés par ses chants, charmés par sa parole, préservés par ses actes. Il a trop vécu d'un jour. La mort consacre et perpétue sa gloire.

> Tu peux dormir en paix, car chacun te pardonne,
> Tant pour avoir aimé que pour avoir souffert,
> Tribun qu'on oublia, poëte qu'on couronne
> Du laurier, au feuillage éternellement vert.

IX

M. TROPLONG

Mars 1869.

Samedi dernier, on rendait les honneurs funèbres à un homme qui fut plus rétribué qu'un sénateur du commun, et mieux vêtu que le lis des champs. Il cumulait plusieurs traitements, parce qu'il exerçait plusieurs charges. Il présidait à la fois et le Sénat, ce qui est bien simple, et la Cour de cassation, ce qui paraît plus difficile : cet homme incomparable trouvait du temps pour tout faire. La première de ces présidences lui rapportait cent cinquante et la seconde quarante-cinq mille de nos francs. C'est pourquoi il était fort rétribué. En second lieu, il possédait deux habits, puisqu'il s'employait à deux cours. Quand il se rendait au palais de Justice, il endossait une robe rouge ; quand il allait au palais des Tuileries, il passait un habit brodé : c'est pourquoi il était très-bien mis.

Il était encore membre du conseil privé, ce qui est une sinécure, et grand'croix de la Légion d'honneur, ce qui lui faisait un cordon. Pauvre M. Troplong ! il n'a pas survécu longtemps aux tableaux brûlés chez lui : L'État les lui avait donnés, mais le feu les lui reprit. Ce haut dignitaire avait, paraît-il, le pressentiment de sa fin prochaine. On avait remarqué qu'en prononçant, comme c'était sa coutume, l'oraison funèbre de ses collègues trépassés, il ajoutait à son discours une dose de tristesse et de philosophie combinées. Sa dernière parole fut « que la pauvre vie humaine était le premier de nos biens. » Quinze jours après, il n'était plus. Il avait cent bonnes raisons pour préférer ce monde à l'autre. Ce n'est pas qu'il fût insensible au double plaisir d'une entrevue avec saint Pierre et d'un concert de séraphins; mais il trouvait sur la terre l'équivalent et comme un avant-goût du ciel. En effet, s'il voulait de la musique, il avait l'Opéra, et, s'il désirait une clef, les chambellans.

M. Troplong naquit à Saint-Gaudens sur les bords de la Garonne. On s'en doutait pendant sa vie, on ne l'a su qu'après sa mort. Il but ces eaux fameuses dans leur pureté native, grâce au hasard qui mit le berceau de l'enfant près de la source du fleuve. Il grandit vite, apprit les lois et la manière de s'en servir, et se révéla de la variété des jurisconsultes dans l'espèce des fonctionnaires. Ses premiers travaux eurent pour objet le Code appelé civil, et il expliqua à ses concitoyens, surpris de sa précoce lucidité, l'avantage des priviléges, quand on en acquiert, et des donations, quand on en reçoit. On l'enrôla dans la magistrature, et il se montra juge héroïque, en ce sens qu'il ne recula jamais et avança toujours. Serviteur dévoué de trois gouvernements, et escaladant par de rapides élans tous les degrés de l'échelle des cours, il n'oubliait jamais, à chaque révolution, de lever avec grâce, d'abord la main pour jurer, ensuite le pied pour gravir.

L'empire ne put surprendre cet homme utile que rien n'étonnait. Depuis longtemps débarrassé du fardeau des préjugés et du nuage des théories, il avait préféré ses intérêts à la loi et son avenir à son passé. Comme il possédait du droit à en revendre, il en revendit quelque peu. Il s'offrit, après le coup d'État, en qualité de jurisconsulte, et il devint le légiste du nouveau pouvoir, qui eut M. de Saint-Arnaud comme général, M. de Maupas comme chef de police, M. de Morny pour homme d'action et M. Billault pour homme d'État. J'en passe et des moins bons. Étranges politiques qui ont introduit dans la morale cette mode des à peu près qui depuis vint embellir le calembour : les uns, si changeants, qu'on les comparait au prisme; les autres, ayant passé d'une telle indigence à un tel éclat qu'on les soupçonnait d'avoir fait des trous à la lune et des emprunts au soleil.

M. Troplong adopta les idées fausses que son collègue M. Baroche émit un jour sur la justice. Il la devança, ce qui est le propre de l'ambitieux, au lieu de l'accompagner, ce qui est le devoir du juge. La justice va d'un pas lent, et ceux qui l'aiment la suivent. En ce monde où elle est si peu connue, elle a moins besoin de courriers que de serviteurs. Quoi qu'il en soit, M. Troplong fut nommé vice-président du Sénat avec l'espoir de supprimer le *vice* : il le supprima, en effet, le jour où le vieux roi Jérôme s'en fut rejoindre au ciel ses deux épouses et ses anciens sujets.

Et il présida la haute assemblée. Équitable comme une balance et bien assis sur son siége, il conduisait ces discussions tranquilles qui se dénouent par le rejet des pétitions ou par l'adoption des lois. Voyant s'agiter au-dessous de lui un petit monde de magistrats et de généraux, il disposait harmonieusement ces échantillons variés d'hommes de robe et de gens d'épée. Dans ce cabinet des antiques, dont il était le surveillant, il ne rencontrait guère de gens qui n'eussent comme lui quitté les vieux harnais pour les nouveaux costumes. Tous avaient obéi à un premier mouvement, qui n'est pas toujours le bon, et aucun ne s'inquiétait des immobiles qui s'enracinent et des fidèles qui s'obstinent. On s'admire quand on se ressemble. M. Troplong était admiré de ses pairs qui, vivants, jouissaient de sa bienveillance, et, morts, de ses oraisons. Il excellait à jeter sur une tombe des bouquets d'immortelles et des fleurs de rhétorique. Quand il parlait, les applaudissements, gagnant de proche en proche, circulaient d'une chaise curule à l'autre, et les pères conscrits, prêts à voter la loi militaire, saluaient leur président immortalisant leurs collègues. Pendant ce temps, une feuille sèche ou un grain de sable venait sombrer au grand bassin du Luxembourg. Dans le jardin, tout était vie ou renaissance, rires ou chansons! L'eau ridée un instant et calmée soudain avait oublié déjà le naufrage de la feuille et le choc du caillou.

M. Troplong — les journaux étrangers nous informent de ce détail ignoré — M. Troplong avait rêvé d'ajouter un titre nobiliaire à son nom qu'il trouvait trop court. Il voulait la couronne ducale qu'avait portée M. Pasquier, et il ne put obtenir cette joie innocente et ce dernier hochet. Comme il savait que « noblesse oblige, » il croyait avoir mérité une noblesse de première classe par une obligeance sans limites. Et pourtant il mourut vilain et magistrat. Tout s'explique, et s'il est vrai que la toge l'emporte sur les armes, il était naturel qu'il portât l'une et ne prît pas les autres.

Cet homme universel avait des habitudes qui procédaient de ses fonctions, et il cassait les jugements de l'histoire aussi net que les arrêts des cours. Je me souviens qu'il poussa le dévouement jusqu'à appeler Tacite « un calomniateur de génie. » Toujours enclin aux complaisances de la justice et à la protection du fort, il se déclarait pour Octave contre Cicéron, et pour Néron contre Thraséas. Il aimait ces vieux Césars tour à tour célèbres par le passage des rivières, la construction des villes et la suspension des lois. Puis, reportant jusqu'aux institutions du passé son culte des choses présentes, il s'inclinait devant ces empereurs de Rome qui, durs à leurs adversaires dont ils proscrivaient les personnes, saisissaient les écrits et confisquaient les biens, faisaient accommoder l'ennemi par leurs généraux et leurs turbots par le Sénat.

Il s'effrayait aussi pour ses maîtres et pour lui. Connaissant le pouvoir des plumes vengeresses, il se demandait si, dans l'ombre des anciens partis, n'attendait pas un nouveau Tacite. Hélas ! non ! nos temps médiocres ne produisent plus de grands hommes, et je crois que les actes contemporains seront punis, non par l'indignation, mais par le silence de l'avenir. M. Troplong subira le sort de ceux qui s'éteignent sans inspirer de ressentiment et sans laisser de mémoire.

> Voilà quinze grands jours que cet illustre a fui.
> La trace de ses pas s'efface de la route
> Si bien, qu'on croit troubler, quand on parle de lui,
> L'oubli qui l'envahit et le sommeil qu'il goûte...

Il est mort tout entier. Il quitte ses places et ses œuvres le suivent.

X

LE TEMPS QU'IL FAIT — M. OLLIVIER ET SON LIVRE — LE 19 JANVIER — LA GALERIE DELESSERT — LA VENTE DE BERRYER — L'ACADÉMIE FRANÇAISE ET M. D'HAUSSONVILLE — SAINTE-BEUVE ET M. DE TALLEYRAND — DEUX EAUX-FORTES DE M. DE PODESTAT — LE PICRATE DE POTASSE — UN PROLOGUE DE M. GERVAIS.

Mars 1869.

Il fait un temps qui porte à l'ennui : le vent siffle, le froid revient, la neige tombe et les ministres ne se relèvent pas. Les rossignols sont sans voix, la Chambre est sans mystère; on sait ce que les uns chantent et ce que l'autre vote. Je cherche donc, pour les raconter, tous les bruits qui courent le monde en cet an de grâce 1869, à l'approche des ides de Mars... Je m'arrête à temps, car j'allais parler de César. On m'eût accusé de me souvenir hors de propos des leçons de M. Duruy qui m'apprit l'histoire romaine. Et cependant je n'ai aucun goût pour les comparaisons manquées. Les flatteurs seuls peuvent trouver quelque ressemblance entre le premier César et un des Napoléons : les gens sincères n'en trouvent aucune.

On s'occupe toujours du livre de M. Ollivier et on signale une importante lacune dans cette autobiographie vaniteuse. M. Ollivier a négligé de nous informer de ses relations avec l'Égypte, un pays riche, comme chacun sait. Cette puissance au sein de laquelle le Nil coule et M. de Lesseps perfore, cherchait un agent d'affaires ayant siége à la Chambre et domicile à Paris. Elle avait le désir de le trouver et le moyen de l'appointer. M. de Morny désigna M. Ollivier pour ce poste lucratif. Le choix était bon et fut ratifié sur l'heure. Le vice-roi se connaît en hommes. Il récompense le talent et il aime la jeunesse.

Les avocats s'émurent de cette dignité nouvelle confiée à un des leurs. Ayant décidé en conseil qu'on ne pouvait en même temps défendre les intérêts d'un viceroi et ceux d'un orphelin, ils privèrent M. Ollivier du bonheur de figurer sur leur liste et du droit de porter leur robe. M. Ollivier s'en est consolé, et, à sa place, j'eusse fait de même ; mais c'est bien à tort qu'il a négligé d'éclairer de quelque lumière cet épisode de sa vie militante. On voit ce que lui valurent ses rapports avec un pacha. On sait ce qu'il attendait de son entrevue avec un empereur. Le désintéressement est chose si rare, qu'il faut, non que les écrits l'affirment, mais que les actes le prouvent. Comme M. Ollivier avait vu son père emprisonné et la liberté proscrite, dans le même jour de décembre, on ne peut croire qu'en se rendant aux Tuileries il y ait été conduit par l'amour de la liberté ou par la piété d'un fils. Alors qu'allait-il faire dans cette galère, je veux dire dans ce château ? Y cherchait-il un homme plus heureux qu'un roi par la raison qu'il est empereur ? Je ne le puis supposer. Y venait-il en artiste, non, à coup sûr. Jadis, au dire de Boccace, Astolphe, roi des Lombards, était plus beau que le jour. Tout a changé, et maintenant, le jour, même voilé, paraît plus beau que le roi des Lombards.

Voulez-vous que je vous mène à la galerie Delessert, dont il ne reste plus que l'emplacement, qu'on doit vendre, et le souvenir qui va s'éteindre ? Il y avait là cent chefs-d'œuvre, parmi lesquels le seul Raphaël connu des collections privées. Toutes ces toiles, réunies pour la dernière fois, et se souriant les unes les autres, renfermaient dans leurs cadres d'or, soit les larges perspectives de la mer et du ciel, soit un intérieur flamand, soit un coin de terre hollandaise. Ici les fines ébauches de Bonnington, plus loin les bonshommes exquis de Meissonier, à côté d'eux un portrait de Greuze, vanté jadis par une page de Diderot ! Un honnête homme avait rassemblé à grands frais ces merveilles à présent séparées : il avait vécu avec elles et parmi elles, se consolant du prix qu'elles avaient coûté par le bonheur de les voir. Hélas ! ce que l'un avait rassemblé, l'autre le disperse, et rien ne reste après nous de ce que nous appelions ici-bas nos biens, nos rêves et nos amours.

J'ai assisté l'autre jour à la vente des dépouilles de Berryer — c'était plus qu'une vente — une profanation.

Dans une pauvre salle de l'hôtel des ventes, étaient exposés tous les objets, dans l'intimité desquels, si je puis ainsi parler, l'illustre orateur avait passé sa grande vie. On voyait là les meubles qui ne le quittaient guère, le cachet qui scellait ses lettres, la canne et le lorgnon avec lesquels jouaient ses mains oisives, la montre qui lui marqua tant d'heures heureuses ou brillantes. Puis les souvenirs de ses triomphes de la tribune et du barreau ; l'escalier en miniature ajusté par les compagnons charpentiers, œuvre de patience et de gratitude ; le Démosthène d'argent que M. de Montalembert lui offrit comme à son avocat et à son vengeur ; l'offrande du journal l'*Union*, deux coupes portant chacune deux Renommées, clairons aux lèvres et couronnes en mains. Et puis encore et surtout, les reliques multipliées de sa religion politique ; des portraits de Charles X et de la Dauphine dus aux pinceaux de Vernet et de Gros, des images fleurdelisées et des bustes du prince exilé, auquel mourant, il écrivait encore. Toutes ces richesses se sont envolées sous le marteau des vendeurs. Il en était cependant que, par respect ou par pitié, on n'eût jamais dû monnayer : Enfin !... Berryer n'a rien laissé, si ce n'est son nom à son petit-fils et sa gloire à nous tous.

Si la promenade vous agrée, nous irons à l'Institut, en suivant le fil de l'eau ; le palais ressemble assez aux Invalides pour que le Français, né malin, affecte de s'y laisser prendre. Quelque laid qu'il puisse être, l'édifice a obtenu sa couronne et une congrégation d'immortels bavarde éperdument sous sa coupole dédorée.

Ils portent un habit vert comme le plumage d'un perroquet et sont rentés comme les beaux esprits. Ils favorisent par des prix légers l'éclosion de la poésie, l'étude de l'histoire et le développement de la vertu. Enfin ils passent à juste titre pour des amis du dictionnaire et de la gaieté française. C'est en ne pouvant terminer l'un qu'ils contribuent à entretenir l'autre.

L'Académie, songeant au remplacement d'un de ses membres défunts, cherche en ce moment quel orateur succédera à Berryer et quel poëte à Lamartine. De tous les candidats en espérance, M. le comte d'Haussonville est celui qui semble à tous le plus certain d'être immortel. Il siégera[1] dans la haute assemblée où son beau-père et son beau-frère ont déjà des fauteuils et prendra la place à côté des de Broglie dont il est le beau-frère et le gendre.

> C'est ce que dit l'histoire et sa muse, Clio
> Ne pourra pas sortir de cet *imbroglio*.

Au surplus, M. d'Haussonville est vraiment digne des palmes vertes. Son dernier livre lui assigne un rang élevé parmi les chercheurs de la vérité qui déplaît. Il a raconté les rapports qui unirent ou plutôt divisèrent l'Église romaine et le premier empire. Ces rapports, noués au Concordat, se tendirent singulièrement le jour où le nouveau César, désireux de changer une veuve de la seconde jeunesse contre une archiduchesse sans précédents, imagina de se donner

---

[1]. C'est fait : il fut nommé. Il est venu, on l'a reçu. Il a prononcé l'éloge de M. Viennet. On n'a plus rien à lui demander.

les agréments d'un divorce et le luxe d'un garçon.

M. d'Haussonville fut singulièrement aidé dans ses recherches par les papiers d'un sien parent, Maurice de Broglie, évêque de Gand. Cet évêque joua un grand rôle dans la résistance que plusieurs prélats courageux opposèrent à un maître intempérant. Cette résistance qui fut inutile valut à ses auteurs l'emprisonnement ou l'exil. Le reste des prélats plia sous la volonté d'un homme qui, durant quatorze années de tyrannie se laissa aller aux égarements d'une folie sans contradicteurs et d'un pouvoir sans contrôle. Et comme il avait prévu que son nom reparaîtrait dans les orages de l'avenir, il a légué d'avance à ses héritiers futurs le secret de ces coups de force par lesquels sont fondés les empires et les libertés détruites.

En parlant de cette soumission du clergé français, M. d'Haussonville raconte un mot charmant que les événements rajeunissent. Longtemps après la chute de l'empire, le cardinal Pacca vint en France. Il rencontra un des évêques qui, en 1811, avait montré le moins d'aptitude au martyre, et lui rappela sa faiblesse avec toute l'indulgence qu'un cardinal qui se souvient doit à un évêque qui s'amende. — Monseigneur, répondit le prélat confus, il n'y a si bon cheval qu'il ne bronche. — Oui, repartit le cardinal, un cheval, je ne dis pas; mais toute une écurie...

Il est de mode sous le second Empire de s'occuper du premier; M. Sainte-Beuve, dans un merveilleux article, revient au prince de Talleyrand dont il décrit la mort et juge le caractère. Ce grand personnage expira sur une sorte de théâtre, toujours en scène et bien en vue. Il partit de ce monde, réconcilié avec Dieu, sans rien garder de ses erreurs, mais sans rien rendre de sa fortune. Les salons de son hôtel regorgeaient de spectateurs curieux d'assister au départ d'une âme redevenue chrétienne. Il y avait là un groupe de jeunes femmes et de jeunes gens échangeant des œillades et des paroles qu'entrecoupaient par intervalles les gémissements du mourant. Quand tout fut fini, l'hôtel se vida comme par miracle. Il est mort en homme qui sait vivre, disait une dame en sortant. Après avoir roué tout le monde, il aura voulu rouer le bon Dieu, s'écriait un gentilhomme qui savait le pouvoir d'un joli mot mis en sa place; la triste nouvelle courut Paris, qui s'en entretint pendant deux jours et, le troisième, parla d'autre chose.

Le piquant de tout ceci, c'est de voir avec quelle grâce M. Sainte-Beuve revêt l'uniforme du moraliste chrétien et du sénateur indépendant. Il reproche au confesseur de M. de Talleyrand, — ce fut, je crois, l'abbé Dupanloup, — d'avoir été trop facile sur les conditions qui devaient rendre au bercail unique cette brebis qui s'égara si fort.

— « Ah! dit-il, il eût été beau de voir un prêtre venir redemander à Talleyrand expirant de rendre tout le bien mal acquis (comme on disait autrefois), de le restituer au moins aux pauvres, de faire un acte immense d'aumône, une aumône proportionnée, sinon égale, au chiffre énorme de sa rapine, etc... »

Certes, oui, c'eût été beau, mais si cela ne fut pas

fait, j'en conclus que l'Église est moins exigeante que M. Sainte-Beuve, qui n'est certainement pas un de ses pères, ni même, je pense, un de ses fils. Que M. Sainte-Beuve exalte à ce propos les souvenirs de Port-Royal et les mérites des Jansénistes, je n'y vois aucun mal. Je crois pourtant que les Jansénistes ne lui eussent pas retourné ses éloges et j'imagine que le grand Arnaud n'eût pas fait son apologie comme il fit celle de Boileau, j'ajoute encore que M. Sainte-Beuve n'accepterait pas pour son propre compte et dans toute sa rigueur cette théorie des réparations proportionnées aux offenses. J'aime mieux le louer par les beaux côtés qui le font inimitable, le savoir, la finesse et le trait, la faculté de pouvoir tout comprendre et le don de savoir tout dire. Je le félicite de la façon toute gauloise avec laquelle, s'échappant du joug officiel, il a repris sa liberté en conservant ses honoraires. J'admire enfin avec quelle irrévérence cet académicien parle des hommes, et des dieux, ce sénateur.

Au surplus, l'irrévérence a passé dans les mœurs publiques : tout le monde en a, nul ne s'en plaint. Avez-vous vu la dernière eau-forte de Maurice de Podestat? Non. Eh bien! voyez-la. Maurice de Podestat, vous le savez, mesdames, est l'homme de France qui se révèle le moins en se répandant le plus. Il prend autant de noms variés qu'il a de talents divers, et ressemble à une violette cachée sous la mousse des pseudonymes. Il a beau faire,

> On le devine à ses œuvres
> Comme à son parfum la fleur.

M. de Podestat est poëte par préférence, aqua-fortiste par distraction, écrivain par tempérament, et avocat par convenance. Il a su introduire la comédie au boudoir et même jusqu'au salon, et il va chercher au coin des rues démolies les prétextes de ses eaux-fortes. En regardant ces dernières, on se souvient, malgré soi, de ces quatre vers de Musset :

> Celui qui fit, je le présume,
> Ce médaillon,
> Avait un joli brin de plume
> A son crayon.

M. de Podestat est jeune, et jeune il restera toujours. Est-ce votre avis, mesdames ? en tout cas, c'est le mien, qu'on ne commence à vieillir que quand on cesse de plaire.

En gravant sa dernière eau-forte, M. de Podestat s'est inspiré du dernier discours que M. de Forcade la Roquette a prononcé devant le Corps législatif. « Dans cette capitale, » a dit le ministre orateur — cette capitale, c'est Paris — « dans cette capitale il restait des quartiers faits pour la société du moyen âge, plus préoccupée de ses croyances que de ses intérêts. Voilà ce que l'empire a reçu. » Ainsi s'exprima M. de la Roquette. Faut-il lui en vouloir ? Évidemment non. Comme on l'a dit spirituellement, quand on est à sa place, on perd la tête. M. de Podestat a donc représenté la rue de la Paix telle qu'elle devait être en 1847, selon les paroles du ministre, prises à la lettre et au sérieux. Il a dessiné une rue sinueuse, bordée de maisons gothiques, ici une tourelle, là un porche, plus loin des arbres; sur des cordes transversales, des haillons séchant au soleil. Au fond s'élève la colonne que surmonte le doux empereur. Un égout passe au milieu de cette voie primitive. Des ponts courbés comme des cerceaux permettent aux cavaliers et aux piétons de passer ce Rubicon fangeux qui sert d'abreuvoir aux pourceaux et aux malingreux. Ce ruisseau symbolise à merveille l'eau trouble, en laquelle — on le dit du moins — M. Haussmann a pêché.

J'engage M. de Podestat à passer de la rue de la Paix à la place de la Sorbonne; il y trouvera de quoi dessiner. Tout le monde sait les détails de ce sinistre récent et le nombre des victimes immolées à cette victoire de la chimie. Un chimiste du nom de Fontaine combinait dans son laboratoire des substances destinées au chargement des torpilles sous-marines. Comme il avait pénétré très avant dans les secrets de la potasse, on avait donné la croix à cet ami de l'humanité. L'invention était restée secrète, mais un beau jour elle éclate : les maisons sautent, les vitres se brisent; sept personnes sont tuées, quinze autres blessées; la terreur gagne et le feu prend. O science! voilà de tes coups. Et de telles industries s'exercent inpunément dans ce Paris moderne d'où l'on a chassé les usines ! Et dire que si on n'eût pas décoré l'inventeur, il eût peut-être poussé sa découverte à un degré de perfection moins rare. Quel singulier temps que le nôtre : on refuse l'honneur et ses croix à ceux qui font le bien ou qui le cherchent, on les décerne à ceux qui s'occupent de faire sauter les vaisseaux sur la mer et les maisons dans la ville. De nos jours tant de gens inventent la poudre qu'on ne peut pourtant les décorer tous ; quand on est à dix on fait une croix.

Je n'ai pas besoin de transition pour passer des maisons qui s'écroulent aux locataires qui se déplacent. Le cercle des Mirlitons a transporté de la rue de Choiseul à la place Vendôme ses pénates et ses dieux. Il vient d'inaugurer une galerie qu'il a fait construire à grands frais et sur nouveaux plans. Dans cette galerie on donnera des fêtes, on jouera des comédies et l'on exposera des tableaux. Comme M. le comte de Nieuwerkerque est le président du cercle en question, il est inutile de dire que les tableaux seront très-exposés.

C'est par une fête, bien entendu, que le cercle des Mirlitons a inauguré sa gloire. Parmi les membres qui le composent se trouve un oiseau rare, c'est-à-dire un vrai poëte :

Rara avis in terris, nigroque simillima cygno.

Les cygnes noirs sont devenus communs, mais les vrais poëtes, non pas.

M. Gervais fut donc chargé de composer le prologue d'ouverture : il n'a pas craint de mettre en scène :

Le journal, vieil enfant qu'on redoute et qu'on aime.

Et, comme il convient, le journal s'exprime en son nom, et voici ce qu'il dit :

> Je naquis sous la Ligue et grandis sous la Fronde :
>   Je règne aujourd'hui sur le monde.
> . . . .
> La Hollande chercheuse et la libre Angleterre
>   M'ont abrité plus d'une fois;
>   Je fus Voltaire pour nos rois
>   Et je fus Fréron pour Voltaire.
>   Aux matins de quatre-vingt-neuf
>   Je rêvai de beaux jours de fête
>   En ce pays remis à neuf.
> . . . .
> Le tumulte a passé... Voici que l'on me nomme
> Chateaubriand, celui qui fixait l'aigle altier,
> Puis Benjamin Constant, puis Paul-Louis Courier;
>   Et si parfois je fus en somme
> Cruel — j'étais enfant, — injuste, j'étais homme,
> Et la vase à son heure envahit l'encrier,
> Plus tard j'ai nom Carrel et j'ai nom de Genoude.

J'ai le regret de n'avoir pas entendu, mais j'ai le plaisir de citer ces jolis vers dont le dernier contient un juste hommage à un homme qui fut réellement grand et marqua sa large empreinte dans le journal où j'écris. Ce sera l'honneur du noble parti légitimiste d'avoir inspiré en même temps la plume de Genoude et la voix de Berryer. Ceux-là :

> Ont prouvé qu'il est beau d'enseigner à la foule
> Que tout n'est point débris dans un trône qui croule,
> Qu'il reste quelque chose aux rois infortunés,
> — L'hommage pur, cherchant leurs fronts découronnés.

Ainsi chantait il y a quelques années M. Gervais.

revenant du banquet de Berryer, et dans la langue des dieux il continuait ainsi :

> Nous avons tous au cœur une virile estime
> Pour ce culte intrépide et persistant du droit,
> Pour cette vie usée à servir ce qu'on croit,
> Pour ces longs dévouements que l'infortune attache
> Et ces infidélités qui vieillissent sans tache.

O poëte ! regardez autour de vous et comparez ceux qui survivent à ceux que vous chantiez. Cette poussière des grands hommes, qu'on avait espérée féconde, tombe sur la pierre où rien ne germe ou dans les blés qu'étouffe l'ivraie. Vous vantiez ces derniers fidèles, vieillis dans la défense de la justice et morts avant son triomphe. Aujourd'hui, nous avons pour juges et pour maîtres ceux qui, s'aidant des révolutions pour escalader la fortune, ont substitué en toute occasion leurs intérêts à la loi et leurs parjures à leurs serments.

XI

M. L'ABBÉ BAUER — UN MOT DE NAPOLÉON Ier
LES COULEUVRES DE M. VEUILLOT

Avril 1869.

Aux tristesses du carême ont succédé les fleurs de Pâques, et cependant je n'ose sortir pour des sujets trop mondains d'une abstinence de quarante jours. Je voudrais, tour à tour, inspiré par les douleurs d'hier et les joies d'aujourd'hui, courir du grave au doux, mêler l'agréable au sévère, et sur un texte religieux décrire des arabesques profanes. J'exécuterai difficilement ce beau projet que je conçois bien. Et toutefois j'essaierai. C'est, à mon humble avis, entre le dimanche de Pâques et celui de Quasimodo, que le temps est le plus propice pour étudier une étoile dans la pléiade des orateurs sacrés. J'ai observé jadis les RR. PP. Hyacinthe, Félix et Minjard. Le premier, qui est carme[1], a donné des preuves de talent; le second, qui est jésuite, des marques de zèle; le troisième, qui fut dominicain, des symptômes de jeunesse. Tous, dans la mesure de leurs forces, ont réussi à bien faire et ont tâché de bien dire. Et pourtant, à leur propos, il me souvient d'un vers que je cite à regret, non pour la plaisanterie qu'il contient, mais pour la vérité qu'il exprime :

Toujours l'esprit est prompt, parfois la chaire est faible.

Le temps n'est plus, je le sais trop, où sur les lèvres d'un Ravignan ou d'un Lacordaire retentissait la parole de Dieu. L'un, répandant pour la conversion des pécheurs, ses prières éloquentes et ses larmes sans prix, levant vers les voûtes du temple ses mains nouées dans une ardente étreinte et son visage illuminé des rayonnements de son âme. De jour en jour plus dégagé des choses humaines et plus rapproché des divines, il se purifiait incessamment aux approches de la mort et au spectacle du ciel. L'autre, orateur né pour l'action,

---

1. Il ne l'est plus.

soutenait avec le glaive de la parole les saints combats de la vérité. Homme, auquel rien n'était étranger, même l'erreur, il plaisait à la jeunesse qui retrouvait en lui une victime de ses tentations et un écho de ses enthousiasmes. Français et prêtre, il rêvait pour son Église le secours de la Liberté et pour ses concitoyens, la primauté dans le ciel. Il bondissait dans la chaire comme la sibylle sur son trépied. *Deus, Ecce Deus!* et véritablement Dieu agissait et parlait par lui. La flamme aux yeux, l'écume aux lèvres, le Dieu au corps, jetant les bras, pressant les mots, augmentant la portée de sa voix par la puissance de ses gestes, il déployait sa large robe blanche sous laquelle on sentait battre les passions du citoyen et les ardeurs de l'apôtre.

Ces grands hommes n'ont laissé ni continuateurs immédiats, ni héritiers légitimes. Mais ils ont fait école et formé des écoliers. Chaque carême, tombant en mars, voit éclore une célébrité sacerdotale ; chaque année, des prédicateurs de haute et petite volée venant demander aux fidèles de la capitale la sanction de leurs succès de province, font répéter leurs noms par les trompettes de la renommée et les échos des lieux saints. Ils se révèlent comme des violettes d'église promptes à s'épanouir entre les colonnes du temple et dans l'encadrement de la chaire. Je ne compte pas dans leurs rangs Mgr l'archevêque de Paris, qui, le jour de Pâques, à Notre-Dame, versait le miel de sa doctrine sur les fidèles assemblés. Avec l'autorité de l'exemple et le charme du style, il leur enseignait ce qu'en qualité de citoyens, ils doivent au gouvernement paternel qui élève les grands aumôniers et rétribue les sénateurs.

Celui auquel j'ai dessein de consacrer la majeure partie de la présente causerie est Mgr Marie-Bernard Baüer, chevalier de plusieurs ordres, auteur de nombreux écrits, et protonotaire apostolique *ad instar participantium*. On l'appelle Monsignor en Italie, et en France Monseigneur, grâce à une traduction aussi libre que flatteuse. Né en Hongrie, dans la religion juive, il a adopté successivement la foi catholique et la patrie française. Ce fut en 1852 que, marchant sur un nouveau chemin de Damas, il tomba juif et se releva chrétien. En cette année mémorable, le salut de la Société parut exiger le passage du Rubicon. Mais la conversion de M. Baüer ne fut due, j'aime à le croire, ni à un saut de rivière qui étonna par sa justesse, ni à un coup d'État qui n'avait rien de catholique.

Pendant son séjour en Allemagne, l'abbé Baüer apprit tour à tour le dessin pour être peintre et le droit pour être avocat. Il hésita longtemps entre ces deux professions auxquelles semblaient le destiner son talent pour la parole et son goût pour les images. Mais, la vocation l'attirant, il se voua au service des autels et aux labeurs de l'apostolat. Ordonné prêtre à Carcassonne, il entra bien portant dans l'ordre du Carmel et en sortit malade. Il prit le nom de Père du Saint-Sacrement, puis reprit son nom de Baüer. Il alla en Italie et prêcha à Rome, revint en France et prêcha partout. Bien vu dans tous les diocèses, bien reçu dans toutes les églises, laissant les regrets derrière lui, menant devant lui l'espérance, sachant plaire et sachant parler, servi par son origine étrangère et son humeur nomade, habile à exploiter l'intérêt que son accent donnait à ses discours et ses voyages à ses écrits, riche surtout, ce qui n'a jamais nui, il s'est paré d'une réputation qu'il doit à ses réclames plus encore qu'à son talent.

Mgr Baüer est à l'heureux moment de la vie où les fruits mûrissants succèdent aux fleurs tombées. Il porte allègrement ses quarante ans sonnés d'hier et possède vraiment l'esprit, la tournure et l'embonpoint de son âge. Ses longs cheveux noirs abandonnent le sommet pour descendre sur les épaules et découvrent, dans leur fuite, un front d'un large modèle et dans leur chute une oreille d'un fin contour. Les yeux légèrement retirés sous les sourcils qui s'avancent semblent plus disposés à se lever vers les hauteurs qu'à s'abaisser sur la foule. Leur douceur voile leur éclat, et leurs regards mouillés brillent comme des lampes dans l'ombre ou des clartés sur l'eau. Le reste du visage, fortement accusé, se continue en lignes saillantes et se dessine en traits marqués. A la dilatation des narines et à l'épaisseur des lèvres on a le sentiment de l'étranger, le souvenir du juif et le soupçon du slave.

M. Baüer est un orateur qui sait son métier et un prélat qui connaît son monde. Il a fait par ses sermons les délices du Midi, et dans Nice qui fut italienne, et Monaco, qui reste princière, on entendit sa voix par-dessus le bruit des roulettes et le murmure des flots. Le journal de Nice l'a traité de torrent déchaîné, et le *Moniteur de la gendarmerie* l'a surnommé le « Mirabeau de l'Église. » Ce sont là des éloges qui, même sous la livrée officielle, ont leur charme et gardent leur prix. Et, de fait, M. Baüer choisit ses sujets avec autant d'art qu'il les traite. Il les met à la portée du vulgaire et les élève au-dessus de l'élite, c'est-à-dire qu'ils sont clairs quand il les aborde et pompeux quand il les développe. Il chante l'humanité de ses débuts à son déclin et décrit de préférence cet arbre charmant du paradis permis, — le mariage, qui a l'amour pour fleur et les enfants pour fruits.

Mgr Baüer possède à ce point la science ou le don des effets, que j'ignore s'il est le produit de l'art ou le triomphe de la nature. A son entrée, on dirait que le jour se montre ; à sa sortie, que la nuit revient. Tout en lui concourt à l'effet ; une voix étrangère qui scande les mots, un regard pénétrant qui les accompagne, un geste réussi qui les emporte. Il plaît surtout aux cœurs féminins, dont il sait les chemins et connaît les détours. Dès qu'un sermon de lui s'annonce à l'horizon, longtemps avant l'heure prédite, les femmes abondent au pied de la chaire, nombreuses et régulières comme les oiseaux dans le feuillage ou les flots sur la rive.

Le protonaire apostolique sait ce qu'il vaut et se fait valoir. Il a vraiment abusé de la complaisance du soleil et s'est offert sous trop d'aspects à l'objectif des photographes. Ses portraits courent les rues comme sa personne et son esprit. Ils sont exposés chez les marchands et vendus aux amateurs. L'abbé s'est rendu chez Pierre Petit, photographe des princes et des actrices, et là, pour honorer, sans doute, ce chiffre de 52, qui lui rappelait l'époque du coup d'État et la date de sa conversion, il a pris cinquante-deux poses aussi réussies qu'il a plu au collodion et aussi variées que l'a permis la nature. Il s'est fait représenter dans toutes les attitudes et dans tous les formats, grand et petit, debout et assis, en soutane et en manteau, toujours en scène, jamais au repos, toujours affecté, jamais naturel. Une de ses photographies nous le montre debout, les mains nouées sur un vaste chapeau, la croix au cou, celle de Charles III, des plaques sur la poitrine, la taille infléchie, et la tête haute. En même temps que ses pensées, ses regards s'élèvent vers le Ciel, son spectacle préféré et sa demeure future.

Mgr Baüer n'a pas besoin de s'en aller jusqu'aux étoiles : il trouve entre la terre et le firmament de jolis points d'arrêt et d'aimables stations. Contrairement aux préceptes des Livres Saints : *Noli fidere principibus terræ et filiis eorum*, il se fie aux princes de la terre et même à leurs enfants. Il excelle à tomber aux pieds des têtes couronnées et à renouveler l'encens qui brûle devant les oints du Seigneur Dieu. Il sait ce qui peut tenir de vérité dans l'oreille d'un potentat, et il n'augmente pas la dose. Quand il s'adresse aux monarques, il n'oublie guère de leur promettre le paradis au bout de la centième année d'un règne incomparable. Les souverains ne dédaignent pas de s'entendre dire que leur gloire continuera après leur mort, et ils aiment à penser qu'ils resteront, une éternité durant, assis sur le dossier des nuages, la couronne en tête, la harpe aux mains, les ailes au dos.

Beaucoup nourrissent à cet égard des illusions que

je craindrais de détruire. L'abbé Baüer croit qu'il sera beaucoup pardonné aux princes qui ne se font pas beaucoup aimer. Nul n'est tenu de penser comme lui ; Dieu est toujours grand, mais il n'a plus de prophètes. Mgr Baüer s'est fait entendre dans la chapelle des Tuileries, devant les grands de la terre, qui, tandis qu'il parlait, ne dormaient pas leur sommeil. Il a prêché son petit carême à l'exemple de Massillon. Lorsqu'il haranguait la famille royale, Massillon s'écriait : Dieu seul est grand, mes frères ! L'abbé Baüer a changé tout cela. Il pousse l'audace jusqu'à dire ou à peu près : L'empereur seul est grand, mon Dieu ! Cela n'est pas tout à fait juste, mais cela fait si bien !...

De ces deux orateurs, lequel vaut mieux ? C'est clair :
Le sens dit Massillon et la rime Baüer.

Mgr Baüer a réuni en un seul volume ces discours dont le zouave qui veille au guichet des Tuileries n'a pas défendu nos souverains. Ce volume est adressé au prince impérial, avec une dédicace qui vaut bien un vélocipède, sans doute. Il a pour titre : « Le but de la vie. » Le but de la vie pour l'empereur, c'est de se placer en fin de compte « après un règne heureux et illustre, long et chrétien, sur un de ces trônes augustes que Dieu prépare à ses élus. » L'abbé Baüer tient absolument à voir lui-même l'empereur assis « au sein du Père » dans un trône fait sur mesure. La réflexion part d'un bon naturel et le souhait, d'une âme modeste.

Voici ce que Mgr Baüer raconte à l'empereur dans son premier sermon intitulé le *Devoir*. Monseigneur a reçu, dans un hameau lointain de l'empire, le dernier soupir d'un vieux laboureur. Dans la chaumière de l'agonisant, dit Monseigneur, on voyait « pour unique ornement le symbole de la rédemption, l'image de la Vierge mère, le rameau béni et enfin la grossière effigie de trois augustes personnes dont deux nous honorent présentement de leur audience. » Ce jour-là, ajoute le prélat dans une note adorable, le prince impérial, empêché par une indisposition, n'assistait pas au sermon. Je ne me pardonnerais pas d'apprendre aux populations inquiètes que le prince impérial fut indisposé, il y a deux ans, sans ajouter qu'aujourd'hui il se porte à ravir et que Nélaton est sénateur.

Je reviens au vieux laboureur dont j'ai décrit la chambre et raconté la maladie. Son regard, dit l'abbé Baüer, « flottait de ces symboles sacrés à ces images augustes. » Il est évident, qu'il était aveuglé à ce point qu'il ne distinguait pas très-nettement entre le Christ et Napoléon III, et qu'il prenait l'impératrice sur son trône pour la Vierge à l'enfant. Soudain, au dernier moment, le vieillard reprit connaissance et ne fit plus d'erreurs. « Son regard s'arrêta sur la grossière représentation du noble visage de l'impérial enfant : la bouche défaillante de l'homme du peuple prononça avec cette solennité incommunicable (incommunicable est galant ! ô Philaminthe, ô Bélise !) que donne l'approche de la mort les paroles suivantes que nous répétons textuellement : « Dites à ce petit, si jamais vous le voyez, que je l'aime bien. » Et pourquoi donc l'aimez-vous tant? demanda l'abbé Baüer ému, mais étonné. « Parce que ce petit a un père et une mère qui aiment bien le pauvre monde. » — Ce laboureur trépassa avant la loi militaire. Ces mots furent les derniers, ajoute l'abbé Baüer. Je le crois bien ; quand on en fait de pareils, il ne reste plus qu'à mourir.

Je ne puis énumérer toutes les perles que M. Baüer, pareil aux fées d'autrefois, laisse échapper en parlant. Sire, dit-il au début de son septième sermon, *consummatum est*, tout est accompli : il s'agit ici de la passion du Christ et non du coup d'État de décembre. « Quelles paroles ! » ajoute l'orateur lancé à toute vitesse sur les pentes de l'éloquence. « Quel écho que celui qu'elles trouvèrent depuis dans la création ! C'est cet écho que je dois, au nom de Dieu, réveiller en ce moment au milieu de l'assemblée la plus auguste de l'univers. » Ces derniers mots sont empreints d'une évidente exagération. Une des assemblées les plus augustes de l'univers d'alors, fut celle, dont il y a tantôt dix-huit ans, on écrouait les membres dans les cellules de Mazas.

M. Baüer est un Français de date trop fraîche pour avoir eu tant de mémoire. Il avait devant les yeux l'empereur et l'impératrice et c'était assez pour qu'il qualifiât son auditoire d'unique au monde et d'incomparable en son genre.

C'est pousser un peu loin la française hyperbole.

Il est encore dans l'univers des races royales dont la famille des Ramolino n'atteint pas l'antiquité et ne dépasse pas la gloire. En brumaire Bonaparte a travaillé dans la nuit des temps ; mais jamais il ne s'y est perdu.

Si l'abbé Baüer veut voir d'autres réunions augustes, qu'il se rende à Rome le jour où le Pontife-Roi, appelant au pied des autels le fils de la duchesse de Parme et la sœur du roi François II, bénira leur alliance pour le temps et l'éternité. C'est l'infortune et non la couronne qui fait la majesté des rois. Qu'il retourne près des confins de son pays natal, s'il veut voir sur le front d'un prince exilé le double rayon de la grandeur héréditaire et de l'espoir rêvé.

Le moment est venu de placer une pensée du premier Napoléon. Je la cueille dans un petit journal qui s'appelle la *Bourse comique*. Napoléon, causant à Sainte-Hélène avec un officier anglais, lui disait : « Moins les souverains veulent accorder de liberté à leurs peuples et plus il faut leur en parler. Je n'en veux pas plus qu'eux, soyez tranquille... J'avais établi en France une base de système qui aurait servi de modèle à tous les souverains s'ils n'avaient pas été si bêtes. Ils auraient été beaucoup plus absolus et leurs peuples beaucoup plus esclaves et, après tout, qu'est-ce que cela leur faisait de régner en vertu de cette légitimité ou de toute autre chose? Ce sont des enfantillages. J'ai prouvé par mon gouvernement, combien il était facile d'en imposer aux peuples en les flattant. » Grand homme, va, grand homme ! et le petit journal ajoute combien cela ressemble peu au Napoléon de la légende, que les gravures d'Épinal représentent debout sur le rivage de la mer et pleurant les malheurs de la patrie, une main sur son cœur, l'autre dans la poche de son gilet et la troisième derrière le dos. »

Après avoir rendu hommage au fondateur de dynastie, je cherche dans le monde de la politique et des lettres un homme qui soit à louer, un livre qui soit à lire. A l'approche des poissons d'avril, M. Veuillot a lancé dans le monde un nouveau recueil de poésies. Des affiches taillées sur le patron de celles dont usait l'arène athlétique annoncent que le saint homme Veuillot a tombé les libres-penseurs. Le *Siècle* les insère à sa quatrième page. Où la réclame va-t-elle se nicher? Selon l'éditeur Palmé, les chrétiens ayant été livrés aux bêtes, il est juste que les bêtes passent à leur tour dans les mains des chrétiens. Aussi M. Veuillot, qui est chrétien, a-t-il baptisé ses vers du nom symbolique de *Couleuvres*. Il a raison : ils rampent et ne mordent pas.

XII

M. ÉMILE OLLIVIER, CE QU'IL A FAIT ET CE QU'IL VEUT
SA FIN, SURTOUT SES MOYENS
L'INTÉRÊT PERSONNEL ET LA MORALITÉ POLITIQUE

Avril 1869.

En ces derniers temps, il s'est fait beaucoup de bruit pour rien, je veux dire pour M. Ollivier. Le député de la Seine, qui se contente à peu de frais, a tout lieu d'être content de lui. Son nom, jadis symbole de paix, est devenu brandon de discorde. Comme à propos des individus il est d'usage de discuter leurs actes, il s'ensuit que dans tous les débats personnels se retrouve une question morale. Or, dans le cas présent, voici la question morale. La fin justifie-t-elle les moyens? La fin, c'est la liberté, le moyen, le ministère.

On juge les œuvres humaines d'après le mobile qui les inspire et le profit qui en revient; les mêmes passions entraînent toujours, depuis l'élite jusqu'à la foule les millions d'hommes dont se compose un peuple. Ceux-ci se donnent, ceux-là se vendent; les uns sont ambitieux, les autres intègres; on en sait d'inconstants, on en voit de fidèles. L'opinion publique, qui ne se trompe guère, les admire, les méprise ou les absout. Elle ne se laisse ni éblouir par le succès, ni surprendre par l'infortune. Elle triomphe aussi bien des séductions de la pitié que des étreintes de la force. Elle a décidé qu'en politique celui-là seul est honnête qui n'obéit qu'au devoir et ne recherche que l'estime. Les honnêtes gens sont à l'état d'exception et font exception dans l'État. Ils ne se vantent pas d'être honnêtes, mais ils se plaignent d'être rares.

Si les choses ont leurs larmes, elles ont leur conscience aussi : les intérêts se déplacent, mais l'honneur est invariable. Les princes se renouvellent, mais les principes sont immortels. Il n'est ni transaction qui relie, ni alliance qui rapproche ces inconciliables extrêmes des intérêts à servir et de l'honneur à garder. Ce que le monde demande à ceux qui s'élancent dans l'arène politique, c'est l'unité dans les croyances, la conformité dans les actes, la fermeté dans les épreuves. Pourquoi notre Berryer a-t-il mérité et obtenu tant d'hommages pendant sa vie, tant de larmes après sa mort ? Qu'admirait-on davantage en lui, son caractère ou son génie, la puissance de sa parole ou la grandeur de ses exemples ? Est-il besoin de le dire, s'il réunit dans une admiration commune ses adversaires et ses amis, c'est qu'il remplit sa vie tout entière d'un seul dévouement et d'un unique amour. Tous ont salué en lui le soldat du droit qui, donnant à une noble cause vaincue un appui valant une armée, balança seul la double inconstance de la victoire et des dieux.

Faites de Berryer un des ventrus de Louis-Philippe ou un des convertis de l'empire, tout change alors ; le héros s'évanouit, l'homme reste et ce n'est plus assez. En passant de l'opposition au ministère, il eût gardé le même talent, non la même renommée. Songez à ceux qui ayant, à chaque révolution, renouvelé leur serment et retourné leur habit, ont, depuis 52, passé d'un monde à l'autre et du Sénat au ciel. Parmi ceux-là, je puis citer M. Dupin, l'avocat de toutes les causes, et M. Troplong, le docteur en tous les droits,

> Tous les deux sénateurs,
> Du vieux Matthieu Molé, pâles imitateurs.

Certes, à M. Troplong comme à M. Dupin, rien n'a manqué des dons d'en haut et des biens d'ici-bas. Le talent, ils l'avaient reçu ; la science, ils l'avaient acquise ; la fortune, ils la gagnèrent ; l'occasion, ils s'en servirent. Une seule vertu leur fit défaut, ou, s'ils l'avaient, ils l'ont perdue; une seule : la foi, qui dans l'ordre religieux, comme dans l'ordre politique, a ses défenseurs, ses héros et ses martyrs. C'est pourquoi les regrets qu'ils ont laissés n'ont pas franchi le cercle des intimes et le monde des puissants. La mort qui les fit choir des sommets les emporta tout entiers et ils ont rendu du même coup leurs dépouilles à la terre et leurs noms à l'oubli.

Ces théories une fois déduites, je puis considérer à l'aise M. Ollivier dans ses pratiques. M. Ollivier, que chacun connaît, est une intelligence d'élite servie par un organe de choix. C'est un fils de Démosthènes, qui, moins scrupuleux que son père, a plaidé pour la couronne. Il appartient à la tribu peu commune des gens naïfs quand ils s'exaltent, et sincères quand ils se trompent. Depuis qu'il cherche à placer entre le soleil et nous sa personne ou son ombre, il s'étonne de n'avoir encore pu cueillir ni un rayon, ni produire une éclipse. De bonne foi dans tout ce qu'il fait, il se figure qu'il persuade quand il s'agite et qu'il avance quand il tourne. Mouche du coche de l'État, il importune l'attelage des piqûres de son aiguillon et du bourdonnement de ses ailes. Mais les chevaux ne vont pas plus vite et le cocher ne prend pas la mouche.

Pour parler de lui, les comparaisons abondent ; pour le justifier, les raisons manquent. Il a voulu jouer un rôle ici-bas et a sacrifié à cette ambition puérile le fardeau de ses convictions et le souci de la ligne droite. Il se juge de l'étoffe des Mirabeau et de la famille des aigles; c'est pourquoi il soigne son tissu et pénètre à la cour. Il ne se targue point de modestie et ne mâche point de violettes. Il prononce le mot « moi » à la façon de la Médée de Corneille, et fait l'effet d'un de ces dieux indous qui, durant une éternité, contemplent le lotus sacré en floraison sur leur ventre. En somme, c'est un Narcisse politique, moins joli que le premier, et qui, voyant sa propre image réfléchie par la glace ou par l'eau, se prend pour un grand homme et se regarde sans rire.

M. Ollivier fut républicain tout comme un autre et plus qu'un autre; il compta parmi les ardents de 48, et mit la cocarde tricolore à son chapeau de commissaire. Arrivé à Marseille avec de pleins pouvoirs, il se rendit utile et se montra dévoué. Ce temps, pour lui du moins, fut le meilleur de tous. C'était celui de la jeunesse, si vite venue, sitôt passée. Quand la République tomba sous un coup impossible à parer, il compta au dehors et autour de lui les victimes qu'avaient exigées le salut de la société et l'enfantement d'un empire.

Tantæ molis erat romanam condere gentem.

Son père passa de la prison à l'exil : ses amis étaient soit traqués, dans les campagnes, soit internés dans les villes, soit dirigés sur Lambessa, — tous, défenseurs du droit vaincu dans ces sinistres jours. Hélas, comment parler de ces choses déjà vieilles sans murmurer avec le poëte, le

> *Quis talia fando...*
> *Temperet a lacrymis...*
> Magistrat sous la toge ou soldat sous les armes,
> A de tels souvenirs, qui s'abstiendrait des larmes?

Le jeune Émile s'engagea du côté des proscrits. Il se jura alors de devenir et de demeurer un soldat de la loi violée et de la liberté morte.

En politique comme en amour, les serments durent ce qu'ils peuvent. Au bout de quelque temps, comme on avait défait les lois, on éprouva le besoin de les refaire. A cet effet, on institua un Corps législatif dont M. Ollivier fit partie. Je serai le spectre du 2 décembre, disait le nouveau député : après examen, il se trouva que le spectre avait les façons d'un orateur et l'allure d'un bon vivant. Il dit de bonnes choses qu'on écouta, et, au lieu de faire peur, fit plaisir. Il fut l'un des cinq, et entre MM. Jules Favre et Picard entreprit une campagne de six années dont le souvenir l'honore toujours et le protége encore. En ce temps-là, c'était un pur, qui faisait aussi peu de cas d'un ministère que de l'an 52, et de M. de Morny que du fils d'une reine.

Un jour pourtant, le spectre devint solaire. M. Ollivier se donna pour un compliment et se perdit dans un pot de miel. Il fut la dernière conquête d'un homme qui s'entendait à séduire. Il avait grandi par l'orgueil, il tomba par l'orgueil. M. de Morny reçut chez lui le député indécis, l'admit aux petits levers de la présidence, se faisant la barbe et causant d'affaires entre le rasoir et l'éponge. Il lui parla des agréments de la liberté et des cataractes du Nil, de la loi des coalitions qui demandait un rapporteur et de l'isthme de Suez qui réclamait un commissaire. Il le fit nommer rapporteur et commissaire, satisfaisant à la fois sa manie d'honneurs et son besoin d'argent. Les entretiens se renouvelèrent. Ces deux hommes qu'eussent dû séparer des obstacles à effrayer Guzman, ne voyaient plus entre eux qu'un fil de soie qu'un enfant eût brisé. M. de Morny, sûr de son disciple, lui vanta le 2 décembre en arrosant ses hortensias et l'empire en parcourant ses écuries. Tous deux convinrent qu'il fallait accorder aux hommes de liberté ce que l'on donne aux chevaux de course, c'est-à-dire un cercle où tourner et des prix à courir.

Il n'y a que le premier pas qui coûte : celui de M. Ollivier avait rapporté 30,000 francs. M. Ollivier allongea de nouveau la jambe droite, car de la gauche il n'était plus question. Après s'être adressé aux saints, il finit par avoir recours au dieu. Il franchit le seuil des Tuileries, et sous des lambris que j'aime à supposer dorés, contempla le doux empereur face à face, et comme il est : le maître et le serviteur ont échangé quelques idées sur le couronnement de l'édifice, et ils entrevirent le long avenir dans les brouillards du rêve et la fumée des cigares. Les deux interlocuteurs se séparèrent en convenant de se revoir et en promettant de s'écrire. Chose étrange, ils tinrent parole. M. Ollivier, joyeux de s'être retrempé dans la familiarité des aigles, sortit d'un palais où il avait sacrifié des amitiés certaines à d'irréalisables espoirs. Il allait, libre d'espoir, léger d'allures, sous le voile d'or d'une nuit d'été. Et, levant les yeux au ciel, il vit scintiller un peuple d'étoiles parmi lesquelles il cherchait la sienne.

On sait le reste. M. Ollivier fut le ministre éphémère d'une combinaison avortée. Faut-il rappeler ses scrupules devant le portefeuille offert et ses regrets après le portefeuille envolé? Il ne put avoir ni l'énergie d'une décision ni la fierté d'un refus. Quoi qu'il en soit, tout cet immense travail aboutit, comme dans la fable, à la naissance d'une souris, qui court encore. On se souvient de la lettre du 19 janvier et des épreuves après la lettre. Les réformes pompeusement annoncées ont abouti à deux lois de rigueur qui, s'attaquant au double droit de se réunir et d'écrire, en préviennent le développement sous prétexte d'en réprimer l'abus. M. Ollivier ne reconnut plus sa pensée aux transformations qu'elle a subies pour arriver à prendre corps. Il avait demandé un changement de ministère et des gages de liberté, et voilà que l'on conserve les ministres et qu'on retient les gages. Alors, dans les transports d'une indignation qui devait faire un livre, il a cru devoir s'en prendre, non pas à lui qui fut crédule, mais à d'autres qui furent adroits. Il s'écrie qu'on l'a pris pour dupe, et accuse M. Rouher, lequel, paraît-il, lui coupa l'herbe sous le pied au moment juste où il allait brouter.

Je connais les excuses dont M. Ollivier entoure sa défection, et les nuances dont il la colore : J'ai voulu, nous dit-il, servir la liberté, par des actes comme par des paroles. Vous me reprochez mes relations avec M. de Morny, mais elles ont amené cette grande loi des coalitions dont j'ai fait mon œuvre et où j'ai mis mon nom. Vous condamnez mes visites aux Tuileries, mais moitié par flatterie, moitié par persuasion, j'ai amené l'empereur à prendre l'initiative de réformes libérales que seul il peut octroyer, et au 19 janvier, j'ai été l'esprit de la lettre. Les résultats, j'en conviens, ont trompé mon attente, mais si minces qu'ils aient été, ils n'en constituent pas moins un bienfait dont on profite, et un progrès qui engage. J'aurais pu être ministre et peut-être j'aurais dû l'être. Mais j'ai prouvé mon désintéressement par mon refus, mon intelligence par mes regrets. En somme je l'ai dit et je le répète : je suis de ceux qui préfèrent l'empire à la révolution, et qui attendent la liberté, non du peuple, encore aveuglé, mais du souverain, mieux instruit. Enfin, si j'ai accepté du pacha d'Égypte une sinécure de 30,000 francs, c'est dans l'intérêt de mes électeurs bien plutôt que dans le mien. Un député n'a pas assez de son traitement pour se livrer uniquement aux études absorbantes que son mandat exige. Il ne faut pas que le génie sente peser sur ses ailes le poids des préoccupations vulgaires. Je touche 42,000 francs par an. M. Baroche en a davantage. Puisque je le dis, on peut m'en croire, j'ai besoin de cette bagatelle pour avoir l'esprit libre et le travail facile.

A qui veut la fin, selon M. Ollivier, les moyens importent peu. Quelle est la part qui, dans la politique, revient à la morale et peut-on poursuivre par des voies contestables un résultat légitime? C'est ainsi que la question se pose et elle dépasse les personnes en intéressant les principes. Oui, et on le nierait injustement, M. Ollivier a servi la liberté par ses discours à la tribune, par ses écrits dans la presse, par ses démarches auprès du prince. Il l'a servie dans les Chambres, dans un temps où il y avait à le faire quelque danger, partant quelque courage. Mais il fut aidé dans sa lutte par MM. Jules Favre et Picard qui combattirent à ses côtés avec un zèle égal et un talent meilleur. Il l'a servie dans la presse au moyen de quelques articles fades, mais moins bien et moins longtemps que nous qui avons porté tant d'années le poids de la chaleur et du jour. Il l'a servie près du trône en obtenant quelques concessions qui, sans désarmer le pouvoir ou couronner l'édifice, ont substitué au système de l'arbitraire le dur régime de la loi. Nous savons au juste à quelle durée de prison et à quel chiffre d'amende s'exposent courageusement ceux qui ont la volonté d'être libres et l'orgueil d'être pauvres.

Maintenant, est-ce uniquement à M. Ollivier que revient l'honneur d'avoir déterminé chez le souverain une conversion restée douteuse? Ne savions-nous pas, par des promesses officielles, que le couronnement de l'édifice devait suivre celui de l'empereur? N'avons-nous plus rien à attendre et avons-nous vidé jusqu'à la lie le calice des concessions? M. Ollivier lui-même ne peut ni se résoudre à le penser, ni nous engager à y croire. Le chef de l'État, au 19 janvier, a cédé non pas à quelqu'un, mais à quelque chose, non pas aux paroles d'un néophyte, mais au courant de l'opinion, et parler ainsi, c'est lui porter respect et nous rendre justice. Ce sont les députés de l'opposition et les écrivains de la presse qui, par la force continue de la pensée écrite et parlée, ont réveillé l'opinion endormie, attaqué le pouvoir personnel, rallié les esprits divisés. Ce sont eux qui, reprenant l'œuvre interrompue de nos pères, ont donné pour but à la croisade d'un peuple la terre sainte de la liberté.

M. Ollivier a joint ses efforts aux efforts communs ; puis, las d'avoir été à la peine, il voulut être aux honneurs. Il se rendit aux Tuileries, vit l'original du portrait qu'a peint Flandrin, et dans son désir de paraître acteur principal dans une pièce où il n'eut qu'un bout de rôle, il vient nous dire dans un livre qui contient quatre cents pages et qui coûte 3 francs : « J'ai inspiré » les réformes du 19 janvier, ce qui prouve que je suis » libéral; j'ai refusé le ministère, ce qui montre que » je suis intègre, et je regrette mon refus, ce qui éta- » blit que je suis sincère. » Mais, monsieur, les réformes du 19 janvier qui, si peu qu'elles soient, sont pourtant quelque chose, sont l'œuvre commune de ceux qui, en revendiquant la liberté tout entière, n'avaient pas entendu se contenter d'un à-compte. Elles ont été inspirées non par vous qui en tirez vanité, mais par la nécessité qui fait les lois. Cette grêle de réformes devait inévitablement pleuvoir sur nos têtes innocentes. Quel besoin aviez-vous donc d'aller rencontrer aux Tuileries des personnages éminents qui réunissent le jugement de Salomon à la toilette du lys des champs ?

Tout le monde va aux Tuileries, m'objecterez-vous pour excuse. Oui, monsieur. Mais dans le jardin seulement. Quant à moi, je ne me ferais pas volontiers le visiteur d'un prince qui aurait imposé à mon père le double supplice de la prison et de l'exil. Mais s'il est des gens sévères, il en est d'indulgents. Je sens très-nettement que si je me rendais fréquemment chez l'empereur dans le but de traiter avec lui la question des cigares de la Havane ou celle des libertés publiques, je passerais aux yeux de mes amis pour un homme très-spirituel, c'est-à-dire pour un homme qui change.

En ces matières délicates, il n'est qu'un guide, la conscience. M. Ollivier, qui tient à calmer la sienne, répond que s'il a visité le souverain, c'était pour le bon motif et en qualité d'avocat des libertés promises. Il n'a pas gagné précisément sa cause ; il en convient ; mais il fera mieux la prochaine fois. Mais, monsieur, cette liberté, que vous invoquez comme une faveur, nous la réclamons comme un droit. Ce n'est pas pour nous un don, c'est une restitution. Elle domine tout le monde et ne dépend de personne. Elle nous viendra non de la volonté d'un homme, mais de la force des choses. Elle fut confisquée, qu'on nous la rende ; elle fut proscrite, qu'on nous la rappelle. On nous la refuse, nous attendrons.

Elle n'admet ni morcellements, ni divisions, et ne saurait exister qu'à la condition d'être entière. Nous n'avons qu'un moyen légal de l'obtenir : le suffrage universel, auquel seulement nous rendons visite, et que depuis tantôt dix-huit ans nous essayons de soustraire aux influences du pouvoir et à la compétition des intérêts. Qu'est-ce que le suffrage universel, sinon la volonté du peuple interrogé et répondant? Voilà pourquoi le spectre du 2 décembre peut renoncer à invoquer le spectre rouge. — Vous voulez une révolution? dit-il à ses adversaires. — Évidemment, c'est-à-dire un changement radical dans les idées qui prévalent et les pratiques qui gouvernent. Seulement, à la différence de vos patrons, nous n'employons qu'une seule arme : la vérité. Connaissant le suffrage universel, nous n'ignorons pas de quelles erreurs il fut capable, et dans quels étaux il fut serré; mais nous avons à la fois indulgence pour le passé et confiance dans l'avenir. Nous en appelons du peuple ignorant au peuple éclairé, à l'exemple de ces soldats macédoniens qui jadis en appelaient de Philippe ivre à Philippe à jeun.

M. Ollivier a beau faire : il est plus facile de l'absoudre que de l'approuver. Sera-t-il réélu? Je n'en sais rien. Il a pour concurrent sérieux un libéral timide et un avocat médiocre. Autant son talent me fait désirer son succès, autant son passé me le fait craindre. Il y a six ans, j'aurais voté pour lui; aujourd'hui, je voterais contre. Qui de nous deux a changé? Je m'imagine que c'est lui : aucun des amis politiques près desquels il marchait jadis ne s'est soucié de l'accompagner dans ses démarches et de partager sa fortune. Qui s'est transformé d'eux ou de lui? Je ne pense pas que ce soit eux. Si M. Ollivier est dans le vrai, nous sommes dans le faux ; s'il a raison, nous avons tort. Et par « nous » j'entends ceux qui, continuant contre les faits accomplis une protestation renouvelée de jour en jour et pour ainsi dire d'heure en heure, laissent passer la cavalcade des grands hommes de l'empire sans même s'incliner pour la saluer ou se retourner pour la voir.

Je m'arrête à moitié chemin, mais il faut savoir se borner. La question que M. Ollivier nous fait débattre est celle des choses permises ou des choses défendues. Son examen et sa solution importent donc à chacun de nous. M. Ollivier a pour champion la *Liberté* et pour adversaire le *Siècle :* l'attitude de ce dernier journal fait que j'admire et me souviens. Qu'est devenu le temps où M. Havin, revêtu de son habit d'ordonnance, accourait soit au Palais-Royal, soit aux Tuileries pour prendre part à des agapes qui n'avaient rien de démocratique ? Comme un autre Sosie, il prenait pour le vrai Napoléon

... Le Napoléon où l'on dîne.

Tout a changé, et la jeune République du *Siècle* s'écarte des sentiers battus par son ancien directeur. Je ne lui en fais pas de reproches : du haut du ciel, dernière demeure où il a retrouvé Voltaire, M. Havin s'étonne peut-être du souffle nouveau dont frissonne sa feuille bien-aimée. Ah ! s'il eût été colonel, il ne devrait pas être content ; mais il ne fut pas colonel.

XIII

LES ÉLECTIONS — LES PRINCIPES ET LES PERSONNES — MM. GAMBETTA, BANCEL, J. FERRY, RASPAIL, LACHAUD — LA PROVINCE — MM. MAGNIN ET LOMBARD, CANDIDATS A DIJON — LES OPINIONS DE L'AUTEUR ET CELLES DE QUELQUES AUTRES.

Mai 1869.

Puisque, par une coïncidence qui nous honore, les élections ne se courront que le 23 mai, jour du Derby, j'ai le temps d'essayer le rôle ingrat de prophète dans mon pays. En parlant de la bataille électorale, où chacun de nous participe, j'essayerai d'étudier les combattants qui la disputent, les principes qui la dominent, les résultats qui en naîtront. Dans ce travail, qui comprendra plusieurs articles, j'apporte, à défaut d'autres vertus, un désintéressement qui garantit ma franchise. Je ne sollicite en aucun lieu les suffrages des électeurs, me sentant à la fois trop pauvre pour les acheter, trop fier pour les mendier, trop médiocre pour les mériter. Je n'ai et ne puis avoir la prétention d'être infaillible, ni le désir d'être influent. Je n'exprime qu'une opinion personnelle, et je ne suis, selon le dire des livres saints, qu'une voix criant dans le désert; le désert n'a rien qui m'effraye, et je me range volontiers à l'opinion du misanthrope Alceste : c'est dans un endroit écarté que l'on a encore le plus de certitude d'être libre et le plus de chance pour être honnête.

Pour qui convient-il de voter? nous demandent les électeurs, race ondoyante et timide. La réponse me paraît aisée. Si Dieu a permis que vous ne fussiez pas fonctionnaire, votez pour qui bon vous semble. On ne serait exactement représenté que par soi-même, mais en général on est représenté par un autre. Nommez ceux qui personnifient le mieux ou qui avoisinent le plus vos désirs et vos espoirs, vos amours et vos haines. Il s'en présentera, gardez-vous d'en douter, qui arboreront votre drapeau, assurez-vous seulement qu'ils seront fermes à le tenir et constants à le garder. Il s'en trouvera pour tous les goûts, vous en verrez de toutes les couleurs; dans la foire électorale, toutes les nuances s'échantillonnent, elles vont du vert empire au vert espérance, du bleu de ciel au bleu de roi, et de la feuille de rose à la goutte de sang. Quant à nos amis, l'occasion venue, ils se souviendront, j'espère, que candidat est un joli mot qui jadis voulait dire « blanc. »

Si un second tour de scrutin devient nécessaire par l'éparpillement des suffrages, l'opposition, réunissant ses voix disséminées, ne doit plus avoir qu'un candidat comme le pouvoir : ces pratiques de l'Union libérale ont acquis force de loi. Or, le programme de l'Union libérale, c'est d'obtenir un grand résultat composé de petits sacrifices. Elle montre qu'au-dessus des préférences qu'il faut garder, il est des devoirs qu'il faut remplir, et poursuit la réconciliation des sectes dans la liberté du pays. C'est ainsi que les hommes des anciens partis se réunissent pour réclamer, sous des lois qu'ils n'ont pas faites, des libertés qu'on leur refuse. Et de fait, le gouvernement est un rude adversaire dont les chefs ont sinon de grands moyens, au moins de fortes ressources. Il sait comment on manie ce bon suffrage universel par lequel il s'est fait absoudre. Il use et peut-être abuse de l'influence des fonctionnaires, du prestige des gendarmes et des écus du budget. Et quelle riche collection de préfets, les uns à poigne, les autres à plumes ; ceux-ci pour hommes, ceux-là pour dames ! on en sait de tous les genres et même de l'ennuyeux. Il en est de persuasifs, d'énergiques et de galants. Parmi ces derniers brille au premier rang M. Janvier l'inimitable, M. Janvier qui, devant des jeunes filles, ne craint pas de leur adresser des paroles qu'à leur âge on ne doit pas entendre et qu'au sien on ne peut plus tenir.

Si vous l'avez pour agréable, nous nous arrêterons un instant devant les candidats nouveaux que Paris nommera peut-être. Les candidats de la démocratie figurent à côté de leurs ancêtres à cheveux blancs : fruits trop verts ou trop avancés, mais également bons pour le peuple. Dans la première circonscription, voici venir M. Gambetta, poussé en avant par le flot d'un succès récent. M. Gambetta a déjà récolté la renommée à l'âge heureux où les autres l'espèrent. Je l'ai dit, je le répète, c'est un mâle de la race un peu amoindrie des Mirabeau et des Berryer. Doué d'une prodigieuse mémoire et d'une instruction profonde, il a parcouru presque en entier le cercle des connaissances qu'on peut faire. Il a toutes les passions, et il aura toutes les audaces ; il dédaigne les chimères et ne désire que le possible : également ennemi des ménagements et des compromis, aussi incapable de reconnaître des chefs que de former des disciples, il gravira seul les sentiers périlleux où le pied manque et la tête tourne, et qui se rapprochent autant des hauteurs que des abîmes.

Figure expressive aux traits accentués, corps robuste aux larges épaules, M. Gambetta est un des dominateurs futurs d'une tribune veuve de ses plus grands maîtres. Sa voix est un tonnerre prolongé, supérieur à tout autre bruit. Elle lance toutes les notes et réunit tous les effets. La voix n'est qu'un des dons de l'orateur, mais M. Gambetta en possède d'autres : la spontanéité, l'élan, le geste et l'attitude. Aucun sujet ne lui étant étranger, il peut improviser sur tous. Sa parole, colorée et chaude, respecte la langue, trouve l'image, accentue l'ironie et frappe aussi nettement la pensée que le balancier la médaille. M. Gambetta, s'il arrive à la Chambre, sera le plus redoutable porte-voix de l'opposition sans merci. Nul n'articulera plus haut que lui ces superbes défis qu'Ajax, fils d'Oïlée, ne craignit pas de lancer jadis aux immortels qui devaient mourir.

Fidèle dans ses amitiés, irréprochable dans ses actes, M. Gambetta a cet apanage des forts, la douceur. C'est un agneau dans l'intimité et un lion dans la politique. Il a gardé le feu des vieilles haines mal couvertes par la cendre du Deux Décembre ; mais il a le double tort d'agiter ses tisons et de brûler en public. Quoi qu'il en soit, il flatte la foule souveraine, et, dans une circulaire mal écrite, il a poussé l'hyperbole jusqu'à faire découler les mœurs elles-mêmes de la souveraineté du peuple. On peut dire de lui ce que Lucain disait de Pompée :

> *Multa dare in vulgus, totus popularibus auris*
> *Impelli, plausuque sui gaudere theatri.*
> Applaudi du théâtre et donnant au vulgaire,
> Et tout entier gonflé du souffle populaire.

Il a remplacé le citoyen Ducasse dans les Folies de Belleville, et s'il ne prêche pas à ses auditeurs en blouse les théologies socialistes ou les fureurs égalitaires, il sert tout au moins des haines malsaines qui englobent le culte et les pontifes, et qui, des prêtres, vont à Dieu. Il expérimente sur des âmes inférieures et travaille en eau troublée. Pour en finir avec lui, il oublie trop que les opinions et les suffrages sont d'un prix qui monte ou s'abaisse selon ceux qui les partagent et suivant ceux qui les donnent.

Parmi les hommes nouveaux je rencontre M. Bancel, qui offre à ses électeurs les échantillons variés d'une éloquence retour de Belgique. Si on le compare à M. Ollivier, son adversaire, on trouve entre eux cette différence que l'un fut aux Tuileries, l'autre en exil. Comme il a fait pendant dix-huit ans des conférences chez les Belges, il nous semble déclamatoire et démodé, mais son talent qui retarde un peu rattrapera vite le temps perdu. M. Ollivier a plusieurs cordes à son arc et, s'il peut craindre à Paris, il doit espérer dans le Var. N'ayant dans ce dernier département que M. Laurier à combattre, il aura le plaisir de lui demander si une subvention du vice-roi d'Égypte n'équivaut pas à un château dans l'Espagne des emprunts 1. C'est dans le Var que, suivant, s'il lui plaît, les traces de l'oncle dont il courtise le neveu, il trouvera, à quelques lieues de distance, Toulon qui vit s'élancer Bonaparte à son aurore, et Antibes qui vit revenir Napoléon à son déclin. C'est là que, dans un livre meilleur que celui du 19 janvier, il étudiera l'œuvre d'une nature intelligente qui voulut rapprocher la gloire de l'expiation, et le lieu des derniers attentats du théâtre des premiers exploits.

Je n'ai à m'occuper ici ni de M. Picard qui n'a pas de compétiteurs, ni de M. Thiers qui n'en a pas de sérieux. J'arrive à la 6ᵉ circonscription représentée actuellement par M. Guéroult, qu'il s'agirait de renvoyer à ses moutons, à ses Italiens et à ses princes. C'est pour arriver à ce résultat vraiment utile que M. Jules Ferry travaille la circonscription, de la Sorbonne aux Invalides, et jette le gros Caillou dans les jardins de M. Guéroult. M. Ferry pousse d'une main vaillante au succès de sa candidature, et s'il est élu membre de l'Assemblée future, il y augmentera l'élite des honnêtes gens sachant parler. Il est jeune, ce dont on se corrige, mais son talent est plus vieux que lui. Il s'est exercé dans le barreau, distingué dans la presse et complété par l'étude. C'est un esprit sérieux et réfléchi qui, par nature, répugne aux extrêmes, par raison aux entraînements et par honneur aux

---

1. Mᵉ Laurier négocie les emprunts espagnols. Pourquoi? on n'en sait rien. C'est un démocrate à tout faire : avocat, politique, financier; Français, Espagnol, ami des princes, flatteur du peuple, et riche... ce qui ne gâte rien.

faiblesses. Nul n'est plus sincère quand il se trompe, plus efficace quand il voit juste : Allemand d'Alsace et Français de Paris, il mêle le bon sens natal et les rêveries germaines. Mais dans ces brouillards d'outre-Rhin dont il marche environné, il jette au moins un vif rayon d'esprit qui, sans les dissiper, les colore, et sans les pénétrer les égaie.

Si sa philosophie est nuageuse, sa politique ne l'est pas[1]. Écrivain d'un rare talent et maniant également bien la parole et la plume, il n'a cessé de revendiquer la liberté dans ses conséquences les plus absolues et sous ses formes les plus diverses. Il l'a réclamée, non comme une faveur, mais comme un droit; non au profit de quelques-uns, mais au bénéfice de tous, pour les députés comme pour les écrivains, pour l'État comme pour l'Église, dans la morale et dans les faits, dans les mœurs et dans les lois, dans l'enseignement et dans la presse, pour ses ennemis et ses partisans. Il demande de larges et indispensables réformes dans la magistrature et dans l'armée, dans la direction des affaires et la gestion des finances. Il n'est pas un des actes du pouvoir personnel que n'ait flétri sa critique, pas une des prérogatives du pays que n'ait défendue sa raison. Il figura dans le procès des Treize avec Berryer pour défenseur; il attaqua le préfet de la Seine, avec le public pour appui. Le premier, dans une longue série d'articles, il fit voir dans quel tonneau des

---

1. Toute réflexion faite, je ne change pas un mot à ce portrait. Il m'est permis toutefois de regretter que M. J. Ferry n'ait pas tenu comme député ce qu'il promettait comme écrivain.

Danaïdes s'engloutissaient les revenus de la Ville. Plus tard, dans une brochure intitulée : *Les Comptes fantastiques d'Haussmann*, il montra le pouvoir d'un bon mot mis en sa place et ce que le talent et l'esprit peuvent ajouter de force à la vérité et de grâce à la raison.

En 1863, il publia le récit fidèle des élections qui venaient d'avoir lieu. Ce livre, étayé de preuves et bourré de faits, est l'arsenal d'où sont sortis tant d'arguments qui ébranlèrent le principe des candidatures officielles. Voilà des titres et j'en oublie, mais enfin voilà des titres dont M. Ferry peut avoir le droit d'être fier. Certes je ne puis oublier qu'entre lui et moi existent des dissentiments graves, mais ce qui rapproche me touche plus que ce qui divise. Il a des opinions qui diffèrent des miennes, mais il n'en a pas changé. Sa vie est une et en aucun temps n'a dévié vers l'empire issu de décembre. Pour lui comme pour moi, la question politique est la plus urgente à résoudre, et elle a le pouvoir pour adversaire et la liberté pour solution. Par conséquent, quels que soient les abîmes qui s'étendent entre nous, je ne les juge pas assez larges pour qu'ils puissent empêcher un pont de les franchir ou les mains de se joindre.

Parmi les prétendants nouvellement éclos dans les autres circonscriptions, j'en vois peu qui supportent l'examen ou méritent la discussion. M. Raspail abandonne ses cornues pour la politique; mais peu m'importe que ce vieux chimiste édenté dirige contre le célibat des prêtres ses cyniques impertinences. Rien à dire du socialiste Cantagrel, si ce n'est qu'à l'occasion d'un de ses discours il va devenir l'objet d'une poursuite qui peut seule le grandir. M. Bouley s'ennuie d'être appelé vétérinaire, et las d'attrister les bêtes malades, veut divertir les gens bien portants. Quant à M. Lachaud, avocat du gouvernement, il demande deux bénéfices : pour lui le mandat législatif, et pour l'accusé les circonstances atténuantes. Messieurs les jurés, doit-il dire de sa plus belle voix, veuillez considérer l'extrême jeunesse de mon client, il n'a que dix-sept ans, ce qui est l'enfance des empires. Donnez de sages tuteurs à ce mineur qui s'émancipe. Il a commis des fautes nombreuses, mais il les a durement expiées; il a bien été au Mexique, mais il en est mal revenu. Enfin s'il a beaucoup dépensé, c'est que vous avez beaucoup payé. Puisqu'il imagina lui-même de se comparer aux arbres, attendez, pour le juger, que ses branches fortifiées aient eu le temps de donner de l'ombre et de porter des fruits.

Chose curieuse : à Paris, le gouvernement semble aussi menacé que les maisons; les ouvriers qui ont démoli tant d'édifices ne semblent disposés à en couronner aucun. Les candidatures officielles se cachent sous des apparences libérales, comme des serpents sous les fleurs. D'un autre côté, dans la démagogie extrême, on va de plus fort en plus fort et nul ne se croit assez avancé pour représenter la plèbe. Les réunions socialistes provoquent les prétendants à des luttes orageuses où la sincérité du langage souffre autant que la dignité des personnes. M. Thiers est le seul à ma connaissance qui ait décliné l'appel de ces comices populaciers. D'autre part, je ne puis méconnaître ce que le principe des réunions publiques a de bon et de salutaire : il faut s'y faire, et voilà tout. Le mandat de député veut être acheté comme bien d'autres choses en ce monde et s'il coûte cher, il faut avouer qu'il rapporte un peu. Et, d'ailleurs, dans les masses comme dans l'élite, ce qui obtient la dernière et la plus sûre victoire,

> C'est l'éternel bon sens, lequel est né français.

Par exemple, il y met le temps.

Dans la province longtemps endormie, la vie publique se réveille. On revient du coup d'État, c'est assez dire qu'on revient de loin, et l'on se reprend à discuter les actes et les écrits de l'auteur du Deux-Décembre et de la *Vie de César*. Toutes les villes appartiennent à l'opposition et les campagnes y viendront. En attendant, les meilleures nouvelles nous parviennent du Midi et de l'Ouest, où nos amis politiques font reposer leurs candidatures sur ces grands principes qu'ils ont de tout temps défendus: le droit sur les sommets et la liberté partout. Sur tous les points à la fois, dans la nature comme dans les hommes, le mouvement, l'espérance et le renouveau. Et cependant les candidats officiels s'en vont de village en village, la bouche close et la main ouverte. Derrière eux cheminent les deux représentants naturels d'un pouvoir fort et dépensier, le préfet qui tient la bourse, et le gendarme qui porte le sabre.

Quelquefois les candidats estampillés affectent de retourner le numéro qui les désigne. Mettant un pied dans chaque camp, ils disent aux conservateurs : je suis souris, et vivent les rats ! et aux libéraux : je suis oiseau, voyez mes ailes. On s'appuie sur le pouvoir en souriant à la liberté. Ce procédé d'invention récente s'exploite s. g. d. g. et dure six ans, comme un brevet. Il consiste à dissimuler ses attaches en confessant ses sympathies ; on sent bien que les candidatures officielles ont fait leur temps et constituent pour qui les confère un embarras, pour qui les accepte, un servage. On répète alors au gouvernement ce que M. Guizot disait à M. Sauzet dans une séance orageuse : Je vous en supplie, ne me protégez pas. Et le candidat cessant d'être agréé pour devenir agréable, paraît livré à lui-même, tandis que depuis longtemps il s'est livré à d'autres. Protestant à la fois de son attachement au souverain et de son désir des réformes, il pose une main sur son cœur, en s'écriant qu'il est dévoué, et porte l'autre main à sa tête, pour affirmer qu'elle est libre.

Cette attitude des prétendants, nageant entre deux eaux, rend les électeurs incertains du parti qu'il faut prendre et du vote qu'on doit émettre. Ennemis des révolutions, désireux de la liberté, ils se laissent prendre à l'indépendance affectée des candidats du genre neutre. Et cependant il n'est aucune difficulté sérieuse sur la route à tenir et sur le choix à faire. Quiconque veut être élu doit donner des gages. Et en matière de gage, mieux valent les actes qui demeurent que les circulaires qui s'envolent. C'est dans le passé d'un homme qu'on peut deviner son avenir ; méfiez-vous de ceux qui ont changé soit par intérêt, soit par caprice : la religion seule détermine les convictions sincères, la politique presque jamais. Je n'accorderai mon estime et partant mon suffrage qu'à des croyants éprouvés, sûr au moins que par eux mes idées seront fidèlement servies ou loyalement combattues. En les nommant, je cours risque d'un combat, mais non pas d'une erreur, et enfin je les sais incapables de ces métamorphoses rétribuées dont tant d'autres ont donné le scandale et ramassé le prix.

Voulez-vous que j'applique à une élection particulière ces théories générales? Suivez-moi dans un pays qui m'est plus cher que les autres, par la raison qu'il est le mien. Certes, M. Magnin, député sortant de Dijon, rêve un idéal politique auquel je ne puis souscrire. J'aurais désiré qu'en face de lui vint se présenter un candidat sur qui nos amis eussent pu rallier leurs voix et concentrer leurs efforts. Mais, ou ce candidat n'existait pas, ou on n'a pu l'inventer. Faute du mieux, j'accepte le moins. M. Magnin a servi la cause de la liberté avec modération et loyauté, j'en ai pour garants sa parole et ses actes. Il a dirigé une véritable campagne contre la Caisse de l'exonération de l'armée, dont il a débrouillé le chaos et signalé les vices. Le gouvernement, toujours difficile à convaincre, s'est décidé à lui donner gain de cause. M. Magnin a démontré l'erreur budgétaire, qui consistait à faire entrer comme élément dans les recettes l'augmentation hypothétique des impôts et à échafauder sur des revenus présumés un équilibre fictif. De deux choses l'une : ou les recettes augmentaient réellement, — mais les dépenses n'en dépassaient pas moins les espérances, — ou l'augmentation rêvée n'avait pas lieu, et les prévisions du budget n'étaient pas moins déçues. En ce faisant, il a servi, ce me semble, les intérêts conservateurs, et M. Magne ayant changé de système, le député de Dijon peut revendiquer en partie l'honneur de cette conversion ministérielle. Il a demandé l'économie et servi le bien public, que trop de gens confondent avec le leur. En France, du jeu de la politique et des finances on a retiré tant d'épingles, qu'elles ont fini par faire une pelote.

On reproche à M. Magnin le silence qu'il a gardé sur ses opinions républicaines : loin de les cacher, qu'il les confesse. La République a fait jadis quelques passions, et parmi ses partisans on peut compter l'empereur, qui lui a prêté serment. M. Lombart, le compétiteur que l'on suscite à M. Magnin, ne m'offre, lui, ni une communauté d'idées, ni un faisceau de garanties. Il est avocat, ce qui vraiment ne peut suffire. Il repousse la candidature officielle pour parvenir au Corps législatif, mais il l'a acceptée trois fois pour entrer au conseil municipal. Ce titre d'*officiel* lui fut décerné par le *Constitutionnel*, feuille inconstante et dévouée à laquelle on peut pardonner parce qu'elle ne sait trop ce qu'elle dit. M. Lombart déplore le prix de revient des armées formidables, mais il les juge indispensables à l'heure présente et ne condamne pas la politique qui les a rendues nécessaires. Il demande le développement des libertés publiques et déclare que « quand une nation trouve dans la Constitution qui la régit le droit de voter l'impôt et la loi, elle est investie de tout ce qui lui

est nécessaire pour assurer le respect de sa volonté. »
Du reste, pas un mot contre le pouvoir personnel, pas
un seul qui constate ses erreurs et déplore ses abus.
On le voit, nous sommes loin de nous entendre et de
nous approuver l'un l'autre. On me dit pour me rassurer que M. Lombart a grandi à l'ombre de M. Berryer;
à son ombre, je le veux bien, mais non pas à sa lumière.

J'ai cité ce seul exemple, j'en aurais pu citer d'autres; quant à ma conclusion, la voici : une seule chose
domine toutes les autres, la liberté. C'est à son signe
éclatant qu'on se reconnaît, qu'on se compte et qu'on
marche. Quant aux autres questions, si importantes
qu'elles puissent être, elles dépendent de la première.
Et s'il fallait les discuter, je demanderais par quel gouvernement ont été le mieux servis les intérêts de la religion et le pouvoir du Pontife ? Est-ce par la libre République qui ordonna l'expédition de Rome, ou par
l'Empire autoritaire qui entreprit la guerre d'Italie ?
C'est le pouvoir personnel qui seul est responsable de
l'unité de l'Allemagne succédant à l'unité de l'Italie ;
c'est par sa permission ou par ses fautes que le Pape a
dû subir le double ennui d'une spoliation presque totale et d'une protection intermittente. C'est donc la
liberté qui peut assurer à l'Église non l'avenir dont elle
est certaine, mais l'heure présente qui lui manque.
Aussi, malgré la divergence des opinions, nommons les
hommes qui réclament l'avénement de cette liberté tant
de fois promise et différée; car, s'ils la réclament, nous
la voulons, et nous en jouirons s'ils l'obtiennent. Et si

parmi nos amis il en était qui doutassent de ces vérités, je leur rappellerais que l'illustre Berryer n'a cessé de les proclamer, soit dans la traversée d'une vie sans tache, soit dans l'agonie d'une mort sans rivale.

Nous voici au moment où les professions de foi s'épanouissent sur les murs, en papiers de toutes couleurs. Que de promesses vaines et que de mots inutiles ! Ni grammaire, ni modestie. S'il est peu de députés qui sachent parler, il n'est guère de candidats qui sachent écrire. Je détache au hasard une ou deux fleurs de ce bouquet de circulaires. M. le marquis de Torcy (Orne) annonce à ses électeurs que, dans quelques jours peut-être, il sera au milieu d'eux. Car, grâce à Dieu, dit-il, « le fonds de ma santé, contrairement à certains désirs intéressés, est toujours resté excellent. Un rhumatisme articulaire persistant me retient seul, momentanément, loin du pays. » M. le marquis, mettez de la flanelle ; mettez de la flanelle, M. le marquis.

Le gouvernement semble inquiet du résultat de la bataille prochaine, et les préfets dansent éperdument au bout des fils télégraphiques. On a sorti le spectre rouge de l'armoire aux oublis, et l'on vient d'habiller de neuf les principes conservateurs. Il semble qu'au succès des candidatures officielles soient intéressées la propriété, la famille et la religion. Que de flatteries aux électeurs bien pensants, dont les votes et le dévouement n'ont jamais fait d'erreur. Pauvre peuple, dupe éternelle et souverain passager ! on te flagelle au jour des audaces, on te cajole au jour des besoins.

XIV

LES ÉLECTIONS — LA PREMIÈRE DES JOURNÉES OU L'ON A ARRÊTÉ — UN PEU D'HISTOIRE — QUELQUES THÉORIES — M. DE MONTALEMBERT — LES CANDIDATS QU'IL FAUT CHOISIR — L'EMBARRAS DU CHOIX — L'OPINION PUBLIQUE ET SA PUISSANCE — PROPHÉTIES

Mai 1869.

Les réunions publiques ont quelque [peu souffert de la mauvaise loi qu'on leur fit. Elles ont provoqué une émotion légère, inséparable d'un premier début. En sortant des comices où on l'avait convoqué, le peuple de Paris s'est amusé comme un souverain. Il a éteint des becs de gaz et chanté des airs connus. Le préfet de police, qui pense autrement que Mazarin, ne laisse pas chanter ceux qui paient. Le préfet de police trouve que l'effet de l'art est de contempler un beau désordre, et que le privilége de la force consiste à le réprimer : il est artiste et il est fort. C'est pourquoi il a pris un arrêté. Il a fait même quelque chose de plus : il a arrêté ceux qu'il a pris.

Nous avons redouté un instant que la journée du Deux Décembre ne fût tirée à une seconde édition. La société a couru le risque d'être sauvée une seconde fois. Or, pour opérer le salut d'une société, il suffit de dix légions à guider et d'un Rubicon à franchir. Ayant étudié la vie de César dans les œuvres d'un personnage considérable, je sais que le Rubicon est un petit ruisseau qui symbolise une grande chose. La grande chose est ou peut être une loi à éluder, une parole à rétracter ou un droit à reprendre. L'obstacle une fois surmonté, le reste est l'œuvre des dix légions. Après quoi, le silence règne, la liberté s'enfuit, mais le vainqueur monte au Capitole et le prêtre rend grâce aux Dieux. Et si l'on peut se saisir de Cicéron et de Caton, on envoie l'un chez ces Lingons que nous appelons les Belges, et l'autre dans ce Tullianum dont nous avons fait Mazas.

Il n'est heureusement besoin d'emprunter à l'histoire romaine aucun des parallèles dont elle abonde et des souvenirs qu'elle nous légua. Nous n'avons eu, pour cette fois, ni Rubicon ni coup d'État; l'empire, qui est déjà fait, n'éprouvait, comme on devine, aucun besoin d'être refait. Ce qui s'est passé se réduit à bien peu de chose : des groupes se sont formés organisant de place en place des concerts populaires et des symphonies politiques. Mais alors apparurent les sergents de ville dont les pieds agiles atteignent toujours leur proie et dont les bras robustes retombent rarement à vide. Au premier loisir des tribunaux, les gens battus paieront l'amende ou connaîtront la prison. Dans notre pays civilisé, les sergents sont moins à craindre que les codes. Nous avons forgé des lois plus dures que les armes, ce qui établit à jamais la puissance de la justice et la superiorité des toges.

Je ne sais si l'administration avait ou non caressé quelque espérance que la population parisienne vient de déjouer par sa sagesse. Le suffrage universel eut, jusqu'à présent, l'habitude d'être favorable aux mainteneurs de l'ordre troublé. Sûr d'être compris à demi-mot, j'en viens de suite aux élections dont un seul jour nous sépare encore. Les théories que j'exposai naguère ont rencontré des contradictions auxquelles d'avance je les livrais. Plusieurs, me jugeant trop absolu, m'ont accusé de préférer les extrêmes qui parfois se touchent aux milieux que je ne crois pas justes. Il est vrai, et j'en conviens, je suis l'adversaire déclaré de toute transaction se négociant sur un principe. J'ai adopté dès l'âge tendre, et ratifié à l'âge d'homme, des convictions démodées qu'il y a peut-être quelque courage à garder et quelque honneur à défendre. C'est pour les conserver que, prenant une plume malhabile, j'ai renoncé pour un temps aux loisirs que mes goûts préfèrent et que les dieux m'ont faits.

A mes yeux, il y a incompatibilité absolue entre les principes et le principat. Adversaire résolu d'un système qui nous a imposé le silence comme une nécessité, puis l'inaction comme un devoir, j'aime à savoir que ceux auxquels ira mon suffrage se rattachent à moi par le lien d'une passion pareille et d'un espoir commun. Et ces choses que nous revendiquons à voix haute et que nous aimons d'amour viril, s'appellent, dans la langue des hommes, droit, justice et liberté. Grands mots, si l'on veut, mais dont, grâce à Dieu, le sens est toujours clair et le son toujours vibrant. Est-ce notre faute si, dans nos regrets et nos rêves, nous rapprochons les fragments brisés de la statue de la loi, jadis frappée au front par la main d'un maître, au flanc par la lance d'un soldat ?

C'est pourquoi, parmi les candidats entre lesquels il faut opter, nous préférons ceux dont le passé est resté sans faiblesses. La ligne officielle sert à la fois de point de départ aux raisonnements et de mesure aux comparaisons. Plus on s'en éloigne et mieux on vaut, plus on s'en rapproche et plus on perd. Plusieurs, qui s'en défendent aujourd'hui, ont accepté jadis les attaches officielles et les illusions de Décembre. Ils disent que le pouvoir les avait séduits, mais que la liberté les reprend. En consentant à les croire, je ne puis oublier que la sincérité des conversions s'affirme par la force des repentirs. Parmi ceux que le pouvoir nouveau ralliait, il y a dix-huit ans, il n'en fut qu'un vraiment illustre, le comte de Montalembert [1]. Mais quel souvenir

[1] M. le comte de Montalembert vient de mourir comme est mort Berryer après une lettre qui restera comme un dernier acte de foi, de foi religieuse seulement. En politique, il sembla à ses derniers moments se rapprocher de l'Empire, ayant eu le double tort de le croire honnête à ses débuts et libéral à son déclin. En religion, il demeura fidèle à ce rêve généreux qu'ont partagé tant de grands esprits, de réconcilier l'Église et la liberté. Il se rattacha jusqu'au bout à cette noble espérance que le concile semblait trahir et se prononça contre l'infaillibilité de celui qu'il ne craignit pas de surnommer « l'idole du Vatican. » L'idole eut de la rancune et il entra un certain fiel dans l'âme même d'un infaillible. M. de Montalembert trouvait que la vie du Saint-Père ne brillait pas par la perfection dans l'unité. Il relevait les contradictions qui éclatent dans les actes du Pontife et les tentatives libérales où le monde fut séduit, démenties par ces efforts autoritaires dont tant de fidèles s'épouvantent. Il

et quelle leçon ! Combien l'égarement fut passager et combien longue l'expiation ! Après une chute momentanée, quel redressement magnifique ! Le charbon d'Isaïe avait passé, en les purifiant, sur ses lèvres éloquentes qui, dans un jour de méprise, s'étaient fermées pour la résistance et, pour l'erreur, ouvertes.

Ce n'est qu'à défaut de candidats plus accentués qu'il convient d'appuyer les représentants du tiers-parti dont les uns portent, comme M. Segris, la couleur de l'empire; les autres, comme M. Ollivier, la couleur du temps. Ils bourdonnent autour des ruches impériales, comme des abeilles sans aiguillon qui n'ont pas su faire de miel. Amants platoniques de la liberté, ils la demandent à petites doses par l'entremise d'un ministre ou la voie d'un amendement. Elle est pour eux soit une manne qui tombe du ciel, soit une rosée que le trône sécrète. Ils espèrent, et c'est déjà quelque chose, que le 19 janvier ne restera pas une date isolée et s'inclinent devant ces épîtres fameuses, qui, comme le traité de Paris, furent écrites avec les plumes que le grand aigle de Boulogne laisse arracher à ses ailes.

Leur erreur a cela de grave qu'elle altère les principes et méconnaît les droits. La liberté ne se concède

---

croyait aux œuvres de Dieu dans le Concile, *gesta dei per concilium*; et cette croyance chancelait un peu au spectacle de tant de discordes, au récit de tant de violences. Il eût été beau que 700 vieillards réunis autour du représentant de Dieu en ce monde, promulguassent un nouveau testament d'union, d'amour et de liberté. Et pourquoi doutons-nous, hommes de peu de foi? L'esprit souffle où et quand il veut, et Dieu a pour agir en quelque moment qu'il lui plaise de ce temps qui nous échappe, nous emporte et nous renouvelle.

pas, mais s'exige. C'est une dette qu'on ne solde pas par à-compte, mais qu'on acquitte en bloc. Or, ce qui nous fut rendu ne vaut pas ce qui nous fut pris. Dites-nous, je vous le demande, si les restitutions qui nous ont été faites, viennent de la bonté du prince ou de la force des choses, et s'il faut les considérer comme une conquête de l'opinion ou une largesse du pouvoir? Si des lois nouvelles sont venues réglementer des droits anciens, faut-il que j'attribue ce progrès à la générosité du monarque diminuant ses prérogatives, ou à l'ambition de M. Ollivier quémandant un portefeuille, ou enfin à la volonté d'un peuple revendiquant ses franchises? La réponse est facile et de suite nous vient aux lèvres. Il était nécessaire de compenser par quelque effort nos insuccès militaires et nos échecs diplomatiques essuyés dans les deux mondes. Si visibles et si profondes avaient été les fautes du pouvoir personnel, qu'il convenait de les réparer aux yeux de la nation, qui en était tout ensemble la victime et le juge. C'était à la liberté de faire oublier par son rayonnement les sottises de la politique et les absences de la gloire. Ne rien accorder ne se pouvait guère; on accorda peu de chose et le pays prit patience. Puisque, au Mexique, on n'avait pas remporté la première victoire, et puisque, en Allemagne, on avait manqué la seconde, ce fut à l'opinion publique qu'on abandonna la dernière.

L'opinion, c'est-à-dire la volonté publique, voilà la véritable maîtresse de nos maîtres et de nous. C'est elle qui, interrogée au jour de demain, déposera sa réponse encore douteuse dans les urnes du scrutin.

Le suffrage universel est devenu l'origine et la sanction des pouvoirs établis, et à la voix du peuple, comme à la voix de Dieu, on semble reconnaître le droit de condamner et la puissance d'absoudre. Il a suffi d'une averse de bulletins propices pour faire retrouver à de grands coupables l'innocence du premier âge et la blancheur des neiges nouvelles. Je m'indignais alors, je me rassure aujourd'hui. Le suffrage universel, plus éclairé, corrigera peut-être les erreurs que commit jadis le suffrage universel moins instruit.

Il est facile de prévoir que les élections prochaines seront, pour ceux qui espèrent trop, une déception, et pour ceux qui savent attendre, un progrès. Les oppositions de toutes nuances s'augmenteront de quelques recrues, mais la force restera cette fois encore au gouvernement, qui l'emploie. Seulement, vous rencontrerez presque partout des minorités énormes qui représentent, à n'en pas douter, la majorité vraie. Supposez que le pouvoir se désintéresse de la lutte et vous verrez se détacher de lui l'innombrable tribu des salariés qu'il retient par les craintes qu'il leur inspire ou les promesses qu'il leur fait. L'administration me rappelle ces locomotives qui, au repos, semblent inertes et isolées, mais qui, en marche, se grossissent des wagons qu'elles entraînent et de la fumée qu'elles répandent.

Je m'attends donc à un nouveau et dernier triomphe des candidatures officielles; mais si les hommes restent les mêmes, on peut affirmer d'avance que les idées seront changées. Qui donc, parmi les élus futurs, ne se rendrait pas compte des éléments affaiblis dont se compose sa victoire et des nouvelles métamorphoses que son intérêt exige? Ils endosseront, après tant d'autres livrées, les couleurs de la liberté et donneront à M. Rouher plus de fil qu'il n'en pourra retordre. La scène change et l'aurore se lève : « Jeunes gens, jeunes gens, s'écriait Voltaire à son déclin, si vous vivez vous verrez bien des choses. » Il disait vrai; le tout, hélas, est de vivre.

Aux yeux des partisans de l'empire et des défenseurs de la liberté, le coup d'État de Décembre a clos pour jamais la longue série des révolutions. Ils voient juste : la violence a fini son temps, la persuasion commence son œuvre. Le suffrage universel est le maître qui nous gouverne, l'arbitre qui nous concilie et le vengeur qui se prépare. Qu'ajouter encore à cette heure solennelle où les actes priment les paroles?

Denique, quid verbis opus est, spectemur agendo.

Électeurs, c'est en vous que nos destinées reposent, par vous que nos espérances seront éteintes ou rallumées. Vous êtes sur le grand chemin de la liberté, pèlerins, apôtres et soldats. Pèlerins, marchez; apôtres, convertissez; soldats, combattez!

XV

LA CHAMBRE NOUVELLE — LES DERNIERS JOURS DE M. ROUHER — L'INTERPELLATION DU TIERS-PARTI — LA VÉRIFICATION DES POUVOIRS — M. JUSTIN DURAND, M. JULES SIMON ET BEAUCOUP D'AUTRES — DEUX OU TROIS MOTS DE POLITIQUE.

Juillet 1869.

Nous marchons de surprise en surprise sous le règne de Napoléon III, père des lettres : il écrit tant. Depuis le saut du Rubicon jusqu'à nos jours, la Constitution imparfaite, mais perfectible, dormait sous la garde d'une congrégation de vieillards. Elle ressemblait à ces vers de Pompignan dont Voltaire disait jadis :

Sacrés ils sont, car personne n'y touche.

L'empereur, seul responsable, agissait sans conseillers et gouvernait sans contrôle. Les ministres n'étaient que les interprètes de sa volonté et les chantres de sa puissance. Chaque fois qu'une grande idée sortait tout armée du cerveau de Jupiter, ils avaient pour mission d'expliquer en langue française ce phénomène intellectuel. Leur rôle fut de glorifier ces erreurs souveraines qui, renouvelant la géographie, ont bouleversé dans les deux mondes la carte que nous avons payée.

Depuis peu tout a changé, et des velléités d'indépendance ont traversé l'esprit même des gens dévoués. On se défie des hommes de génie qui frappent les coups d'État, et on comprend qu'un souverain ne peut disposer à lui seul de notre fortune réduite et de nos armées accrues. On énumère les fautes dont le pouvoir personnel fut le promoteur et le pays la victime, et on se dit, non sans raison, que la nation, prise pour arbitre, les eût déconseillées et, prise pour juge, condamnées. On ne veut plus que les préfets soient à la dévotion et les maires à la nomination du pouvoir. On cherche et l'on doit trouver des fonctionnaires sans reproches et des budgets en équilibre. Enfin, les plus hardis, et ils ont tort assurément, s'imaginent que la magistrature rend des jugements qu'eût amendés Salomon.

Ce n'est pas tout ; la Chambre nouvelle réclame la restitution de ses priviléges et la responsabilité des ministres. Les législateurs naguères dociles aux ordres d'un haut, regimbent contre l'aiguillon des abeilles impériales. M. Rouher se prépare tristement à sa dernière métamorphose ; l'œil morne et la bouche muette, il ressemble à ces volcans d'Auvergne dont les cratères se sont éteints. Il songe, on le dit du moins, à effectuer une retraite qui n'aura pas de Xénophon. Ceux qui passent pour prophètes dans leur pays saluent déjà le renouveau des institutions et des hommes. Plus d'un, rajeunissant les vers fameux de Millevoye, chante la chute des portefeuilles :

> De la dépouille de nos lois
> L'automne avait jonché la terre,
> Monsieur Rouher était sans voix
> Et Baroche sans ministère.

M. Rouher ne peut aspirer au rôle d'Aristide, car personne n'a l'ennui de l'entendre appeler le Juste. Mais, à l'exemple de Cincinnatus, il pourra de ses mains victorieuses faire pousser des légumes conservateurs. Plus heureux et plus riche que le héros romain, il possède à la fois sa maison des champs et sa maison des Champs-Elysées. Il a tellement doré sa médiocrité qu'il a acquis droit de cité dans la tribu des millionnaires. Il a réuni de nombreuses pièces de consolation qui toutes représentent le souverain mariant sur sa tête auguste les lauriers du Mexique aux palmes de Magenta.

On prétend que l'interpellation du tiers-parti ne saurait avoir pour but d'affaiblir les prérogatives de la couronne. Aussi fut-elle signée par MM. de Mackau et de Mouchy, entrés, l'un dans la familiarité, l'autre dans la famille des aigles. L'empereur ne cessera pas d'être responsable, mais ses ministres commenceraient à le devenir. Je ne m'explique pas, je l'avoue, ces deux responsabilités liées au char de l'État comme les bœufs à la charrue, et je ne vois là qu'un compromis imaginé pour rapprocher deux extrêmes, les voltigeurs du tiers-parti, et les mamelucks de l'arrière-garde. Les ministres futurs seront comme les bergers de Virgile :

> *Et cantare pares et respondere parati,*
> Égaux dans les chansons et prêts pour les réponses.

Amants pastoraux de la liberté, ils chanteront sur des pipeaux et n'atteindront pas à la course cette Galathée nouvelle s'enfuyant vers les saules.

> Louvet la suit de loin, Buffet la suit de près,
> Et Segris, dans l'églogue, en charme les forêts.

Il en est du tiers-parti comme il en fut du tiers-état. Qu'est-il ? Rien. Que veut-il être ? Tout. Si son dévouement a des limites, son ambition n'en connaît pas. Parmi les membres qui le composent, les plus ardents viennent de montrer que leur opposition ne tenait pas devant les dîners qui gouvernent les hommes. Conviés par le souverain à des agapes parlementaires, ils ont accepté les trois services d'un repas déjà loin d'eux. Je ne suis pas rigoriste outre mesure, et je conviens que l'ingratitude peut être l'indépendance de l'estomac, néanmoins j'estime qu'il est plus digne de ne pas être le commensal de ceux dont on a quelque chance de devenir l'adversaire. En Orient, les amitiés durables naissent du partage du pain et du sel. En France, où l'on digère plus vite, il suffit d'un jour pour durcir le pain, d'un instant pour fondre le sel. Ainsi s'en vont nos amitiés et nos serments d'hier, et rien n'est vrai que l'inconstance, rien n'est durable que l'oubli.

En attendant, les législateurs vérifient leurs pouvoirs : plus de deux cents députés ont déjà passé comme une lettre à M. de Mackau. La Chambre s'inquiète peu des irrégularités qui lui procurent les mieux pensants de ses nouveaux membres. Elle approuve, en fermant les yeux, comme la justice ou l'amour. Hier, elle admettait M. Darblay, un meunier de Carabas, qui change en pain le blé des moissons ; demain peut-être elle recevra M. Chaix-d'Est-Ange, un avocat expectant dont l'herbe n'a pas su grandir. Quand on montre aux députés de la majorité que le doigt du préfet apparaît dans une élection contestable, ils sourient d'un air incrédule, et chacun d'eux semble se dire : Comment ! voilà une élection où le préfet n'a mis que le doigt, mais à la mienne il a mis la main.

Cependant, malgré son désir, la Chambre n'a pu s'annexer, sans coup férir, un M. Justin Durand, que lui expédiait la forte ville de Perpignan. Il y a encore des Pyrénées puisque la Chambre n'a pas osé les franchir et que M. Durand est menacé de les revoir. C'est à M. Jules Simon que l'opposition est redevable de ce premier succès. M. Simon s'est souvenu des leçons de Budaille, et a introduit un filet de vinaigre dans sa fontaine de philosophe. Il flatte deux partis politiques, l'un dont il reçoit le présent, l'autre dont il espère l'avenir. Janus de la démocratie, et voyageur pour son compte, il recherche en France la faveur du peuple souverain, et en Angleterre la société des princes déchus. C'est pourquoi son langage traduit tour à tour les besoins de Jenny qui est ouvrière, et les rancunes de Paris qui possède un comte.

Dans son livre charmant intitulé *les Profils parlementaires*, M. L. de La Combe termine ainsi la notice qu'il lui consacre : « Fussiez-vous son ami, vous pouvez être à peu près assuré qu'il vous jouera quelque malin tour. Quant à ses ennemis, il les traite comme feu Sylla, il s'efforce de leur faire le plus de mal possible, quitte, après qu'il les a galamment étranglés, à se rappeler qu'il est philanthrope et à intriguer pour les faire entrer à l'hôpital. » C'est beaucoup dire, mais il est certain qu'il a gardé quelque chose de Cousin, son premier maître, qui le fit boire aux sources antiques. Quoi qu'il en soit, engagé dans des commencements difficiles, il a fait preuve de courage pour lutter et de talent pour parvenir. Ayant connu le malheur, il y sait compatir, et il témoigne à ceux qui souffrent un amour platonique et une pitié doctrinaire. Député, il enseigne le devoir en Chambre ; philosophe, il le rédige en traité. Ses discours s'écoutent, ses livres se vendent. Enfin, il taille la morale comme une étoffe à deux fins, qu'il conseille aux autres de porter serrée et qu'il se permet de garder flottante.

Ses deux derniers discours sont les chefs-d'œuvre du genre nouveau qu'il a pris. Il a assez traduit Platon pour l'imiter beaucoup et le trahir un peu. Il sait donc que le disciple de Socrate distingue trois âmes différemment logées : l'âme raisonnable, qui a son siége dans la tête ; l'âme concupiscible, qui a sa résidence dans le ventre, et l'âme irascible, qui a son domicile dans le cœur. C'est du cœur aujourd'hui que lui viennent les grandes pensées, et, pour l'amour du grec, il n'embrasse plus, mais il mord.

M. Jules Simon vient d'avoir un heureux jour. Il s'était porté, mais en vain, contre M. Werlé, maire de Reims, dont on rapportait l'élection. La veille du jour où le scrutin devait s'ouvrir, les amis de M. Werlé firent afficher un extrait du livre que M. Simon a intitulé : *l'Ouvrière*. Ce livre, plus heureux que notre édifice, fut couronné par l'Académie. Mais M. Simon, adoptant l'opinion d'un connaisseur, accuse les jeunes ouvrières de Reims de préférer, dès l'âge le plus tendre, le vin de Champagne à l'eau de la Marne. Elles n'ont pas la force d'Hercule, mais elles l'apprécient chez les autres. Moins prudentes que Jenny déjà nommée, elles sacrifient à la richesse qui vient des hommes la fleur que Dieu leur donna.

Cette opinion de M. Simon nuisit, paraît-il, à sa candidature. M. Werlé fut cru sur parole, quand il affirma que les ouvrières de Reims ne buvaient pas de son vin, trop cher pour elles. A l'exemple de la veuve Cliquot, chez laquelle il fit ses premières armes avec le grade de commis, c'est pour les Russes qu'il charge ses bouteilles et fabrique sa tisane. La Chambre a validé son élection, bien que M. Pelletan l'ait attaquée avec le ton d'un prudhomme irrité. Il a pris la défense de « l'Ouvrière, » et démontré que les faveurs de l'Institut la vengeaient des outrages des Rémois. M. Simon abrite un cœur sensible sous l'écorce d'un philosophe, mais les calomnies issues des bas-fonds n'ont pas le pouvoir d'atteindre jusqu'à la hauteur de sa cheville que l'on peut appeler « ouvrière. »

C'est alors que M. Forcade la Roquette, le Dieu malin

de la machine politique, a fait entendre sa voix majestueusement nasillarde. Il a dit qu'en effet, il y a dix-huit ans, les jeunes Rémoises se signalaient par une légèreté précoce, mais que depuis elles s'étaient amendées par la vertu de l'empire, moralisateur des classes pauvres. La Chambre a écouté sans sourire l'énoncé de cette prétention. Je ne crois pas que le gouvernement ait fait pour la propagation des rosières, l'impossible, qui n'est pas français. Bien qu'il prodigue les décorations, il n'a pas encore institué le manteau d'honneur pour les Josephs et l'ordre du bain pour les Suzannes.

La vérification des pouvoirs a déjà eu cela de bon qu'elle a fourni à trois orateurs nouveaux l'occasion de se faire connaître. M. Estancelin, toujours jeune, a déjà chargé dans plusieurs combats d'avant-garde. Dix-huit années d'empire n'ont pu changer sa figure et vieillir son esprit. Il a, quand il parle, le temps d'être court et le don d'être vif. Il a fait partie des assemblées d'autrefois, et à M. Schneider, qui lui reprochait sa nouveauté dans le Parlement, il a répondu : Je ne suis pas un nouveau, mais un revenant. En effet, il revient de loin : de la liberté; mais s'il en revient, nous y allons.

Puis est venu M. Raspail, qui a réclamé la faveur d'aller rejoindre les membres de son comité dans la prison où on les détient. « Je suis, a-t-il dit, habitué aux injustices de la justice. J'ai été condamné à mort en 1827. » Comme on le voit, les gens qu'a tués la Restauration se portent encore assez bien. Puis M. Raspail, passant au gouvernement de Juillet, a demandé s'il était quelqu'un dans l'Assemblée qui osât prendre la défense de « ce ridicule Louis-Philippe. » Tous riaient, même M. Thiers. M. Raspail, bonapartiste si convaincu qu'il voulut être au 15 mai le précurseur du 2 décembre, a perdu sa vie à gâter ses découvertes dans la science par ses crimes en politique. Parvenu aux limites de l'âge, il a perdu le souvenir et oublié le repentir. Rien n'est triste comme ces confusions qui réunissent chez quelques-uns le déclin des années à l'aurore de la vie, si bien que, mis en présence d'un divagateur en cheveux blancs, nous ne savons plus si c'est l'enfant qui a droit au respect ou le vieillard à la pitié.

Enfin M. Bancel a défendu sa propre cause avec une dignité touchante. Il fait des vers et il le sait, il ne lui manque que le talent de M. Jourdain : faire de la prose sans le savoir. Qu'il se garde des mots de sept lieues et des phrases en grande toilette. La première qualité des écrivains comme des orateurs est le naturel, et quand on le chasse, on peut être sûr qu'il ne revient pas au galop. Je sais bien que M. Bancel arrive de Belgique, où il a dû se gâter un peu. Chose étrange ! cet irréconciliable appartient à la tribu des enthousiastes. Il se passionne pour les œuvres de la nature et les conquêtes de l'esprit, et le beau l'attire plus invinciblement que le mal ne le repousse. Plutôt né pour les admirations du lettré que pour les colères du tribun et forcé de passer des unes aux autres, bien souvent, songeant à ceux qui avaient ravi la patrie à quelques-uns et la liberté à tous, il a dû répéter les vers du poëte :

> Soyez maudits, ô vous qui me masquez le jour,
> D'emplir de haine un cœur qui déborde d'amour.

On avait accusé M. Bancel d'avoir porté un toast à la défaite des armes françaises. En repoussant cette calomnie, à laquelle nul n'avait cru, il a tracé le tableau rapide de ce que Berryer appelait « les sombres fêtes de l'exil. » Il nous a montré les vaincus se consolant de la proscription par l'étude et rêvant,

> L'œil tristement tourné vers la patrie absente,
> Car jamais l'exilé n'emporta tout son cœur.

Épaves de nos révolutions, qu'un vent d'orage a portées sur la rive opposée d'un fleuve qu'on ne refranchit plus, ils ont gardé, comme le Troyen, leurs espérances, leur langage et leurs Dieux. Mais la pensée se joue de la distance et des obstacles, et leurs livres nous parviennent, comme le souvenir des absents aux demeurés et le tribut des exilés à la France.

La Chambre continue ses séances, et l'intérêt qui se déplace va des hommes aux événements. Si intéressante qu'elle soit, la vérification des pouvoirs ne tient plus que le second rang dans les préoccupations publiques. Qu'importe, en effet, que M. Chaix d'Est-Ange passe du rang des avocats au nombre des législateurs, ou que M. Isaac Pereire soit rejeté par la Chambre dans la fosse aux millions, nous ne sommes attentifs qu'à la demande d'interpellations promise, et au flot toujours montant des signatures qui la couvrent. Le premier conflit qui éclate entre les députés et le pouvoir, a pour cause la liberté revendiquée par les uns et refusée par l'autre. On dit que le gouvernement, retranché derrière le rempart de sa Constitution, répare la brèche par où menace de s'introduire la responsabilité des ministres. Je n'en crois rien : demander beaucoup, c'est la sagesse des nations ; céder à temps, celle des empires. Ce n'est pas par leurs concessions, mais par leurs résistances qu'ont succombé les gouvernements qui ne sont plus. Un proverbe ancien dit que Jupiter ôte l'esprit de ceux qu'il veut perdre ; mais, ici, ce n'est pas le cas, et où il n'y a rien, Jupiter lui-même perd ses droits. L'empire n'a, ce me semble, rien à craindre, et ce n'est pas à ceux qui nous gouvernent qu'on peut appliquer ce vers fameux, modifié pour leur usage :

Quand ils ont trop d'esprit, les puissants vivent peu.

XVI

LE CABINET DES ÉPHÉMÈRES. — M. LE MARQUIS DE CHASSELOUP-LAUBAT, M. DUVERGIER, M. BOURBEAU, M. LE PRINCE DE LA TOUR-D'AUVERGNE — LE PRINCE NAPOLÉON ET LE CONSEIL PRIVÉ — UNE LETTRE DE NAPOLÉON III.

Juillet 1869.

Le *Journal officiel* a paru bourré de décrets, et nous avons un ministère condamné à mourir jeune. Les hommes manquent à un empire qui ne demande qu'à leur rester. Le nouveau ministère se compose naturellement de vétérans qui ont fait campagne et de recrues qui veulent servir. Les premiers, dociles comme des bergers d'Arcadie, ont montré depuis longtemps ce dont ils étaient incapables. N'étant pas doués d'un effacement particulier, ils gagneront pour y disparaître, l'ombre épaisse de M. Forcade,

lequel
Est l'ombre de Vuitry qui de Rouher est l'ombre.

M. le marquis de Chasseloup n'est pas un novice, mais un revenant. Son nom, à ce qu'il semble, le désignait plutôt pour un poste de louvetier que pour une charge de ministre. Maintenant, hôte d'un bois que les loups ne fréquentent guère, il chasse les portefeuilles, et parfois il les prend. Il a précédé l'amiral de Genouilly au département de la marine, il succède à M. de Vuitry dans le palais du quai d'Orsay. Ministre de retour et sénateur bon à tout faire, il sert l'État qui a besoin tour à tour de pilotes pour ses vaisseaux et d'Automédons pour son char. Du temps qu'il était ministre de la marine et des colonies, il aimait à donner des fêtes colonisatrices et maritimes. Des navires de carton peint glissaient sur le parquet des salons, et les plus jolies des invitées étaient priées de prêter leurs figures à la géographie et leurs rondeurs à la terre. Femmes du monde dont elles représentaient les diverses parties, elles nous offraient les merveilles de l'univers et les variétés du globe. L'œil, se portant sans effort dans les contrées inconnues, pouvait d'un seul regard aller du pôle à l'équateur et de la neige aux fruits.

Après M. de Chasseloup, que je reconnais Laubat, voici M. Duvergier, que je ne crois pas de Hauranne. M. Duvergier, nouveau ministre de la justice, recueille à soixante-dix-sept ans passés, l'héritage d'un portefeuille. Il arrivera tard, ce qui vaut mieux que de n'arriver jamais. Avocat au barreau de Paris et bâtonnier de son ordre, il n'attendit que l'occasion pour préférer le silence d'or à la parole d'argent; l'occasion venue, il en profita et se fit oublier plus facilement qu'il ne s'était connaître. Il passait pour une lumière dans un conseil d'État, qui n'illumine que rarement. Les membres de ce grand corps, soupçonnés d'opacité, brillent dans le monde, comme des vers luisants dans l'herbe. Il faut que tout soit sombre pour qu'ils rayonnent; pour les voir, qu'on s'en approche; pour les éteindre, qu'on les déplace.

Le ministère de l'instruction publique a perdu M. Duruy, mais il retrouve M. Bourbeau. Pauvre M. Duruy! Il se croyait l'ami du maître qu'il avait aidé dans ses recherches historiques. Ses illusions n'étant pas tombées en même temps que la *Vie de César*, il souffre plus de son amitié que de sa grandeur perdue. Celui qu'il appelait naguère l'homme le plus libéral de son empire lui a donné une sinécure, en même temps qu'un successeur. Heureux d'avoir pour couverture un manteau de sénateur, il disparaît de la scène où pendant dix ans il a joué son bout de rôle, laissant dans un coin de l'armoire aux oublis son pavé de bonnes intentions et son passé républicain. Il peut se rendre au moins ce consolant témoignage, que durant son règne et malgré ses efforts, les jeunes filles n'ont rien oublié et les jeunes gens rien appris.

M. Bourbeau, sorte de Childebrand choisi parmi si peu de héros, nous est arrivé de Poitiers par le dernier express. Aussi ignoré que l'Afrique centrale, il joint au mérite de la nouveauté le prestige de l'inconnu. Toutefois, grâce à des recherches bien dirigées, nous savons qu'il fit partie des assemblées républicaines. Lors de l'expédition de Rome, il refusa de voter les subsides indispensables. A en croire *le Nord*, il est fils de Voltaire et même de Rabelais. Selon *la Patrie*, c'est un homme antique. Quant à moi, je le crois moderne.

A Poitiers, où il enseigna le droit, il passait pour le bien savoir. La preuve qu'il le savait, c'est qu'aux dernières élections, il demanda et obtint l'investiture officielle. Nommé député, il opéra pour ses débuts deux mouvements dignes de remarque : le premier fut de signer l'interpellation des 116. C'était le bon, et il s'en défia. Le second fut d'accepter le prétendu ministère de l'instruction publique. C'était le mauvais et il y céda. Quand un professeur de droit figure au nombre des partisans de la force, il reconnaît la supériorité des armes sur les lois et l'influence des traitements sur les doctrines. Jadis on s'éprenait du devoir, maintenant on suit la fortune. Et j'en reviens à mon premier dire : M. Bourbeau peut être solennel, mais je doute qu'il soit antique.

M. Alfred Le Roux, vice-président de la Chambre et ministre de l'agriculture, a dû cheminer sans bruit et arriver sans obstacles : il ressemble à une bouteille cachetée, tant il a de qualités et si bien il les cache. Il a trois cordes à sa lyre : la première est sourde, c'est la poésie ; la seconde est d'or, c'est la banque ; la troisième est raide, c'est la politique. Cette dernière lui offre ce double avantage que tantôt il joue avec, tantôt il danse dessus. Jeune, il a écrit des romans de fantaisie, et, plus âgé, des livres de banque. Il administrera l'agriculture aussi bien que la finance, s'il part de ce principe incontesté, que la terre rend toujours ce qu'on lui prête et le financier quelquefois. Il est, à ce qu'il paraît, de la race des Philintes et de la secte d'Épicure. A la fois bienveillant et sceptique, il ne se refuse à croire ni le mal qu'on pense des autres, ni le bien qu'on dit de lui.

M. le prince de la Tour d'Auvergne, qui accepte, par dévouement, les affaires qui lui sont étrangères, ne remonte pas plus au pieux Godefroy qu'il ne descend du grand Turenne. Il succède à M. de La Valette qui le remplace à Londres. Par un échange si touchant qu'il fait venir les larmes aux yeux, ces messieurs se passent, l'un son ambassade, l'autre son ministère. Que M. de La Tour y prenne garde. Grâce au personnel qui recrute nos ambassades, l'étranger désillusionné ne peut plus croire que nous ayons créé le vaudeville. Jadis on disait des diplomates qu'ils avaient reçu la parole pour déguiser leur pensée. Aujourd'hui, ils n'ont plus rien à déguiser, c'est ce qui explique leur silence.

On a appelé les nouveaux ministres la monnaie de M. Rouher; mais si la monnaie reste à la Chambre, la pièce brille au Sénat. Au vice-empereur échoit, après M. Troplong, la présidence de la haute Assemblée. Chargé d'élaborer les réformes promises, il demeure ce qu'il était : le plus important des hommes d'État et le mieux renté des beaux esprits. Pourquoi s'en étonner ou s'en plaindre? Exécuteur attitré des opérations césariennes, il n'est pas plus responsable de leurs échecs que glorifié de leurs triomphes. Il traduit sans trahison et obéit sans scrupules. Habitué à sauter pour l'empire, il retombe par intérêt sur ses pieds et par malice sur ceux des autres.

Et maintenant les sénateurs réunis vont prendre la place des députés prorogés. A ce changement de personnes, la liberté n'a rien à gagner et le pouvoir rien à perdre. Tout accorder en apparence, reprendre beaucoup en réalité, voilà la sagesse de l'empire. Quelles que soient les fautes dont nous les jugeons capables, nos adversaires s'arrangent toujours pour réaliser nos craintes et dépasser nos prévisions. Le prince Napoléon a bien raison de nous écrire qu'il s'abstient depuis cinq ans des séances du conseil privé. Son auguste concours, en effet, ne les rendrait pas plus stériles Toutefois, il nous est doux de penser que cette Altesse s'endort sur ses lauriers de Crimée d'un sommeil que ne troublent pas les abeilles de son manteau ou les aigles de sa famille.

Je trouve dans les journaux d'hier soir ce fragment d'une lettre qu'après l'échauffourée de Strasbourg le fils de la reine Hortense écrivait à sa mère : « Lorsque je revenais, il y a quelques mois, de reconduire Mathilde, en rentrant dans le parc, j'ai trouvé un arbre rompu par l'orage et je me suis dit à moi-même : notre mariage sera rompu par le sort. Ce que je supposais vaguement s'est réalisé. Ai-je donc épuisé, en 1836, toute la part de bonheur qui m'était échu ? » Non

le potentat
Qui pour ses coups d'essais, voulait des coups d'État,

depuis 1836 a su recommencer Strasbourg et retrouver Mathilde. En ce temps-là, loin d'avoir épuisé sa part de bonheur, il ne l'avait pas même reçue. Mais en errant dans ce beau parc de Saint-Cloud, dont les ombrages ont abrité tant de rois morts ou détrônés, il peut se souvenir, comme autrefois, des mariages que le sort dénoue et des arbres qu'effeuille le vent.

XVII

LES IRRÉCONCILIABLES — LA PROROGATION — UN MANIFESTE DE M. GAMBETTA — DEUX RESPONSABILITÉS ACCOUPLÉES, CELLE DE L'EMPEREUR ET CELLE DES MINISTRES — LES REGRETS DE M. ROUHER, PARODIE DE MILLEVOYE — LE PREMIER DISCOURS QU'AIT PRONONCÉ M. ROUHER EN SA QUALITÉ DE PRÉSIDENT DU SÉNAT — DEUX PRIX DE CENT MILLE FRANCS CHACUN, DÉCERNÉS L'UN A UN CHEVAL, L'AUTRE A UN ARCHITECTE — LE GROUPE DE M. CARPEAUX — SOUVENIRS D'UN VOLONTAIRE CARLISTE

Août 1869.

Les irréconciliables de Paris me rappellent vaguement le premier Brutus de Rome. Il y eut, en effet, deux Brutus, qui furent de vrais citoyens, préférant la république à toute chose, même à leur famille. Le premier était bon père, mais il tua ses enfants. Le second était bon fils, et cependant il tua son père.

Il convient d'ajouter que ce père, qui s'appelait César, ambitionnait la couronne. Un républicain, digne de ce nom, n'a jamais pu souffrir qu'un de ses ancêtres convoitât le trône. Quand Bonaparte apprit la mort de Robespierre le jeune, il écrivit cette phrase touchante : « Je l'aimais et je le croyais pur, mais, fût-il mon père, je l'eusse poignardé s'il aspirait à la tyrannie. » Quand ce même Bonaparte, grâce à ses aspirations et à son divorce, fut devenu empereur et père, il comprit que la piété filiale avait des bornes et la tyrannie des douceurs.

J'indiquais tout à l'heure une légère ressemblance entre nos irréconciliables et Brutus. C'est bien simple, et l'on va comprendre. Brutus, qui méditait de grands projets, inventa, pour détourner les soupçons, un stratagème original dont la police fut la dupe et Tarquin la victime. Il ne parla que par énigmes, mit son or dans un bâton creux, et dépensa son intelligence à faire croire qu'il en manquait. Le succès couronnait ses efforts, et il contrefit l'insensé avec une telle perfection, qu'il trompa sa femme elle-même. Celle-ci le lui rendit bien.

Ainsi font les démocrates de notre temps : ils jouent la folie au naturel et cachent leur esprit dans des retraites inconnues; ne les jugez pas sur les apparences : s'ils dissimulent leurs brillantes facultés, c'est pour passer inaperçus sous l'œil de lynx de Tarquin le Superbe. Ils n'attendent, pour proclamer la république et dévoiler leur génie, que le jour où Lucrèce, outragée par trop, voudra se venger ou mourir. Qui sait, pourtant? Si les princes ont la même audace, les femmes ont moins de vertu. Il se peut donc que Lucrèce indulgente ou désarmée n'ait pas de rancune ou pas de glaive.

En attendant, les députés de la gauche lancent au décret qui les prorogea des protestations sans vigueur. Ils n'ont pu penser d'accord et agir en commun : aussi chacun tire à soi, s'indigne en particulier et détonne pour son compte. Naguère la gauche, plus bigarrée qu'un manteau d'arlequin, allait du rose pâle à la pourpre vive, réunissant sous la même étiquette tous les fronts qui savaient rougir. On veut maintenant se fractionner en autant de groupes que de nuances. Ici M. Bancel guidant la phalange des purs, et là M. Thiers conduisant le troupeau des frelatés. Soyez en petit nombre et vous serez forts. *Pauci sed fortes*, écrit d'Ems ou de Cauterets l'héroïque Gambetta, sonnant la charge entre deux verres d'eau. Et ce radical ajoute en guise de terminaison : « Vous avez derrière vous l'avenir et la révolution. » Ceci n'est pas une niaiserie, ainsi que l'on pourrait le croire. Et Gambetta pouvait ajouter dans un français plus correct que celui dont il se sert : « Comme les soldats de Bonaparte, vous avez quarante siècles pour spectateurs. Et ne vivant en effet que des souvenirs et des regrets contenus dans une date ou deux de l'histoire, vous marchez à l'aventure, ayant en réalité votre avenir derrière le dos, ou, si vous aimez mieux, votre passé devant les yeux. »

Oh! ces démocrates, comme ils font la partie belle à qui veut la jouer contre eux ; un gouvernement libéral et probe trouverait en eux son idéal, s'il se cherchait des adversaires. Mais je n'ai pas le temps d'errer dans le champ des hypothèses. Il se prépare quelque chose de plus grand que la lettre du 19 janvier et que le message de juillet. Chacun se tient dans l'attitude de Balaam, qui fut prophète. Encore quelques instants et les sénateurs parleront.

C'est au moule des sénatus-consultes que sont jetées les réformes promises. Et quelles réformes, juste Dieu !

Le Corps législatif, transformé, interpelle à discrétion et amende laborieusement. Il vote le budget par chapitre. Bien plus, il nomme son président, et, s'il le veut, ses questeurs. Que dis-je, il partage avec le souverain l'initiative des lois. Le char de l'État, pareil à celui d'Hippolyte, sent crier ses essieux prêts à rompre, et il en est de la constitution comme de ce couteau fameux dont on s'amusait à changer tantôt le manche et tantôt la lame. Le conseil d'État, diminué de valeur et d'influence, rentre dans l'ombre de la coulisse. Quant aux ministres, par un prodige de mécanique ils vont être tout ensemble responsables et dépendants. Forcés d'obéir à deux maîtres, ils auront peine à se reconnaître dans la multiplicité des ordres et la variété des ordres. Comme la chauve-souris de La Fontaine, un ministre, arrivé à la Chambre, s'écriera de sa plus belle voix : « Je suis responsable ! Vive le pays ; » mais parvenu dans l'antichambre, c'est en baissant la tête qu'il dira d'une voix soumise : « Je suis dépendant, voyez mon zèle. »

Franchement, ce rôle de maître Jacques est difficile à bien jouer ; mon avis est qu'il mérite les 100,000 francs qu'il rapporte. Ainsi répondra le futur ministre interrogé par son seigneur :

LE MINISTRE.

Est-ce à votre responsable, seigneur, ou bien à votre dépendant que vous désirez parler, car je suis l'un et l'autre ?

LE SEIGNEUR.

C'est à tous les deux.

LE MINISTRE.

Mais à qui des deux le premier?

LE SEIGNEUR.

Au responsable.

LE MINISTRE.

Attendez donc, s'il vous plaît! (Il ôte sa casaque de dépendant et paraît vêtu en responsable.)

Cette scène est tirée tout au long de l'*Avare*, du divin Molière. Allons, allons, nous rirons bien, si nous rions les derniers.

On ne saurait nier pourtant qu'il n'entre un peu d'amertume dans les douceurs qu'on nous promet. Si je me réjouis de ce que les législateurs acquièrent l'initiative des lois, j'aperçois le Dieu dans la machine et le Sénat sous les fleurs. Le Sénat investi du droit de *veto* peut non-seulement suspendre, mais encore arrêter les lois. Les sénateurs nommés par l'empereur l'emporteront en autorité sur les députés nommés par le peuple, et le pouvoir personnel rentre par un détour dans la citadelle qu'il avait paru quitter. Est-ce le vice de leur élection ou le travers de notre esprit? peu importe; mais il nous semble que les sénateurs sont doués d'un dévouement à l'épreuve de l'indépendance. Et cependant ils ont produit des hommes antiques, au moins par l'âge. M. Troplong passait pour une barre de fer, — un peu sujette à cassation. Je dirais qu'il est mort, si je ne savais que son successeur est capable de le faire revivre. M. Rouher, comme chacun sait, est à cheval sur des principes austères. Mais par malheur il monte mal.

Voici, je crois, le dernier des travaux qui furent faits pour appliquer au cas spécial de M. Rouher la douce élégie de Millevoye. Où Millevoye pleurait, nous rions, et c'est toujours autant de gagné :

> Triste et penché comme une amphore,
> L'illustre Rouher, à pas lents,
> Parcourait, une fois encore,
> Et la Chambre et ses premiers bancs.

*_**

> Chambre aimée, adieu, je m'absente,
> Votre joie atteste mon tort;
> Et dans chaque feuille opposante,
> J'ai lu que je n'étais pas fort.

*_**

> « Tu m'as dit, sibylle fatale :
> » Le portefeuille de ton choix
> » Sous ton bras encore s'étale,
> » Mais c'est jusqu'aux nouvelles lois.
> » L'éternel Billault t'environne.
> » Plus pâle encore que monotone,
> » Sénateur en habit barbeau,
> » Tu fuiras sans laisser de trace,
> » Comme l'argent que Magne entasse
> » Et le droit qu'enseigna Bourbeau. »

*_**

> Et je m'en vais ! La perte est sèche,
> Mais moins grande qu'il ne paraît.
> A la Chambre, j'avais ma mèche,
> Au Sénat, j'aurai mon toupet.

*_**

> « Parais donc, décret qui me porte
> Aux honneurs dont Troplong fut vain,
> Et tais la somme que rapporte
> La place où je serai demain.

*_**

» Mais le Sénat est solitaire ;
Si l'empereur, qui sait se taire,
Écrivait à ces nobles vieux,
Je serais aussi radieux
Que si j'étais au ministère. »

*_**

Il dit, part, mais avec retour.
Le dernier Message qui tombe
A signalé son dernier four.
Au Sénat on creusa sa tombe,
Mais l'empereur n'écrivit pas
A la haute Chambre isolée,
Et l'Auvergnat de la vallée
Troubla seul de ses entrechats
Le silence de l'assemblée.

Quoi qu'il en soit, M. Rouher a prononcé devant le Sénat un discours de réception. A peine en possession de sa chaise curule, il a salué ses collègues et joué, sans effort visible, une variation politique. Il a vanté les réformes à la place même où il les avait combattues, et fait sur le fauteuil de la présidence le sacrifice de ses opinions passées. Plusieurs sénateurs trouvèrent, dit-on, que leur nouveau chef poussait un peu loin ce que Berryer appelait jadis « le cynisme des apostasies. » Eh bien ! non. M. Rouher n'a aucune opinion à lui, ce qui fait qu'il peut avoir toutes celles des autres. Il n'est pas croyant, mais sceptique, et ses convictions cessent où ses intérêts commencent. Aussi son langage varie suivant le temps qu'il fait et la charge qu'il exerce. Ce n'est pas un apôtre, c'est un ministre, et la différence est grande. J'oserai le comparer à cette statue de Memnon qui jadis, à chaque matin, chantait un air nouveau. Et, remarquez-le bien, la gaillarde statue ne chantait pas d'elle-même : elle attendait pour vocaliser, non l'inspiration qui s'égare, mais le soleil qui récompense.

Ce que les sénateurs peuvent reprocher à leur président, c'est l'infériorité de son dernier discours. Ils n'ont eu, ce nous semble, ni de l'éloquence du bon temps, ni du Rouher de la comète. M. Troplong était plus naïf quand il menait l'oraison funèbre, plus convaincu quand il distribuait l'éloge. Cependant le nouvel élu a parlé avec une gravité décente des gloires du Sénat et des vertus du siècle. Il s'imagine que nous léguerons à nos fils un héritage de grandeur et des exemples de morale. C'est à de telles pensées qu'il faut rire pour ne pas pleurer. Mais, la foi, la grandeur, le respect des lois et du droit, la pauvreté, le désintéressement, la continence, la vertu, en un mot, dans toutes ses branches, dans toutes ses exigences et dans tous ses devoirs, voilà la grande irréconciliable ! — D'abord proscrite, puis étrangère !

Tenez : deux prix de cent mille francs chacun ont été décernés dans le courant de la saison. Avec cette somme, on peut avoir à l'année, soit deux ministres complets, soit six sénateurs deux tiers. Pensez-vous que ces prix furent la récompense d'une action d'éclat ou d'une vertu cachée? Point. L'un fut donné à un cheval et l'autre à un architecte. Le cheval a nom *Glaneur* et l'architecte s'appelle Duc. Si l'on tient à savoir ce qu'a fait ce dernier pour mériter un tel salaire, je répondrai qu'il a fait un édifice et qu'on l'a couronné. Il a ajouté une aile au Palais-de-Justice, qui ne pouvait plus s'en passer. Si personne ne s'est aperçu de cet heureux complément, la raison en est bien simple : avec une aile, la justice était déjà légère, et avec deux, son palais reste encore lourd.

Maintenant, allez regarder sur la façade de l'Opéra les groupes nouveaux qui la décorent, et vous verrez dans quelle fange les successeurs de Phidias ont laissé rouler leurs ciseaux. M. Carpeaux, chargé de nous représenter comment dansaient les nymphes, nous a montré comment sautent les filles. Je ne pense pas que l'Opéra futur justifie un pareil groupe, soit par ses ballets, soit par ses bals. A quoi songeait le sculpteur, quand il tordait ses bacchantes ivres et nues autour d'un faune jouant du flageolet? Je l'ignore, et quoi qu'il en soit, préférant le vulgaire à l'idéal, il a mis ses efforts à rabaisser ce que son art pouvait grandir. Bien différent des artistes grecs, qui traitaient dans un sentiment chaste les corps sans voiles des héros et des dieux, il a accusé, comme dans une pensée libertine, les difformités de la bête humaine. Que le sculpteur ait voulu travailler à la décoration d'un monument ou à l'enseigne d'un lupanar, qu'importe? Ce qu'on peut affirmer, c'est qu'il a compris son époque et gagné son argent. La débauche dans la sculpture, voilà ce qui nous manquait encore! A présent, le vide est comblé, et ce groupe étonnant nous donne la joie d'admirer les femmes qui nous conviennent et l'art que nous aimons : les femmes sont nues, l'art est voilé!

J'aurais voulu rendre compte, en terminant, d'un livre

qui m'arrive du Mans, *Souvenirs d'un Volontaire carliste*. L'auteur est un de ceux qui, suivant la légitimité, sur tous les champs de bataille où elle conviait ses fidèles, sont allés, après 1832, chercher en Espagne le reflet de leur cause vaincue. Il a servi don Carlos aussi longtemps que don Carlos a tenu sa bannière. Sous les ordres de Zumala-Carreguy et de Cabrera, il a pris part à tous les combats; vainqueur au début, vaincu au déclin, souvent blessé, parfois captif, mais ayant toujours gardé une espérance à l'épreuve des revers et un courage supérieur à la fortune. Rentré en France, ce vétéran, même aujourd'hui, ne songe pas sans émotion à la terre lointaine où il a laissé le meilleur de ses souvenirs et de sa jeunesse. C'est là-bas qu'il lui fut donné de connaître le plus à fond les trois choses dont la vie est faite : l'amour, la lutte et la souffrance.

Que pense ce vieux soldat de cet autre don Carlos qui vient de jeter son appel de guerre à l'Espagne épuisée d'hommes? Le temps n'est plus où, à l'approche de l'armée royale, les christinos s'ennuyaient en jetant les armes et en criant dans la déroute :

Zummala-Carreguy s'avança!

Mais le droit comme la justice sont immortels et peuvent attendre : cependant c'est beaucoup quand les fils ont la même foi et livrent les mêmes combats que leurs pères. C'est beaucoup si, dans ces jours de trahison et d'oubli, on se souvient des rois qui portaient jadis la couronne sans usurpation et la gloire sans abus.

Je fais des vœux pour ce jeune homme qui, bravement, essaie de relever le trône du passé dans un pays sans avenir. Je sais qu'il a des droits, j'ignore s'il a des chances. Dans cette pauvre Espagne, où tant de chenilles insolentes y promènent leur manteau rayé, son succès serait sinon le salut, du moins l'honneur. S'il échoue aujourd'hui, il lui restera la ressource de recommencer plus tard. En France, les journaux officieux reprochent au roi Charles VII d'apporter la guerre civile à sa patrie : ils oublient Strasbourg et Boulogne, ces gentillesses avortées d'un prétendant sans titres. Quant à don Carlos, il possède, par la grâce de Dieu, des titres dûment en règle, et de plus il opère dans un pays où les révolutions et les combats de taureaux forment l'antique spectacle, dont le peuple enfant ne s'est pas encore fatigué. Le prétendant n'a besoin que du nerf de toutes les guerres, l'argent. Il a déjà failli acquérir une citadelle, il ne négligera pas l'occasion de se payer un régiment. Tout se vend : mais il n'y a que les riches qui achètent.

XVIII

L'AMNISTIÉ — LES ŒUVRES DES EXILÉS — LE COLONEL CHARRAS ET LA CAMPAGNE DE 1815 — UN DISCOURS DU PRINCE NAPOLÉON — LA MALADIE DE L'EMPEREUR

Septembre 1869.

Pour la seconde fois depuis sa naissance, ce gouvernement qui vieillit a fait pleuvoir sur nos têtes innocentes la rosée des amnisties. Ce n'est pas à si peu de frais qu'un souverain peut rivaliser avec Titus, mais enfin il est juste de féliciter nos gouvernants d'avoir montré une sagesse étrangère à leurs habitudes et une douceur contraire à leurs origines. Pour la seconde fois s'ouvrent toutes grandes les portes de Mazas, qui est forteresse, et de Pélagie, qui fut sainte. Ceux qui viennent de sortir étaient coupables les uns d'avoir parlé trop haut, les autres d'avoir écrit trop vite; ceux-ci étaient prévenus d'un complot dont les limiers cherchaient la trace, ceux-là s'étaient promenés dans les rues à l'heure où chargeaient les sergents. Plusieurs qui avaient voulu en remontrer à leurs juges, avaient appris à leurs dépens que les clairvoyants ne sont point rois dans le royaume des aveugles.

On sait que Thémis ne voit pas clair, mais je n'ai point à m'occuper des infortunes de la déesse aux balances. Je ne tiens à constater qu'un fait, c'est que l'amnistie a, jusqu'ici, ses irréconciliables comme le pouvoir. Un petit nombre de citoyens refusant à l'empire jusqu'au droit de leur faire grâce, se tiennent à l'écart d'un pardon qu'ils ne veulent ni recevoir ni accorder. Ceux-là, continuant jusqu'au bout la protestation des vaincus, s'obstinent dans un exil qui a sa dignité, sa constance et peut-être aussi sa douleur. J'admire jusque dans leurs excès ces susceptibilités de l'honneur, et je ne veux pas savoir s'il entre dans la conduite de ces proscrits volontaires autant d'alliage que d'or pur, et de courage que d'orgueil. Chassés de leur patrie humiliée, comme le prêtre d'un temple profané, ils attendent, pour y rentrer, que la réparation ait égalé l'injure.

Oui, il existe un petit groupe d'hommes dont les opinions ne valent pas le talent, et qui, quoi qu'on en puisse dire, ont emporté leur patrie à la semelle de leurs souliers. Ils ont planté leurs tentes de l'autre côté de la frontière, soit sur les rives des mers anglaises, soit au bord des lacs suisses, et se sont arrangé dans les pays de liberté une petite France en miniature, où on se souvient de la grande, et d'où on peut la contempler, suivant les exigences du cœur ou la sérénité du ciel. C'est là qu'ils se tiennent à la portée des événements, prêts à en hâter le cours ou à en recueillir le fruit, espérant contre l'espoir même, et à l'abri des aigles qui volent comme les pies, mais ne parlent pas tant.

Là ils vivent, utiles encore à leur pays par les livres qu'ils composent et qui circulent partout où, hors la France, se comprend la langue française. On a prétendu que plusieurs d'entre eux conspiraient pour se distraire; mais, quels que soient les ennuis de l'exil, c'est là une calomnie qui ne mordra pas sur les gens de bien. Je n'ignore pas que M. Ledru-Rollin, impliqué jadis dans un complot contre la vie de l'empereur, fut condamné par contumace à la peine de la déportation; mais les oracles de Thémis sont moins sûrs que ceux de Calchas, et l'ancien membre du gouvernement provisoire fut victime, en son absence, d'une de ces charges que parfois les juges trouvent bonnes.

Je voudrais, utilisant les loisirs des vacances, dire l'œuvre littéraire de la France en exil. On peut l'affirmer, sans crainte d'être démenti, les meilleurs livres, les plus beaux poëmes publiés en ces dix-huit dernières années de décadence littéraire et d'oppression politique, nous sont venus de ces irréconciliables, qui n'ont pas plus voulu s'incliner devant le drapeau de l'empire que les Suisses devant le bonnet de Gessler. Voyez ce qu'ont produit de notre temps les écrivains officiels ? rien, si ce n'est des phrases sans lendemain et des éloges sans style, tant il est vrai que l'homme a besoin de liberté pour penser et de conviction pour écrire. Et pour laisser à l'avenir quelque chose qui témoigne de nous, nous n'aurons, selon le dire du poëte, qu'à ramasser les feuilles mortes que les arbres déracinés ont fait pleuvoir de leurs branches.

Je ne veux pas prétendre que les œuvres des proscrits aient été conçues sans rancune et tracées sans passion. Quelques-unes, se détournant des misères présentes, s'élèvent dans les hauteurs de l'histoire au-dessus des ressentiments du jour; mais, dans la plupart, je le reconnais, passe comme un souffle de colère et un désir de vengeance. Il ne faut demander aux vaincus de nos révolutions, ni la douceur qui s'humilie, ni la charité qui pardonne. S'ils suivent parfois la pente qui descend de la haine à l'injustice, il convient d'excuser ces représailles et d'admirer ces combats d'une plume contre un César. Plusieurs, s'attaquant directement dans leurs écrits aux fondateurs des deux empires, se sont armés contre le premier des enseignements de l'histoire et contre le second des impunités de l'exil.

Je trouve le colonel Charras au premier rang de ceux

qui se sont consolés de la proscription par les lettres. Ancien membre des Assemblées républicaines, il quitta l'armée qui lui promettait la fortune pour la politique qui lui valut l'exil. Honnête et clairvoyant dans des opinions dangereuses, seul de son parti, il fit luire quelques éclairs de bon sens sur ce Sinaï de la démence où planaient les démagogues. Il vota, avec la droite, cette fameuse proposition des questeurs, laquelle, si Dieu l'eût permis, nous eût sauvés de l'empire. Mais l'empire a préféré nous sauver, et c'est ce qui nous a perdus :

> Le coup d'État, fils de Brumaire
> Tint ce que Boulogne promit,
> Et le Deux-Décembre accomplit
> Ce que Strasbourg n'avait pu faire.

D'autres ont raconté les exploits de cette nuit fameuse où l'on arrêta les honnêtes gens par crainte du bien dont on les jugeait capables. Le colonel Charras subit la destinée commune : il fut pris pendant son sommeil. Cet exemple nous prouve que les proverbes ont tort quelquefois. Comme le bien, le mal nous vient en dormant.

Compris sur les listes de proscription que dressaient les nouveaux Sylla, le colonel Charras prit le chemin de la Belgique. Soldat, il périssait par l'armée. Et, pour le dire en passant, ce ne dut pas être une des moindres tristesses des généraux bannis dans ce jour de deuil, que de se voir écrasés sous le poids de leur idole et de sentir dans le coup qui les frappait la complicité militaire. Ils assistaient à une déviation de l'épée, et devant ce droit nouveau, issu de la force et proclamé par elle, ils se trouvaient atteints deux fois : soldats, par l'intervention des troupes; représentants, par la violation des lois.

Une fois sur la terre d'exil, le colonel Charras appela les enseignements de l'histoire à l'appui de cette parole de l'Évangile : « Quiconque se sert du glaive périra par le glaive. » Il visita les champs de bataille de Leipsick et de Waterloo, qui avaient vu se voiler et s'éteindre la fortune du premier empereur. Puis, riche des recherches faites et des documents consultés, il retraça l'histoire des deux campagnes de 1813 et de 1815, dans des volumes qui resteront comme des exemples du genre et des modèles de discussion. Il écrit avec l'indignation d'un patriote et la compétence d'un soldat. Ce n'est pas qu'il ait prétendu triompher des malheurs de son pays. Son cœur n'a pas de telles sécheresses, et sa haine de telles rancunes. Comme le héros de Virgile, il ne peut se défendre des larmes au récit de ces grands combats, témoins de la chute des hommes et de la fuite des aigles.

L'écrivain constate seulement que le génie militaire du premier Napoléon a eu, comme le soleil, son aurore, son midi et son déclin. Il se leva en Italie, près d'Arcole et de Rivoli, resplendit sur les journées d'Austerlitz et d'Iéna, et s'éteignit sans retour sur le plateau de Mont-Saint-Jean. On ne saurait comparer à l'empereur franchissant les Alpes, l'empereur retour de Russie. Il n'est plus lui-même et ne jettera plus que de fugitifs éclairs à Champaubert et Montmirail. On peut lui retourner ainsi le mot fameux qu'entendit Annibal : « Vous n'avez jamais su profiter de la victoire, maintenant vous ne savez plus vaincre. » Mais l'ambition survécut en lui à la disparition du génie et à l'éclipse de la fortune, et, fléau de Dieu jusqu'à sa dernière heure, il battit dans l'aire des batailles le grain de la moisson des hommes.

Voyez-le en Saxe aux jours de 1813. Il repousse la paix offerte, et quittant la proie pour l'ombre et la réalité pour la chimère, il joue l'empire universel dans les plaines de Leipsick. Abandonnant à eux-mêmes ses lieutenants battus l'un après l'autre, jetant des garnisons dans les villes qu'il entend garder, et disséminant sur tous les points à la fois ses forces, partout inutiles, il perd la supériorité du nombre et ne peut amener à la bataille des nations que la moitié de cette immense armée qu'il avait su tirer de la France épuisée et du Sénat servile. C'est en vain que, rassemblant ses tronçons épars, il lutte encore, non plus pour la domination, mais pour le salut. La France sans ressources et Paris sans défenseurs ont pour la première fois appris à connaître les horreurs de l'invasion et la fumée des camps ennemis.

Il abdique, part pour l'île d'Elbe, où la défaite le conduit et d'où un crime le ramène. A son retour, la guerre se prépare et la coalition se reforme. Il imagine de se porter par un coup hardi entre ses ennemis mal préparés, de les battre l'un après l'autre, et de rejeter en deux victoires le Prussien en Allemagne et l'Anglais à la mer. Le plan était peut-être grandiose, mais l'exécution fut médiocre. Le colonel Charras signale, les unes après les autres, les fautes du général, compliquées des emportements du maître. Le jeune commandant de l'armée d'Italie, s'élançant à la fortune et forçant la victoire, ne se retrouvait plus dans le vieil empereur, aigri par le malheur et usé par la défaite. Ni rectitude dans le coup d'œil, ni fécondité dans les ressources, ni précision dans les ordres. C'est à Napoléon seul qu'il faut imputer, soit l'isolement de Ney à la journée des Quatre-Bras, soit l'absence de Grouchy du champ de bataille de Waterloo. Lui seul est responsable de ce grand désastre où s'abîma une armée française, la plus héroïque qui fut jamais. Et quand tout fut fini, remplaçant la pensée de mourir par le désir de fuir, abandonnant les débris de ses troupes et les victimes de son attentat, il fit trois cents lieues à toute bride pour demander l'hospitalité anglaise en se comparant à Thémistocle. C'est ainsi que, jusque sur le pont du *Bellérophon*, il jetait l'audace de ses parallèles et les fleurs de sa rhétorique.

Je sais qu'à Sainte-Hélène l'illustre captif a voulu faire retomber le poids de ses fautes sur le hasard et sur les hommes. Il s'est prétendu plus infaillible que jamais, accusant celui-ci d'incapacité et celui-là de trahison. M. Charras a fait justice des jactances impériales et des mensonges dictés de Longwood. Beaucoup de bons esprits se sont laissé prendre à ce procédé renouvelé des Grecs, qui impute aux puissances fatales le dénoûment des affaires humaines. M. Thiers, si clairvoyant d'habitude, signale jusqu'au bout, dans son héros, les preuves visibles du génie. Il le juge sur ses dires et le croit sur parole. Il lui paraît si grand, qu'il semble avoir toujours besoin de se redresser pour le voir. M. Thiers subit à son insu les illusions de l'optique, et peu s'en faut qu'il n'accuse le ciel de la chute de son client. Ah! sans doute, le ciel est toujours pour quelque chose dans les affaires de ce monde; mais si nous osons nous plaindre à lui, c'est bien moins de ce qu'il foudroie que de ce qu'il éclaire, et des rigueurs de ses châtiments que des lenteurs de sa justice.

Je me trouve ramené malgré moi à la dernière séance du Sénat conservateur. Je n'attache pas aux discussions de ces vétérans plus d'importance qu'il ne convient. Je ne suis pas de ceux qui admirent le rapport que M. Devienne a récemment rédigé, et je ne m'inquiète guère de savoir si M. de La Guéronnière joue les Arthurs en politique ou si M. de Ségur-d'Aguesseau tient le rôle des sénateurs nobles. Mais, enfin, si l'habit ne fait pas le moine, il fait du moins le fonctionnaire, et je sais des gens séduits par l'éclat des galons d'autrui qui se retournent encore pour peu qu'un aigle vole ou qu'un sénateur vote.

Le prince Napoléon a perdu une belle occasion de se taire. Chaque fois que ce César déclassé place une harangue en public, il ne néglige jamais d'insulter quelque chose ou quelqu'un ayant droit au respect. Jadis le duc d'Aumale, justement offensé, lui envoya une provocation aggravée d'une brochure. La brochure fut saisie et la provocation fut nulle. Les princes s'écartent volontiers des combats pour nous naturels et pour eux singuliers. Ils vident communément leurs querelles au moyen des armées permanentes, et s'abstiennent, même sur les champs de bataille, des coups qui pleuvent sur les faibles humains. Il suffit que l'un d'eux désire se battre en personne sacrée pour que son rival cherche à entrer dans la ligue de la paix. Le prince Napoléon déclina l'offre de son bouillant adversaire. Il avait fait ses preuves à la tête de nos armées, et crut pouvoir s'excuser, soit sur les agréments qui lui faisaient aimer la vie, soit sur sa petitesse qui l'attachait au rivage.

Son Altesse a représenté les Bourbons ramenés par l'étranger contre le vœu de la nation. C'est là un vieux mensonge bonapartiste, auquel Belmontet lui-même dédaignerait d'emprunter ses rimes. Le prince n'a pas craint davantage d'outrager le drapeau blanc qui flotta le premier sur la Corse devenue française. Pourquoi s'étonner ou se plaindre d'attaques dirigées contre des souverains exilés et un drapeau sans souillures? De telles calomnies ne valent pas qu'on les relève, et les grandes choses de ce monde ont besoin d'être poursuivies par l'injure pour être vengées par le respect.

Dans cette même session du Sénat, je rencontre un discours ministériel qui se rattache à mon sujet. M. de Forcade, avec cette familiarité aristocratique qu'il tient des seigneurs de la Roquette, à flétri comme il convenait ces petites gens qui passent leur temps à démolir un grand homme, Napoléon. M. Forcade, qui lit dans l'avenir, a promis l'immortalité à l'oncle du neveu qu'il sert. Quant aux détracteurs du premier empereur, M. Forcade, toujours prophète dans son pays et solide dans son ministère, leur garantit le mépris des âges. Oh! oh! seigneur ministre, comme vous disposez vite des réputations d'ici-bas! Quelque humble que je sois dans le présent, quelque ignorant que je sois de l'avenir, je vous garantis que je ne changerais pas ce que je mérite d'estime contre ce que vous recueillerez de gloire.

Napoléon est entré dans les jugements de la postérité, et la lumière commence à se faire sur le caractère et le génie de ce fondateur d'empire. Nous discutons ses actes et ses écrits, les uns mieux appréciés, les autres enfin découverts, et si nous faisons ainsi, ce n'est pas pour le plaisir de rabaisser une gloire éclatante, mais par l'obligation d'éclairer un peuple séduit. Tout ce dont nous souffrons nous est venu de lui, car c'est lui qui, prêchant d'exemple, enseigna à ses successeurs qu'on pouvait étouffer la liberté d'une nation sous le prestige des armes et le despotisme du prince. Il devenait dès lors nécessaire d'étudier chez ce capitaine et ce politique les pratiques du gouvernement et les œuvres du guerrier. Ce n'est pas notre faute si, à cette étude impartialement conduite, on a vu s'éteindre l'administrateur et le héros décroître. De ce travail, toutefois, se dégage un enseignement qui prémunit et une moralité qui console. Nous savons que rien ni personne ne suppléent la liberté, et qu'elle seule est l'étoile dont la clarté guide à l'avenir et les troupeaux et les pasteurs.

C'est cette pensée patriotique et virile qui animait le colonel Charras écrivant les grandes épopées de Leipsick et de Waterloo. Malheureusement, la mort l'interrompit dans son œuvre et termina son exil. Il expira jeune encore, ayant gardé jusqu'au bout le drapeau des proscrits et la foi républicaine. Ce fut un de ces hommes, en qui, nous autres, serviteurs d'une cause ennemie de la sienne, mais vaincue aussi, pouvons reconnaître la parenté du caractère et de l'honneur. Il a laissé après lui de fortes amitiés dont sa mort, toujours pleurée, n'a pas détruit les racines. Parmi ceux qui l'ont connu, il n'est personne qui ne s'attendrisse encore à son nom prononcé, et tous reconnaissent que ce vaillant pouvait tout attendre de la fortune, juste une fois, s'il n'eût préféré les souvenirs du passé aux promesses de l'avenir.

C'est à lui que le philosophe platonicien, Jules Simon, écrivit une lettre célèbre condamnant le serment politique, qu'il prêta cependant; mais où sont les lettres d'antan? Dans ce premier article, j'ai parlé de celui des exilés dont la main refroidie ne tiendra plus la plume ou l'épée; dans quelques jours, je traiterai de ceux qui n'ont terminé peut-être ni leur rôle politique, ni leurs œuvres littéraires. Je les avais appelés en commençant les irréconciliables de l'Empire et de l'amnistie. Il paraît que non, cependant. Les plus ardents songent à rentrer en France en enfonçant une porte ouverte. Sont-ils las de la terre étrangère? Comptent-ils sur un hasard qui les délie ou un événement qui les venge? J'ignore. Ce que nous savons, c'est qu'on a vu du côté de Saint-Cloud des corneilles volant à gauche. L'argent prend peur, la Bourse baisse, le souverain s'alite et, parmi les fidèles alarmés, le bruit a couru que l'empereur malade songeait à devenir un Dieu.

Il y a au moins moitié de trop dans les nouvelles qui circulent. Que le chef de l'État souffre dans une portion de lui-même qu'il est difficile de nommer, je le devine sans être prophète et je l'admets sans être crédule. Il est naturel qu'on soit puni par où on a péché. Beaucoup font de même, qui, pour n'être pas princes, n'en ont pas moins été hommes. Le moment est encore éloigné, mais, certes, il viendra, où l'empereur pourra dire comme Louis XIV à ses domestiques en larmes : « M'aviez-vous cru immortel? » Le poëte Malherbe, en parlant de la mort, a émis cette réflexion, qui n'est ni consolante ni nouvelle :

> Le pauvre en sa cabane, où le chaume le couvre,
>   Est sujet à ses lois,
> Et la garde qui veille aux barrières du Louvre
>   N'en défend pas nos rois.

XIX

LES ŒUVRES DES EXILÉS — M. EDGAR QUINET, SES LIVRES SUR LA CAMPAGNE DE 1815 ET SUR LA RÉVOLUTION — M. LOUIS BLANC ET SES LETTRES DATÉES DE LONDRES — UN CONTE D'AUTREFOIS QUI S'APPLIQUE A AUJOURD'HUI — M. FÉLIX PYAT — LE PÈRE HYACINTHE — UN MOT SUR TROPPMANN — LE JOUR DE NAISSANCE D'UN ROI EN EXIL.

Octobre 1869.

Connaissez-vous, au fond du lac de Genève, le joli pays de Montreux? C'est un endroit merveilleusement choisi pour le rêve, le travail et l'oubli. Le chemin de fer y passe et les bateaux s'y arrêtent. De là, on découvre le Rhône et le Jura, qui de Suisse, s'en vont en France. Le village déploie en éventail ses maisons coquettes et blanches qui ont le lac pour miroir, les vignes pour ceinture et les montagnes pour couronne.

C'est sur cette rive hospitalière que réside, depuis le coup d'État,

Quinet, correct auteur de quelques bons écrits.

M. Quinet, jadis professeur au collége de France, flatta les haines religieuses d'une jeunesse qui, n'annonçant rien de bon, a tenu sa promesse. En enseignant à ne pas croire, il préparait de son mieux des ennemis à l'Eglise et des serviteurs à l'empire. Pour être de l'Académie, il ne lui manqua que de partager les opinions de M. Doucet dont il n'avait pas le style. Il avait toutes les qualités requises pour s'asseoir sur le fauteuil des immortels, écrivant sans relâche, parlant sans nécessité et rimant sans fatigue. Ce n'est pas assurément de sa faute s'il ne pouvait se défendre d'être poétique en prose et prosaïque en vers. Dans des poëmes bien oubliés aujourd'hui, il célébra tour à tour les deux plus grands marcheurs connus : le Juif-Errant, qui se contentait de cinq sous, et Napoléon, qui ne s'en contentait pas.

Le malheur profita à M. Quinet, et ce n'est qu'aux jours d'exil qu'il récolta la pleine moisson du talent. Dans sa retraite de Montreux, il composa deux livres qui lui vaudront plus d'estime qu'il n'en obtint au collège de France, et plus d'immortalité que n'en donne l'Académie. Dans le premier de ses ouvrages il refit, d'après Charras, la campagne de Waterloo, mais en y ajoutant le résultat de ses études et le fruit de ses recherches. Il attaquait en prose Napoléon que jadis il chantait en vers. Mais avec l'âge et les disgrâces la poésie s'enfuit et la clairvoyance arrive. Ce travail parut dans la *Revue des Deux-Mondes* et eut, dit-on, le mérite de provoquer des mécontentements augustes. « Mon cher Quinet, écrivait le timide Buloz, l'histoire déplaît à nos maîtres, faisons de la littérature. » Et cependant, nos maîtres, utilisant les loisirs que nous leur faisons, écrivent l'histoire ancienne dans des livres on ne peut moins lus. En racontant la vie de ce César dont les audaces ont tant séduit les ambitieux de notre temps, ils nous prouvent qu'il est plus facile d'imiter la traversée du Rubicon que le style des *Commentaires*.

M. Quinet a publié, en second lieu, deux volumes de la *Révolution*, qui lui font d'autant plus d'honneur qu'on ne s'attendait de sa part ni à tant de talent ni à tant de justice. Il voit juste souvent, dit bien parfois, et, s'il s'abuse sur les choses, ne se méprend pas sur les hommes. Il s'incline pieusement devant l'échafaud de Louis XVI et reconnaît que ce juste sut mourir avec la résignation du martyr et la charité du chrétien. Il remarque ce qu'il y eut de grandeur et de rareté dans le pardon suprême de la victime aux meurtriers. « Je pardonne, disait Louis XVI, et tout le bruit des tambours de Santerre n'empêchera pas ce dernier cri de retentir dans la postérité. » Ainsi parle M. Quinet, et on ne pouvait mieux dire. L'historien ajoute que ce fut la plus noble victime qui donna le plus grand exemple dans ces temps où tous mouraient, l'ironie sur les lèvres et la haine ou le doute au cœur : le roi de France fut le seul qui fit entendre sur les frontières de l'éternité, un pardon pour ses bourreaux, une prière pour son Dieu et un vœu pour son pays.

M. Quinet reproche à la Révolution de n'avoir su ni achever ni terminer sa conquête. Il étudie les causes qui la firent rouler des vertiges de la terreur dans les fanges du Directoire. Chose étrange, ce furent les hommes qui manquèrent aux événements. Dès que les hauts pavots de la Gironde et de la Montagne se furent couchés sous la faux égalitaire, il ne demeura plus qu'un horde de scélérats médiocres manquant à la fois d'énergie pour l'action et d'audace pour le crime. L'hydre de la Convention avait coupé toutes ses têtes, et la France, sortant de la terreur comme un buveur sort de l'ivresse, trébuchait sous le poids du passé et dans la boue du chemin. Les choses étaient prêtes pour le despotisme et les hommes mûrs pour la servitude. Les hurleurs de la République devinrent les courtisans de l'Empire, et la lâche postérité des Robespierre et des Danton passa sans effort du bonnet rouge des Jacobins aux galons d'or des sénateurs.

On dit que M. Quinet doit revenir en France par la porte de l'amnistie: qu'il rentre, ne fût-ce que pour écrire un nouveau chapitre des métamorphoses humaines. Ce monde se meut sur place et à chaque tour de roue se reproduit plutôt qu'il n'avance. En moins d'un siècle, deux éditions ont été données à la République comme à l'Empire, et par deux fois le pays s'est précipité des agitations dans le silence et de la licence sous le joug. Ce que nos révolutions ont d'étrange, c'est qu'elles changent les autels sans ébranler les pontifes. L'ambition est le plus puissant des sophismes et ceux-là même qui ne sont rien par le talent ou par l'âme demandent à une place ou à un habit le don de paraître quelque chose. Je m'arrête, car le cœur se soulève en songeant à ces prétendues fidélités qui, affectant la durée des immortelles, n'ont pas vécu le temps des roses.

J'arrive maintenant à M. Louis Blanc que les événements ont chassé de la Seine à la Tamise. L'Angleterre lui est une seconde patrie qui le console de la première. Il parle anglais comme peu de Français le savent parler, et en revanche il écrit le français comme peu d'Anglais le savent écrire. Il vit à Londres, et comme un petit dieu d'autrefois (les nuages étaient pour le seul Jupiter) il se dérobe dans des brouillards tristes comme son humeur, et confus comme ses systèmes.

Je me souviens d'avoir entrevu M. Louis Blanc dans ces beaux jours de 48 qui firent de lui un homme en place. Il avait, en ce temps, la manutention du budget et son lopin de pouvoir. J'allais jouer avec mes camarades dans le jardin du Luxembourg et nous avions pour passe-temps de pêcher à la ligne les poissons rouges du grand bassin. Parfois aux cris et aux blouses populaires se mêlaient les bannières et les surplis du clergé. C'était le curé de Saint-Sulpice qui, à la requête du peuple souverain, venait bénir la liberté, sous la forme d'un arbre. Souvent encore M. Louis Blanc haranguait les ouvriers réunis dans l'orangerie du Luxembourg. On apportait une chaise, du haut de laquelle, afin d'être vu, pérorait le petit homme. Je me rappelle l'habit bleu, le bras tendu et le visage imberbe de l'orateur en miniature, savourant le double plaisir d'être applaudi et de parler. Depuis lors se sont enfuies vingt années qui nous ont fait vieux. Dans le palais des Médicis se réunissent aux jours fériés les gardiens de la constitution, toujours prêts à retoucher leur dépôt. M. Rouher conduit la marche des huissiers et l'orchestre des vétérans. On dit même que de temps en temps, dans la grande salle des séances, apparaît l'ombre de M. Troplong, adressant l'ombre d'un discours à des ombres de sénateurs.

L'exil n'a pas grandi M. Blanc, et j'ignore s'il l'instruisit. Ce que nous savons, c'est que l'auteur de l'*Histoire de Dix ans* a repris sa plume délaissée et qu'il écrit dans le genre ennuyeux des choses valant qu'on les lise. Toutes les semaines, et par quelque temps qu'il fasse, M. Louis Blanc adresse au journal le *Temps* une épître un peu plus lourde qu'il ne faudrait. C'est là, on en conviendra, un bien mauvais exemple qu'il a donné au P. Hyacinthe.

M. Louis Blanc réussit mieux dans la correspondance que dans l'histoire. Ses lettres commentent la politique anglaise et apprennent les faits si elles n'éclairent pas les questions. Les Anglais lui ont rendu ce service, qu'il en parle en homme instruit et les juge en homme sensé. Sa modération relative a surpris ses partisans même, et parfois il a revêtu d'un style qui n'est qu'à lui des idées qui sont les nôtres. Soit sous l'influence des années, soit au spectacle d'un peuple libre, il semble avoir appris que la tolérance rapproche et que la patience achève. Il a gardé ses convictions en adoucissant ses doctrines, et je ne crois pas qu'il veuille faire de tous ses rêves d'autrefois les réalités de demain. J'ignore s'il serait en France ce qu'il paraît en Angleterre, et j'estime qu'il est sage de se méfier des torrents devenus calmes. Ce n'est, — l'avenir nous en préserve, — ce n'est qu'en voyant M. Louis Blanc mêlé de nouveau aux affaires de son pays qu'on pourrait juger de ce qu'il a, sur sa route, acquis d'expérience et perdu d'utopies. On connaît le politique au pouvoir comme à l'œuvre l'ouvrier.

Des électeurs de Paris ayant eu l'idée bizarre de le vouloir pour député, M. Louis Blanc leur retourna un manifeste où l'art de dire « non » se prolonge pendant dix-sept pages. M. Louis Blanc n'a ni l'esprit de Raton ni l'aptitude d'un député. Il entend rester proscrit, et refuse les présents d'Artaxerxès, à l'exemple d'Hippocrate qui ne revit pas dans Nélaton. Il se sent dégagé de reconnaissance envers un gouvernement qui nous accorde moins de faveurs qu'il ne nous prit de libertés, et il pense, non sans raison, que le sénatus-consulte n'efface pas le coup d'Etat. Je m'arrête ici pour placer un conte bleu qui me revient à la mémoire. C'est, je crois, par ce Pilpay dont s'inspira La Fontaine qu'il fut écrit, en ce riant pays des songes où la folie conduisait l'amour et vendait la sagesse.

Jadis vivait soit au Mogol, soit aux grandes Indes, une femme quatre fois mariée par inclination ou par force et quatre fois veuve par le hasard ou la fortune. Ce phénomène n'est pas tellement rare en nos pays qu'il faille pour le contempler risquer le voyage des Indes. De ses quatre époux, le premier était le seul qu'elle eût aimé; les trois autres avaient eu parfois à souffrir de ses rigueurs, ou à se plaindre de ses caprices. Souvent femme varie, chantait un roi de France, plus volage encore qu'elle. Elle est perfide comme l'onde, s'écriait un poëte anglais qui n'avait jamais navigué.

La veuve dont je veux parler avait, dans ses quatre épreuves, passé de la noblesse au peuple et du prince au soldat. Curieuse encore des aventures et toujours jeune malgré le temps, elle avait atteint l'âge de raison sans renoncer à la folie. Elle avait l'instinct du bien sans la force de l'accomplir et possédait cet esprit léger qui reconnaît ses fautes et ne les prévient pas. Ses fureurs étaient égales à ses tendresses, et elle se reprenait sans motifs comme elle se donnait sans amour. Cependant elle savait plaire. Son premier mari l'avait rendue si riche qu'aucun des autres n'avait pu l'appauvrir. Entre les vagues des mers et les cimes des montagnes s'étendaient ses vastes domaines, dont sa prodigalité même n'épuisait pas la richesse. Sagesse à part, elle avait tous les biens du monde : belle, la fortune, veuve, la liberté.

Ses prétendants, à quelques têtes près, égalaient ceux de Pénélope. Mais la belle jugeant ceux-ci trop timides, et ceux-là trop avares, louvoyait entre les partis, ayant l'art de ne satisfaire et de ne rebuter personne. Les choses allaient ainsi lorsque advint un candidat d'origine douteuse et d'antécédents frivoles. Il n'avait rien sur lui qui pût entraver sa marche, ni fortune, ni préjugés. Il avait joué tous les rôles et exercé tous les métiers, sauf celui de mari, pour lequel il se disait apte. Comme ses chances n'égalaient pas son audace, il attira l'aimable veuve dans un piége tendu d'avance. Elle résista pour l'exemple et protesta pour la forme ; mais il la châtia de telle sorte, qu'elle dut croire qu'il l'aimait un peu.

Ainsi la veuve, du même coup, fut mariée, contente et battue. Les noces se firent avec éclat ; mais la lune de miel fut courte malgré le nombre des abeilles. La nouvelle épouse apprit la valeur et connut le regret des biens qu'elle avait perdus ; la liberté d'abord et la fortune après. Punie dès qu'elle voulait penser, frappée quand elle osait parler, elle se soumit de longues années, se sentant, bien qu'elle fût femme, plus de goût pour le silence que de courage pour la lutte. Le jour vint, où, de guerre lasse, elle se rendit à Bénarès pour faire entendre une plainte timide devant les magistrats de la ville. Ce fut un voyage inutile : le malheur voulut qu'il n'y eut point de juges à Bénarès.

Ce n'est qu'abandonnés des hommes que les malheureux songent au ciel. L'épouse affligée prit en dernier lieu le sage parti de recourir à Brahma, toujours fidèle à ceux qui l'invoquent. Le dieu agit sans retard et rendit à la suppliante l'opinion de ses voisins et la pitié de son mari. Ce dernier s'adoucit enfin, soit qu'il fût touché de repentir, vaincu par les maladies ou affaibli par les années. Il rendit à sa femme, avec une part de sa liberté première, la permission de l'approuver hautement et la licence de parler tout bas. Il se réservait tous les droits du seigneur, c'est-à-dire l'administration des finances, la supériorité du conseil et la férule des châtiments. Il exigeait en échange une de ces reconnaissances sans bornes, et un de ces amours dévoués qui n'entrent ni dans l'humeur de la femme, ni dans le lot des vieillards.

Mais l'épouse n'était point personne à se contenter

d'un à-compte. Si elle recouvrait quelque chose, elle avait perdu davantage. Elle se trouvait dispensée de l'amour par l'étendue de ses souffrances, et de la gratitude par la pauvreté du bienfait. Elle s'en fut trouver un brahme vénéré dans la contrée, qui, chose rare en tous pays, n'était pas riche et craignait Dieu. Dès que l'affaire lui fut contée : Vous ne devez rien, lui dit le saint homme, et m'est avis qu'on vous redoit encore ; on ne donne quittance qu'après les paiements complets, autrement le créancier serait le bienfaiteur et le débiteur, l'obligé. Et retenez ceci encore : on n'aime que ceux qui méritent et on ne remercie que ceux qui donnent. Ainsi parlait le brahmine, et, selon moi, il parlait bien.

Bien que le conte s'arrête là, chacun peut le terminer ou l'interpréter à son gré. La moralité s'en dégage aisément, et si les fables que disaient les poëtes d'autrefois, ont encore le privilége de nous instruire en nous charmant, c'est qu'il tient toujours une parcelle de vérité dans la plus folle des fictions. M. Louis Blanc, qui me rappelle à la réalité, imite la veuve de ma légende. Il ne sait aucun gré à ces souverains mal avisés qui ne nous rendent que les lambeaux des libertés qu'ils nous prirent. Mais faisant un pas de plus, il déclare ne pouvoir prêter un serment politique qui se prononce si vite en engageant si peu. Tout en respectant les scrupules d'une conscience délicate, je trouve peu de différence entre les serments des hommes et les baisers des femmes; les uns sont donnés sans y croire, les autres sans y penser.

Je crois que la liberté manque à qui voudrait traiter sérieusement la grosse question du serment politique. Je ne dirai qu'un mot: A mes yeux, le mandat qu'un député tient du pays est supérieur au serment qu'exige le prince; l'un est un droit, l'autre un obstacle, et le droit emporte l'obstacle. M. Louis Blanc rappelant le serment que la République de 48 a reçu de son président, insinue que la pensée du souverain, en imposant à ses adversaires un serment qu'ils ne pourront tenir, est de leur enlever cet argument de la foi jurée et trahie qu'ils invoquaient contre lui. C'est pousser un peu loin le don des conjectures et la manie des hypothèses. Ce qui est à la fois triste et vrai, c'est que la parole donnée n'est pour la plupart des hommes qu'une formalité banale que le présent impose et dont l'avenir délie. Il en sera ainsi jusqu'à ce que les mœurs changent ou que les princes comprennent que les lèvres n'engagent pas le cœur et que la fidélité ne se jure pas mais se donne. Le Sénat et les préfectures sont peuplés de gens à qui les serments politiques n'ont jamais rien coûté, mais ont toujours rapporté, et l'empire qui n'a pas le droit d'être exigeant, se contente de serviteurs démodés, qui sous tous les régimes ont levé la main pour jurer et le pied pour gravir.

Il me reste à examiner l'œuvre d'exil de M. Victor Hugo; mais à chaque jour suffit sa tâche, et ce n'est que dans un autre article que j'essaierai d'étudier les chants inspirés à un grand poëte par la muse politique. On n'exigera pas, je suppose, que je range M. Pyat au nombre des proscrits teintés de littérature. Cet étrange citoyen, c'est Félix Pyat que je veux dire, écrit avec les plumes de Gambetta, mais ne chante pas avec sa voix. Je crois me souvenir qu'il a commis jadis un drame de haut goût, ayant pour titre : « *Le Chiffonnier.* » Il courtisait déjà la populace dans un des métiers qu'elle exerce, et il prêtait à son héros un dévouement qui, comme on pense, s'éclairait d'une lanterne et reconnaissait des bornes.

J'arrive à ces tristes événements qui viennent de fournir à nos écrivains un prétexte à déclamations. La lettre du P. Hyacinthe et le crime de Pantin ont éclaté parmi nous comme des comètes dans un ciel pur.

Le P. Hyacinthe est tombé de haut; mais, après cette lourde chute, le silence eût mieux valu que la réclame. En vérité il y a trop de bruit dans Landerneau pour un prêtre qui se révolte et un carme qui se rechausse.

Plusieurs écrivains recommandables ont cru trouver dans ce qu'ils appellent le catholicisme libéral la cause du triste effet qu'a recherché le P. Hyacinthe. J'avoue ne rien comprendre à ces distinctions subtiles. l'Église n'admet que les catholiques; mais en dehors d'elle, et sur le terrain politique, les catholiques sont ce qu'ils veulent : hommes du despotisme s'ils s'égarent, hommes de liberté s'ils voient juste. La liberté est l'essence de la loi nouvelle proclamée sur le Calvaire. Ce que Moïse fit pour les Hébreux, le Christ le fit pour ses élus. Il les a conduits de la servitude à la délivrance, et a fait, du libre arbitre qu'il leur laissait, la base des récompenses ou des punitions du ciel. C'est en son nom et par son ordre que les Apôtres, traînés devant le tribunal des proconsuls et des Césars, revendiquaient ces libertés de conscience et de parole pour lesquelles ils allaient mourir. La liberté est un don du ciel fait à tout être venant en ce monde, et, après dix-huit cents ans, nous réclamons encore aux hommes qui nous les ont repris les biens que Dieu nous donna.

Tout le monde sait par quels moyens l'aimable Troppmann est devenu illustre. Plusieurs ont inventé un complice à ce précoce alsacien, et ce complice, c'est la presse. Oui, la presse, qui en publiant, pour allécher ses lecteurs, les crimes célèbres ou les exploits de Rocambole, inspire à des scélérats qui s'ignorent la tentation de se révéler. Est-ce trop s'exagérer le danger des sottes lectures et l'influence des du Terrail ? La France se passionne pour les héros des cours d'assises, comme l'Espagne pour les combats de taureaux, et c'est là ce qui rend explicables les engouements de notre passé et les surprises de notre histoire.

Je crois, pour ma part, les mauvais exemples plus dangereux que les mauvais livres. Tant de gens sont arrivés de nos jours à de scandaleuses fortunes qu'ils ont pu séduire un malheureux privé de l'étendue de leurs ressources et de l'habileté de leur main. Et, après tout, diraient Juvénal et Boileau, il a fait moins de victimes que n'en ont fait les Alexandre, les César, ces grands parvenus du crime à l'immortalité.

A la fin comme au commencement de cette lettre, ma pensée se reporte vers ceux qui attendent sur la terre d'exil le jour de la réparation. La date du 29 septembre dernier est venue raviver tout ensemble nos espérances et nos douleurs. Il y a maintenant quarante-neuf ans, naissait celui que les poëtes inspirés d'alors appelaient l'enfant du miracle et l'héritier d'un martyr. Il apparaissait comme un nouveau rameau sur un tronc foudroyé, ou comme un legs suprême fait par la mort à la vie. Sa bienvenue en ce monde lui souriait dans tous les yeux et la France l'appelait son fils, en attendant de le nommer son roi. Puis, sont venus les orages, les proscriptions et les malheurs!... Hélas, ce n'est pas sans une tristesse amère que l'on compare les promesses passées aux réalités présentes, et les princes que l'exil remporte à ceux que l'exil ramène.

XX

LES ŒUVRES DES EXILÉS — M. VICTOR HUGO — NAPOLÉON LE PETIT — LES CHATIMENTS — LA MORT DE SAINTE-BEUVE

Octobre 1869.

Pour être à même de juger les hommes changeants de nos jours, il faut attendre qu'ils aient reçu le sceau définitif et la consécration de la mort. M. V. Hugo a encore devant lui de longues années de repentir ou d'erreur, et, à la façon dont il multiplie ses œuvres, se sent visiblement éloigné de la fin qui les couronne. Tout ce qu'on pense de lui peut se résumer en deux lignes. Pour admirer ses vers, il n'est besoin que de les lire, et pour blâmer ses actions il ne faut que s'en souvenir. Je sais bien que dans ce temps on ne lit guère et on oublie vite. Ce qu'on ne saurait méconnaître, c'est que M. V. Hugo a parcouru le cycle entier des opinions possibles, renouvelant son style aussi souvent que ses idées. A l'exemple des serpents dont la prudence est célèbre, il a jeté ses vieilles enveloppes, et, à chaque changement de régime, a retourné du même élan les manches de ses uniformes et les cordes de sa lyre. Il est, je le sais, des misères et des grâces d'État, et les poëtes comme les oiseaux ont le don de se déplacer d'un coup d'aile. Les Muses égarent ceux qu'elles inspirent, et c'est pourquoi deux des plus grands poëtes de notre époque, tendant la main par besoin ou fermant les yeux par caprice, ont tenu à nous rappeler, l'un, qu'Homère fut mendiant, et l'autre, qu'il fut aveugle.

Pair de France sous la monarchie de juillet, représentant du peuple sous la république de février, M. Hugo a su tirer un bon parti de la richesse de ses rimes. Comme il avait chanté tour à tour Louis XVIII, Louis-Philippe et Napoléon, il parvint à l'assemblée législative grâce au concours des partisans réunis du coq, des abeilles et des lys; on croyait qu'il tenait à l'un des gouvernements déchus, par la reconnaissance ou les chants, mais M. Victor Hugo avait le double privilège de ne regretter personne et d'espérer en lui. La politique ne convient pas aux poëtes; elle les discrédite ou les perd. Et, de fait, il y a la même distance entre les lois et les odes qu'entre les réalités et les rêves. L'homme d'État, quand il est en herbe, tourne parfois des couplets soit au portefeuille, soit au chien, soit à la femme d'un ministre, mais il renonce aux bouts-rimés dès que son herbe se change en foin.

M. Hugo abandonna ses électeurs en moins de temps qu'on ne rime un sonnet. Après avoir voté quelques lois restrictives, il escalada, d'un pied d'abord furtif, les premières pentes de la montagne. Puis, s'enhardissant sur la route, il atteignit d'un seul bond le fier sommet « du Sinaï de la démence. » Il fut touché brusquement de la disgrâce républicaine, et quand ce malheur lui advint, il atteignait l'âge de raison des poëtes qui n'ont que des rimes. Il avait près de cinquante ans lorsqu'il voulut s'incarner dans un Brutus de convention. Il joua au tribun sans cesser de jouer de la lyre, célébra les Catons tout en admirant les Césars, et, habitué de vieille date à flatter les souverains, il courtisa le peuple-roi.

Il ne naquit et ne devint pas orateur; ses harangues sentaient l'huile, et cachant le vide des idées sous la redondance des mots, il donnait à ses périodes ampoulées les couleurs de la poésie sans le relief de la prose. Un jour pourtant, il provoqua, du haut de la tribune, un des plus solides orages qu'aient entendus les Chambres françaises. Dans un discours bourré d'antithèses, il accusait le président de la République de diminuer de jour en jour l'épaisseur du serment qui le séparait de l'empire. Il terminait en conjurant la France de congédier « tous ceux qui tendaient la main, depuis les mendiants jusqu'aux prétendants. » Le tumulte fut à son comble. L'assemblée entière applaudit, lorsque M. Baroche, protestant avec l'énergie de l'honnête homme indigné contre les accusations de la montagne, jura solennellement que le président n'entendait point se parjurer. La Chambre accepta avec la crédulité de La Châtre ce bon billet d'un ministre jouant les Ninon. Quelques semaines plus tard, par la vertu d'un simple décret, le prince Louis transformait en sénateurs, prêts à tout modifier, ces députés, prompts à tout croire.

Le coup d'État était dans l'air, mais personne ne regardait si haut. La journée du 2 décembre apprit à tous que les serments politiques n'opposent pas une barrière suffisante aux ambitions qui veulent grandir. Les serments sont chose légère, et si, dans ce temps, on n'était pas quelque peu blasé sur les surprises, il y aurait lieu de s'étonner que ceux-là mêmes qui ont peu tenu leur parole, aient l'air d'attacher du prix à la parole d'autrui. Laissons ces considérations étrangères à mon sujet : je reviens à M. Hugo, qui fut compris, comme tant d'autres, dans la défaite et la proscription de décembre. Le poëte aborda dans une île jadis française,

> Jersey, que la libre Angleterre
> Couvre de son vieux pavillon.

Il dressa sur le sable du rivage la première tente de son exil. C'est là qu'il vécut, non loin des côtes françaises qui lui envoyaient la nuit la lumière de leurs phares, en face de l'Océan qui lui fournissait des métaphores, toutes les fois qu'il voulait comparer aux hommes les flots moins terribles qu'eux dans leurs caprices ou dans leurs colères.

Selon le dire d'un ancien, la vengeance est le plaisir des dieux, et les poëtes se prétendent de la race des immortels. Quelque inégale que fût la lutte d'un exilé contre un César, M. Hugo imagina de répondre par un coup de plume au coup d'État. Il songeait peut-être au temps où les guerriers de Sparte asservis reconquéraient, à la voix de Tyrtée, la liberté par la victoire; mais de tels miracles s'accomplissent par d'autres peuples que le nôtre, et M. Hugo n'avait ni les jambes boiteuses ni l'énergie virile du chantre de Lacédémone. Quoi qu'il en soit, le poëte se mit à l'œuvre et dirigea contre l'empire naissant un pamphlet traité de main de maître. Il publia, sous le titre de *Napoléon le Petit*, un volume tout imprégné des haines et des passions du vaincu. Le livre, circulant à l'étranger, trompa sur plusieurs points la vigilance des gardes qui veillaient à nos frontières. On le lut, et bien que la violence du langage nuisît à la justice de la cause, il donna une heure ou deux de gaieté, de plaisir et d'oubli aux ennemis de l'empire, c'est-à-dire aux honnêtes gens. Le titre surtout fit fortune, et on approuva l'auteur de n'avoir pas donné au vainqueur du 2 décembre la haute taille des héros. On a le droit, pensaient les sages, d'appeler « petits » ceux qu'on ne saurait trouver grands.

Napoléon le Petit avait le tort ou l'agrément d'être écrit en prose on ne peut moins simple. M. Hugo, revenant à ses bonnes rimes d'autrefois, remua dans sa main puissante les foudres de la poésie. Il lança un volume de vers en choisissant, comme on devine, l'Empire pour cible et l'indignation pour muse. Ce nouveau recueil fut baptisé du nom gracieux de « *Châtiments.* » Il parcourut d'abord les pays circonvoisins, et pour s'abattre en France, ses strophes volèrent si rapides que les douaniers de la frontière n'aperçurent pas le bout de leurs ailes. Le poëte, comparant sa lyre à la trompette de Josué, comptait ébranler au premier chant et renverser au septième les hautes murailles de Jéricho. C'est de ce nom biblique qu'il désignait le second Empire. Jéricho est encore debout, mais ce merveilleux édifice a plus de lézardes que de couronnement. Chaque fois que les Josués du jour passent en sonnant le long des murs, on entend la chute des pierres, les cris des aigles et la fuite des essaims.

Le livre de M. Hugo date d'assez loin pour qu'on puisse en parler maintenant sans réticences et sans crainte ; dans la vie littéraire du poëte il apparaît comme une œuvre unique que rien ne faisait prévoir et que rien ne devait suivre. C'est la voix d'un cygne irrité, chantant non pas sa mort, mais ses colères. Quoi qu'il en soit, jamais d'aussi puissantes vibrations n'avaient retenti sur la lyre, augmentée de la corde d'airain. Toutes ces pages sont traversées d'un souffle inspiré qui ne se tait jamais. On devine parfois les fatigues de la muse surmenée. Mais si le poëte a des chutes passagères, il se redresse d'un bond, qui le pousse de la terre au ciel. De tels vers survivent aussi bien au temps qui les vit naître, qu'aux passions qui les dictèrent. En les lisant, on se souvient des vengeances exercées par Juvénal sur la postérité d'Auguste et des stigmates immortels que la main d'un poëte imprima sur le front des Césars.

Juvénal lui-même ne trouva pas de tels accents. M. Hugo a dépassé son modèle, et il est le premier en France qui ait fait parler ses vengeances dans la langue des Immortels. La poésie donne à l'invective sa forme la plus heureuse en même temps que la plus stable. Elle l'ennoblit, la cisèle, la condense, et lui donne, avec le mérite de la concision, le retentissement de la rime. Elle est pour l'insulte ce que la fronde est pour la pierre, et lui communique plus de vitesse au départ et plus de force à l'arrivée. C'est, en outre, le privilége et l'orgueil des grands poëtes d'être les dispensateurs et les échos de la gloire. Ce qu'ils chantent ne vieillit et ne meurt jamais. Le grand Corneille écrivait à une marquise de son temps que s'il ne voulait pas le dire, nul ne saurait qu'elle était belle. Le Dante, immortalisant à la fois les objets de ses haines ou de ses amours, les a enfermés pour jamais dans les sphères de son paradis ou dans les cercles de son enfer.

C'est ce grand résultat qu'a ambitionné M. V. Hugo; l'avenir nous dira s'il l'obtint. Quant à moi, je le croirais presque, si tant est que des pensées douteuses puissent être sauvées par les beaux vers. Ce volume des « *Châtiments* » est le plus passionné et partant le plus vivant de ses recueils. C'est là qu'il a mis le plus de verve, le plus de souffle, le plus de puissance, et, si je puis dire, le plus d'audace heureuse et le plus de flamme intime. Il parle une langue relativement correcte et débarrassée des fanges et des scories dont il la corrompra plus tard. Comme toujours, il manque de goût, mais, chose unique, il trouve l'esprit. Il se sert des mots justes, en découvre d'heureux et accole à des noms propres des épithètes qui le sont moins. Quel flux de séve, quelle richesse d'invention, quelle exubérance de détails, et quel merveilleux talent de se renouveler toujours sans se ressembler jamais ! Il ouvre à la Folle du logis toutes les portes de la maison, et sa haine ingénieuse s'égaie dans la rhétorique dont elle emploie les ressources et dont elle revêt les fleurs. Franchement, M. Hugo a pu savourer dans ce livre étonnant les joies amères de la défaite. Si la parole a été donnée à l'homme, ce fut pour se consoler ou se plaindre, se défendre ou se venger. Et plus d'une fois, rimant ses représailles, le poëte a dû tressaillir d'aise en songeant à ce qu'un seul vers bien frappé pouvait effacer d'injures et traduire de colères.

On sait d'avance et je ne redirai pas ce que ce livre contient de travers d'esprit et d'erreurs de raison. La passion est souvent aveugle et il est plus difficile d'être clairvoyant qu'impartial dans les ressentiments qu'on éprouve et les vengeances qu'on exerce. M. Hugo me rappelle le vieux chevalier des légendes qui, bien que privé de la vue, trouvait que pour la bataille les bras remplaçaient les yeux. Il s'engageait au plus fort de la mêlée, et là, frappant de droite et de gauche sur les adversaires comme sur ses partisans, il s'inquiétait moins de la qualité de ses victimes que du mérite de ses coups. C'était un guerrier solide, mais un voisin gênant. Toutefois, comme on était dans un siècle de luttes et de foi, on lui pardonnait le résultat, grâce au mérite de l'intention, et les chrétiens qu'il tuait par mégarde en faveur des infidèles qu'il détruisait sans merci.

Les temps étant moins parfaits, les indulgences sont moins faciles. On ne saurait pardonner à M. Hugo les outrages dont il poursuit des gens de bien momentanément égarés par les illusions et le vertige de décembre. Ils ont commis le péché d'erreur dont personne n'est exempt, mais ils l'ont expié par leur repentir et racheté par leurs actes. Mais quand le poëte ose insulter les prélats de France et le Pontife de Rome, il est d'autant plus coupable qu'il se sait plus impuni et d'avance plus absous. L'oubli des injures est le devoir que Dieu impose et la grâce qu'il fait à ses prêtres. Et s'il est vrai que plusieurs membres du clergé, en acceptant l'empire, se soient montrés trop coulants sur ses procédés et trop confiants dans ses promesses, ils n'ont qu'à regarder l'Italie telle que les événements la leur ont faite ou défaite pour regretter une adhésion qui n'était pas de leur rôle et une foi qui n'était pas d'ordonnance. On ne s'instruit que par ses fautes. C'est pourquoi notre éducation se fait lentement et nous coûte cher.

M. Victor Hugo adresse des reproches sanglants et mérités à ceux qu'il appelle « les journalistes de robe courte » et « les bateleurs de l'autel. » Il existe en effet un certain nombre de plumitifs qui se sont arrogé le monopole de découper la religion dans des articles qui ne sont pas de foi. L'Église est pour eux tantôt une citadelle d'où ils s'élancent, tantôt un lieu d'asile où ils s'abritent. Ils mêlent le style des prophètes au langage des halles, et donnant à leurs convictions les allures du défi, affectent d'avoir pour les autres le dédain qu'on a pour eux. A moitié chemin du temple et du monde, ils ont les rancunes du laïque sans la charité du prêtre. Habiles à entretenir la discorde parmi les fidèles, ils se sauvent du blâme des prélats par un des chemins qui vont à Rome. Leur signe particulier, c'est le mépris des tombeaux. Toutes les fois qu'un homme illustre a cessé de vivre qui ne pensait pas comme eux, ils érigent en devoir le plaisir de calomnier sa mémoire et d'outrager son cercueil.

C'est à l'adresse de ces pieux personnages que le poëte écrivait ces vers :

> Depuis dix-huit cents ans, Jésus, le doux pontife,
> Veut sortir du tombeau qui lentement se rompt ;
> Mais vous faites effort, ô valets de Caïphe,
> Pour faire retomber la pierre sur son front.

J'en passe et des meilleurs. Un journaliste, qui se connaît en ophidiens, a pris pour lui cette couleuvre un peu trop forte. Je crois me souvenir qu'acceptant une lutte inégale, il essaya de ramper, soit en prose soit en vers. Ceci rappelle, quoique de loin, la joute que soutint Aaron contre les magiciens d'Égypte. Tous changèrent en couleuvres leurs baguettes de bois vert. Les couleuvres se prirent de querelle, mais celle d'Aaron mangea les autres.

> J'appelle un chat un chat et Rolet un fripon !

disait Boileau qui n'aimait pas les chats. Un des torts de M. Hugo est de nous rappeler trop souvent que les Rolet sont des fripons. Comme il les voit de loin, il les prend pour quelque chose; nous qui les contemplons de près, nous savons qu'ils ne sont rien. En certaines occasions et vis-à-vis de certaines gens, les injures ne valent pas le silence, et la meilleure des vengeances est le mépris qui ne parle pas.

Mais où le poëte perd toute mesure, c'est quand il évoque au bord des mers le pâle fantôme d'Harmodius. Je sais bien qu'il se dément aux pages suivantes, mais il n'en reste pas moins un vers odieux dont rien n'atténue l'effet et ne restreint la portée. Aujourd'hui, le crime n'a plus de héros et les poignards d'Harmodius d'Athènes et de Brutus de Rome se briseraient sur la poitrine des Hipparques et des Césars.

C'est par l'usage que la tyrannie décroît et par la patience que la liberté triomphe. Ceux qui se flattaient de l'éternité sont aux approches du déclin, et c'est à Dieu seul qu'appartiennent tout ensemble la justice, qu'ignorent les hommes, et le temps, qui les emporte.

De tous les enthousiasmes qu'il a ressentis jadis, le poëte n'en a gardé qu'un, et, celui-là, le pire de tous. Resté fidèle jusque dans l'exil au culte de Napoléon, il croit que la gloire rachète le crime, et qu'un Marengo suffit pour éblouir un Tacite. M. Hugo ne voit que le 18 brumaire à reprocher à son grand homme, et, malgré cette indulgente appréciation, il a le bon goût de convenir que toute faute mérite sa peine. Mais quel est le châtiment que le vainqueur d'Arcole a mérité ?

Moscou ? Nullement. Waterloo ? Vous vous trompez. Sainte-Hélène ? Vous n'y êtes pas. La punition du premier Napoléon consiste uniquement dans l'avénement du troisième. Cette appréciation est, ce me semble, aussi injurieuse pour le César vivant qu'indifférente au trépassé. En ce cas, ce n'est pas l'oncle, c'est nous, qui sommes punis par le neveu. Et s'il y a châtiment, le grand homme s'y soustrait, mais les petites gens le subissent.

Si je renonce à rien citer d'un livre que tout le monde a lu, c'est que je sens trop qu'en pareil cas le danger passerait le plaisir. Parmi les morceaux exquis, sinon de pensée, du moins de forme, qu'on relise la grande épopée intitulée : *L'Expiation*, et les pièces passionnées mais charmantes qui s'adressent l'une à un martyr de la foi, l'autre aux abeilles de l'empire. Dans une de ses meilleures inspirations, le poëte célèbre la nature indifférente qui, sans souci des méchants et des bons, se dépouille l'hiver et se couronne au printemps :

> Impénétrable aïeule aux regards attendris,
> Vieille comme Cybèle et fraîche comme Iris...
> . . . .
> Tu laisserais cueillir une rose à Dupin.

Depuis que ces vers sont écrits, les Dupin et bien d'autres n'ont plus le spectacle des fleurs. Ils ont passé d'un monde à l'autre, et les générations nouvelles qui posent le pied sur leurs tombes, ignorent le nom de ces morts coupables dont la terre a repris les corps, et l'oubli, les mémoires.

Les hommes passent, mais non les œuvres. On parlera de ce livre longtemps après qu'auront vécu les ambitieux qu'il a flétris. Il marque pour M. Hugo la plus haute cime où son génie soit parvenu, et il est en même temps l'apogée de son ascension et le signal de sa décadence. Certes, dans les volumes qui suivront, les *Contemplations*, la *Légende des Siècles* et même les *Misérables*, le poëte, à des hauteurs moindres, donnera encore de grands coups d'aile; mais, dans son vol inégal, il rasera plus souvent la terre qu'il n'atteindra les sommets. Il a plus de taches et moins d'éclat, vise les effets et les manque, parle par énigmes, altère la langue et heurte deux mots disparates pour en faire naître une image ou en faire jaillir du bruit. Plus tard, son goût se déprave et sa raison s'exile. Il devient mystique, apocalyptique et sibyllin. C'est un illuminé qui rêve et un prophète qui se drape. Il sait ce que dit « la bouche d'ombre » et converse familièrement avec un Dieu qu'il nous révèle. Au sortir de ces hallucinations, il publie quelques romans difformes qui ne valent pas ce qu'il les vend. Rival de Garibaldi seul dans le genre épistolaire, il distribue ses autographes aux princes, aux peuples et à tout le monde. Il ne sait plus être simple, et, forçant une nature qui ne fut jamais modeste, il respire sa renommée et s'enivre de son orgueil. Il roule, pour dernière chute, dans la bouffonnerie du socialisme et s'avance dans le ridicule aussi loin que dans la gloire.

Malgré tout, l'avenir pardonnera beaucoup à ce grand poëte dévoyé. Il rachète des œuvres sans valeur par d'incomparables chants, et jusqu'à un certain point ses variations politiques par son obstination dans l'exil. Qui ne se souvient de ces temps radieux où il apparaissait comme un messie littéraire, autour duquel se pressait tout un cortége de disciples? Il comptait parmi ses fidèles, les deux Deschamps, l'ancien Dumas, Gautier, Janin et Mérimée. D'autres sont morts, Musset et Vigny depuis des années et Sainte-Beuve depuis huit jours. J'ajourne, faute d'espace et de temps, ce que j'ai dessein de dire sur cet illustre qui n'est plus. Sainte-Beuve a obtenu ce qu'il voulait : une mort sans espérances, sans consolations et sans larmes. Il ne croyait pas en Dieu, mais il croyait à l'Empire. C'était, je crois, Maupertuis qui, se voyant sans place à la cour du grand Frédéric, demandait comme gagne-pain la charge d'athée du roi. Sainte-Beuve obtint davantage, et bien que dans les derniers temps il se soit détaché de l'empire comme il s'était détaché du ciel, il est mort dans sa double charge de sénateur et d'athée.

XXI

SAINTE-BEUVE — LE MARQUIS DE WESTMINSTER — LORD DERBY, M. PEABODY. — M. DE LESSEPS ET SON ISTHME — LA COUR ET LA VILLE.

Novembre 1869.

Depuis que Sainte-Beuve a cessé de vivre, il s'est écoulé plus de temps que la mort n'en demande et qu'il n'en faut à l'oubli. Mais Sainte-Beuve était immortel, c'est-à-dire de l'Académie. Il était de plus un des dignitaires de l'empire. C'est ce qui explique comment ce littérateur sans foi, mais ménager des transitions, s'imaginait passer sans secousse du Sénat au néant. Le président de la haute assemblée prononcera son oraison funèbre : ce sera sa dernière épreuve. Il fallait les exigences de la mort et les traditions du Sénat pour rapprocher ces deux incrédules, M. Rouher, qui croit en lui, et Sainte-Beuve, qui ne croit à rien.

Il y a quelques jours, M. de Pontmartin jugeait Sainte-Beuve avec la finesse d'un critique et la familiarité d'un égal : à son article excellent, je n'ajouterai qu'un souhait. M. de Pontmartin jadis a soupiré pour l'Académie, et il fut atteint de ce mal de nos pays, qu'il nommait la « fièvre verte. » Puisque une vacance vient de se produire, je lui souhaite d'entrer sans visites et sans cabales :

> Dans cette académie indulgente qui prend
> Cuvillier pour critique et pour poëte Autran.

Elle a bien pris M. Camille Doucet pour un comique léger. Ici l'erreur est manifeste : Camille est comique comme fonctionnaire, mais il est lourd comme écrivain.

J'ai ouvert au hasard le volume de *Joseph Delorme*, nom de guerre qu'arborait Sainte-Beuve pour s'en aller en poésie. Ce Joseph Delorme était un garçon d'esprit, qui dédiait à ses amis tous les petits vers qu'il faisait. Ses amis étaient nombreux : c'est pourquoi il rimait beaucoup. Il a réuni une gerbe de sonnets sans valeur ; puis, accommodant sa lyre à la température, il écrivit des *Consolations* en décembre et des *Pensées* au mois d'août. Chacun de ces recueils se ressent de la saison qui l'a vu naître. Les *Consolations* sont un peu froides, mais les *Pensées* brûlent les doigts.

Quoi qu'il en soit, le volume à peine ouvert, j'ai rencontré une page exquise des *Consolations* ou des *Pensées*. Dans des vers vraiment inouïs, M. Sainte-Beuve Delorme remonte à son déluge, c'est-à-dire à son berceau. Les prodiges, qui épargnèrent son enfance, n'apparurent qu'un peu plus tard. Vint la jeunesse,

> Qui lui ceignit le front de pudiques couleurs.

Ce phénomène ne dura que peu de jours. Le futur

sénateur préludait dès l'âge tendre aux métamorphoses de sa vie. On devine qu'il changea de couleurs.

Si les chastes nuances de son front n'eurent que la durée des roses, le poëte en reporte tout l'honneur au dieu facile qu'il adorait :

> Sitôt que de mon dieu la bonté paternelle
> Alluma le désir au fond de ma prunelle.

Sainte-Beuve entretint avec soin le feu profane de sa prunelle. Comme il se croyait de beaux yeux, il essaya leur regard. D'ailleurs son aimable dieu joignait volontiers les conseils aux présents, et, assez généreux pour communiquer la flamme, il était assez prévoyant pour en expliquer l'usage.

Après un entretien intime avec son favori Sainte-Beuve, il lui dit, dans cette langue des vers qui fut, de tout temps, parlée par les immortels grands et petits :

> ..... Il lui dit d'aller vers les filles des hommes
> Comme une mère envoie un enfant dans un pré
> Ou dans un verger mûr, et des fleurs et des pommes
> Lui permet de choisir la plus belle à son gré.

Le dieu de Sainte-Beuve, on le voit trop, diffère notablement du Dieu des Juifs : il cause bien, rime mieux encore. De plus, il n'a qu'un seul commandement, et il permet de cueillir les pommes.

Cependant Sainte-Beuve n'exécuta pas les ordres de son Seigneur avec la précision qu'on suppose. Il mit du sien et fit de son mieux ; mais le ciel le secourut moins fortement qu'il ne s'aida. Il se mit en devoir d'aller vers les filles des hommes ; mais sa figure fut un obstacle dont ne triompha pas son esprit. Il ne pouvait pas, comme un Lamartine ou un Byron, porter fièrement une de ces têtes radieuses qui semblent à la fois le présage et le rayonnement du génie. Aussi n'eut-il point de Guiccioli ou d'Elvire qu'il pût promener et chanter sur le miroir des lacs et sous l'azur des cieux.

Incapable d'égaler les succès que ses illustres contemporains remportaient auprès des filles des hommes et même auprès de leurs femmes, il résolut, comme il l'avoue,

De rabaisser son âme aux faciles plaisirs.

En effet, il la rabaissa, et si fort, que dans la suite, il jugea qu'il en manquait. Non pas que, comme Musset, perpétuellement ballotté de la débauche à l'ivresse, il ait cherché l'oubli dans l'une et l'inspiration dans l'autre. Plus sobre sinon plus sage, il se perpétua dans un libertinage intermittent et discret pour lequel il n'était besoin ni de la santé d'un athlète ni de la bourse d'un sénateur. Sachant le prix du plaisir et encore mieux celui du temps, il travaillait par habitude et il aimait par intervalles. Et il plaçait l'amour dans un Olympe aux cimes faciles dont n'ont encore parlé ni le Sénat conservateur dans l'examen d'une pétition, ni l'Académie française en travail d'un dictionnaire.

L'ignorance atténue les fautes et le discernement les aggrave. Or, personne plus que Sainte-Beuve ne fut en mesure de juger et en disposition d'apprendre. Cherchez dans les *Causeries du Lundi*, celle qui concerne

Mlle de La Vallière transformée par la grâce de Dieu de duchesse en carmélite. Rien, à coup sûr, n'est plus fait pour émouvoir que le récit de cette conversion graduée, exempte à la fois de promptitude et d'hésitations, de défaillances et de regrets. Bien que l'histoire en soit connue, on est forcé d'admirer avec quelle sûreté de coup d'œil et de main le critique en a raconté les progrès et rajeuni les détails. Comme il observe et comme il peint! et que de charmes et de puissance dans une réflexion faite à propos ou dans un mot mis en sa place! L'impression même s'augmente par le contraste qu'on devine entre le critique et son sujet. Et la surprise est naturelle à ce spectacle de Sainte-Beuve étudiant et exaltant chez une autre les deux choses de ce monde qu'il a certes le moins connues : l'amour sincère dans ses égarements, la foi active dans ses triomphes.

Louise de La Vallière ne fit que changer d'amour. Elle quitta le roi pour Dieu. Avant d'en arriver là, elle eut à souffrir les tortures de la jalousie, les mépris d'une rivale et l'indifférence du maître. Elle expia ses joies par des larmes, et, par la pente naturelle des affligées, glissa de la terre au ciel, et des passions terrestres, dont la jeunesse est le terme, aux affections éternelles, dont la mort est le prélude. Elle se résigna avec une fermeté douce, et son sacrifice était consommé que la cour en doutait encore. On se souvenait de sa première fuite aux Carmélites de Chaillot et des efforts tentés par elle pour s'abriter un instant des faibles grilles d'un monastère. Mais Louis vint alors la disputer au Dieu dont elle embrassait la croix, et la pauvre fille, flottante entre deux amours, passa, d'un bond, des pieds du Christ aux bras du roi.

Mais les années avaient fui, et le roi-soleil, gardant ses rayons pour une autre, ne songeait plus à ravir une maîtresse vieillie au seigneur Dieu qui n'a pas d'âge. La pénitence de La Vallière fut si sincère et si résolue, qu'elle arracha à l'austère Bossuet un cri de triomphe et d'admiration. Bossuet, en effet, lui servit de guide et d'appui. Il l'encouragea dans la lutte, la releva dans les épreuves, la fortifia dans le sacrifice. Et quand eut lieu la prise de voile de celle qu'on appela désormais sœur Louise de la Miséricorde, ce fut encore Bossuet qui prononça le discours, j'allais dire l'oraison funèbre. Oraison funèbre, en effet, car celle qui allait l'entendre n'était déjà plus de ce monde, et savourait d'avance la mort, dans l'oubli qui lui ressemble et le cloître qui la prépare.

Le jour de la cérémonie toute la cour s'était rendue du palais aux Carmélites. Dans cette foule moitié curieuse, moitié émue, se trouvait Mme de Sévigné cherchant le motif d'une lettre. M. de Meaux, écrivit-elle en sortant, « M. de Meaux n'a pas paru aussi sublime qu'on s'y attendait. » Il faut lire de quelle façon élevée et fine Sainte-Beuve a vengé Bossuet de l'injustice d'une Sévigné. Bossuet, dit-il excellemment, était évêque avant tout, et plaçant son devoir au-dessus de sa renommée, cherchait plutôt le bien à faire que l'éclat à répandre. L'illustre évêque était sûr de trouver, devant la tombe des Henriette et des Condé, les cris sublimes d'une éloquence commandée pour glorifier la vie en immortalisant la mort. Mais en face d'une Madeleine convertie, il comprit qu'il fallait parler non pour le monde, mais pour elle. Il l'entretint de ses espérances et non de ses souvenirs, du ciel et non de la terre, et cela au déplaisir d'une foule insouciante, qui, sous la parole d'un évêque, cherchait des allusions profanes à ce passé souriant encore de la jeunesse d'une femme et de l'amour d'un roi.

Il est difficile de rencontrer chez le même homme tant de clairvoyance et d'aveuglement. Il ne reste à Sainte-Beuve qu'une consolation, je ne veux pas dire une excuse. Il a péché, non par ignorance, comme le vulgaire, mais par orgueil, comme d'élite. Ces *Causeries du Lundi,* dont je viens d'en détacher une, contiennent en vingt volumes l'histoire presque universelle des lettrés et des lettres, ou plutôt c'est l'histoire même découpée en autant de chapitres qu'elle a laissé dans le passé de disgraciés ou d'élus. Jamais l'alliance du savoir et du goût n'apparut plus intime et plus durable que dans ce livre jeté par l'auteur à ses émules comme un défi, ou, si l'on veut, comme un modèle. Sainte-Beuve a élevé la critique à la hauteur d'une création. Il dispose avec un art merveilleux les personnages variés dont il rajeunit la gloire ou dont il efface l'oubli. Il les place dans le jour qui leur convient, dans le rôle qu'ils ont tenu, dans l'attitude qui leur plaisait, dans le monde où ils ont vécu. Il leur découvre des côtés ignorés et des aspects nouveaux. Il ne les farde ni ne les grime, mais les recompose et les ranime. Enfin, et pour tout dire, malgré la distance, il les rapproche;

malgré la mort, il les évoque pour nous les montrer un instant, tels que leurs contemporains les ont vus, soit aux lumières de l'aurore, soit dans les ombres du déclin.

Sainte-Beuve, agrandissant son domaine, étendit sa juridiction sur les morts et sur les vivants. Les défunts se taisaient toujours, mais les vivants se plaignaient parfois. Or, ce Français, né malin et devenu critique, souffrait peu les doléances, moins encore les représailles. Il entendait jouer le rôle de ces généraux d'armée qui combattent sans péril et triomphent à l'abri. Susceptible à l'excès et n'oubliant jamais rien, il savait mettre sa mémoire au service de sa rancune. Vis-à-vis d'adversaires dont il n'avait rien à craindre, il ripostait sans ménagements et sans délais, ayant toujours assez d'instinct pour viser juste et d'exercice pour frapper fort. S'il rencontrait un ennemi parmi ses pairs, il l'attendait à loisir, et pour le dédommager du retard, se vengeait par une attaque aussi mesurée dans la forme que perfide dans ses effets. C'est en de semblables occurrences qu'il mettait son esprit à l'œuvre et ses études à profit. Grâce aux réticences, aux sous-entendus, aux réserves même, et enfin à toutes ces nuances du style qui échappent à la foule, mais que les connaisseurs saisissent, il savait donner à la méchanceté la plus fine l'apparence d'un trait sans portée. Souvent il renfermait une raillerie dans un éloge, à l'exemple de ces chimistes qui introduisent un purgatif dans un bonbon. Sa critique, tour à tour mordante et flatteuse, ressemblait à ces deux flèches de l'amour, dont l'une caresse et l'autre pique.

En outre, il avait pris la bonne habitude de dire sa pensée tout entière. Il tenait à son franc-parler, et il lui advint de se retirer des journaux qui, soit crainte, soit ménagement des personnes, lui indiquaient des obstacles et lui fixaient des limites. Comme il avait beaucoup perdu de ses admirations et de ses amitiés passées, comme aussi ses opinions s'étaient modifiées avec l'âge, il revoyait ses articles précédents pour en émonder le superflu, et donnait dans une causerie nouvelle, sinon sa note définitive, au moins sa pensée du jour. En littérature du moins, il fut toujours sincère, et jamais chez lui la rancune ne triompha du goût, ou la passion, de l'esprit. En ses jugements successifs et divers, on le trouve souvent faillible, rarement suspect. Dans le dernier de ses volumes, il a, paraît-il, accusé Villemain de « poltronnerie vaniteuse, » et appelé Guizot « une médiocrité élevée. » Il fut injuste, je le veux bien; mais on lui pardonnerait ces deux erreurs s'il n'en avait pas commis d'autres. Il déshabilla quelque peu ses collègues de l'Académie, et en s'abtenant de les dépouiller tout à fait, il obéit, j'imagine, moins à un sentiment de pudeur qu'à des répulsions d'artiste.

En dehors des lettres, ce furent un médiocre esprit et un pauvre caractère que ceux du sire de Sainte-Beuve. Des entretiens poétiques qu'il eut avec le dieu de sa jeunesse, il rapporta un joli fond d'impiété qui ne fit que fructifier et s'étendre. Dès qu'il crut que Dieu n'existait pas, il se garda bien de l'inventer. Et mettant, comme d'habitude, l'immoralité en action, il inaugura à huis clos les dîners gras du vendredi saint. A ces agapes accourait la triste postérité des d'Helvétius et des d'Holbach. Parmi ce groupe d'athées joyeux, on remarquait Taine, About, Renan, et la fleur de ces libres-penseurs qui, persuadés que nous descendons du singe, justifient généralement leurs opinions par leurs figures. Le prince Napoléon y venait en ami, laissant sa grandeur au Palais-Royal et son principat dans l'antichambre. Les convives, affranchis d'étiquette, riaient d'eux-mêmes et du voisin. Tout le monde avait de l'esprit, depuis le maître du logis jusqu'au « César déclassé. » A l'appui de cette assertion, voici un mot qu'on garantit vrai et que je crois bien trouvé : « Mon prince, demandait un curieux au brave fils du roi Jérôme, à la bataille de l'Alma, quelle est la chose qui vous étonna davantage? « Et le prince de répondre, avec la mélancolie et l'à-propos du doge de Gênes à Versailles : « Une seule : ce fut de m'y voir. »

C'est à la tourbe des athées sans scrupules que le second empire a de tout temps demandé ses serviteurs et ses recrues. Sainte-Beuve, appelé au Sénat par la vertu d'un décret, vint siéger dans une assemblée trop en disette de gens d'esprit. Il prononça deux ou trois discours étudiés, dans l'un desquels il goûta la joie d'exaspérer un cardinal. Il garda, même au Sénat, son indépendance d'allures, et paraissait se trouver trop payé pour ne rien dire et pas assez pour se taire. Il vantait les finances de l'empire, en émargeant comme sénateur, mais il en blâmait l'emploi alors qu'il jugeait en critique; c'était un observateur délicat, qui devinai dans les Napoléons plus d'impatience que d'éternité. Il gagna donc les rivages de l'opposition, et se dégagea graduellement d'un gouvernement qui, au dire de quelques-uns, s'est donné le mérite de l'employer et le tort de lui survivre.

On sait par quelle triste porte Sainte-Beuve est sorti de ce monde. Il a voulu qu'une mort sans prières fût la clôture d'une vie sans croyances. Contempteur obstiné de l'éternité qui l'a repris et l'attendait, il s'en fut, impénitent, vers les jugements du Dieu terrible. Quelle que doive être sa destinée dans l'autre monde, il a laissé dans celui-ci une renommée durable et de tristes exemples. Il appartenait à cette forte génération, déjà presque disparue, que ce siècle a vue naître à son aurore et remportée dans sa marche. Quelques survivants de cette grande époque semblent, avant de mourir, attendre des successeurs que le présent leur refuse et que l'avenir nous devrait. Le souvenir de ce qu'ils ont fait leur tient lieu d'aiguillon, et ils dressent fièrement leur tête blanchie de cette neige qui ne couronne que la vieillesse et les sommets.

Le mois d'octobre dernier a vu dans ses trente jours bien d'autres chutes que celle des feuilles. L'Angleterre, où j'avais dessein d'aller, a perdu au même moment trois personnages considérables, et si riches, si riches, qu'à eux trois ils possédaient presque autant de millions que, depuis son avénement, notre empereur en a dépensé. L'un d'eux, le marquis de Westminster, descendait d'une famille déjà puissante en Normandie, deux cents ans avant la conquête. A l'exemple de ses aïeux, il se maria richement, vécut sans faste et mourut sans bruit. Il possédait un quartier à Londres et des châteaux un peu partout. Pouvant, dit-on, dépenser la bagatelle de 25 francs par minute, il ne perdit jamais une guinée de son revenu et une seconde de son temps. Whig par tradition et silencieux par nature, il ne prononça jamais devant les pairs des trois royaumes une seule parole dont ses adversaires aient pu s'émouvoir ou ses amis s'autoriser. Fidèle aux goûts comme aux devoirs de sa race, il parcourut et acheva dans l'ombre une longue vie sans scandales, sans dépenses et sans histoire.

Le second d'entre eux est ce fameux comte de Derby, dont j'ai naguère essayé de raconter la carrière. Héritier de ces Stanley dont le nom brille en Angleterre à toutes les pages de l'histoire, et quatorzième comte de Derby, il augmenta encore la renommée, les souvenirs et l'honneur de sa maison. Entré tout jeune au parlement par les suffrages d'un bourg pourri, il eut part à toutes les affaires de son pays et de son temps. Les grandes mesures politiques débattues depuis cinquante ans l'ont eu pour adversaire ou initiateur. Doué d'une éloquence si puissante que ses ennemis en craignaient le charme, il intervint dans toutes les questions pour les éclairer ou les brouiller, et fut toujours, soit en possession, soit dans l'attente du pouvoir. Chef du parti tory, après la mort de Wellington, et trois fois premier ministre, il se retira au lendemain du bill de réforme adopté et de la guerre d'Abyssinie commencée. Esprit variable et léger, il se montra dans les questions politiques moins appliqué que pénétrant, et dans les questions religieuses plus obstiné que clairvoyant. Bien qu'en passant d'un camp dans un autre, il n'ait pu encourir que le reproche d'inconstance, il nous apparaît trop désuni d'aspects et de vues pour siéger parmi ces grands politiques qui, en Angleterre, se renouvellent sans efforts et se succèdent sans lacunes. Il fut, si j'ose dire, moins un caractère qu'un personnage. Anglais jusqu'au bout des ongles, amateur de tableaux et de livres, de chevaux et de chasse, homme d'études et homme du monde, noblement prodigue de son talent dans les Chambres, et de sa fortune aux indigents, orateur et lettré, traduisant Homère dans ses loisirs, menant de front les affaires, les devoirs et les plaisirs, il personnifiait la noblesse de son pays dans les meilleurs de ses goûts et les plus anciens de ses titres. Il jouit pleinement, durant sa vie, de la confiance de sa souveraine et du respect de tous. A sa mort, les journaux de Londres paraissaient encadrés de noir, et la nation tout entière pleurait en lui un de ceux qui l'avaient le mieux servie par les conseils, la parole ou les actes.

C'est encore à Londres que vient de s'éteindre le philanthrope Peabody. Américain de naissance, Anglais d'adoption, M. Peabody partagea entre ses deux patries sa fortune et son temps. Se dépouillant de son vivant, ce qui est toujours rare, il donna neuf millions aux pauvres de Londres, près du double aux indigents d'Amérique. Il fonda des hôpitaux, des écoles et des asiles, refuges de la pauvreté, de la vieillesse et de l'enfance. Il accomplit simplement ces grands actes de charité, fuyant l'éloge et cherchant le bien. La reine Victoria ne sachant comment récompenser un homme qui ne voulait pas de l'ordre du Bain, lui envoya un portrait d'elle dont il agréa l'hommage et reconnut la ressemblance. Quand il mourut, l'Angleterre reconnaissante voulut lui accorder les honneurs de Westminster, mais il revendiqua par testament une tombe au pays natal. Le deuil de ce grand homme de bien a été pris par deux nations. Tant de regrets sont mérités, car dans notre âge vraiment d'or, ceux-là n'abondent pas qui font d'une richesse bien acquise le patrimoine du malade et le capital du pauvre. L'Amérique envoie ses vaisseaux pour escorter dans son dernier voyage le fils absent qui lui revient, et dernièrement, à Londres, le premier ministre de la couronne, prononçant pour ainsi dire l'oraison funèbre de Peabody, proclamait l'alliance sans fin des deux nations que le mort avait voulu rendre, sœurs par son affection et pareilles par ses bienfaits.

J'ai terminé ou peu s'en faut. Je n'ai pas voulu parler des événements récents ou prévus qu'hier voyait encore ou que demain va mûrir. Qu'en aurais-je dit et quels sont-ils ? Que m'importe que l'impératrice, un peu nomade en ce temps-ci, ait été tendre à M. de Lesseps le brevet de duc de Suez [1] et le titre de sénateur ? Le pauvre Peabody se fût montré plus exigeant ou plus modeste. Le portrait de la souveraine eût satisfait son ambition. Il eût aimé à contempler les traits de la

---

1. On le croyait, mais l'impératrice n'a rien tendu de semblable.

femme en l'absence et loin du mari. Cette humble requête eût certes flatté la princesse qui décora l'art de peindre dans les diverses personnes de Rosa Bonheur, l'artiste, et de Piver, le parfumeur.

M. de Lesseps préfère les réalités aux peintures. Il sera duc de l'Isthme[1], ce que ne fut personne, et prince du Canal, comme... Nélaton. L'impératrice doit encore prolonger son absence. Pendant ce temps, la princesse Mathilde[2] dirige le festival de Compiègne. A table, elle préside le cénacle des fidèles; aux chasses, elle voit courir devant elle un pauvre cerf par trop puni. Les ambassadeurs se battent, je crois même qu'ils sont battus. L'hôtel de M. Schneider prend feu comme... qui vous voudrez. On ferraille, on jase, on éteint. Et les uns sont blessés, les autres brûlent; personne ne meurt, et, en fin de compte, le duel revient sur l'eau et l'eau sur l'incendie.

Il me resterait à causer des réunions publiques et des élections prochaines. Je m'en garderai comme du feu de M. Schneider. A cent lieues de Paris, l'indignation vous parvient, mais la clairvoyance vous manque. C'est toujours le même spectacle et aussi la même leçon. Les réunions électorales ressemblent à la Cour des Miracles. On n'écoute que les disgraciés, on n'applaudit que les contrefaits, on ne choisit que les difformes.

1. Il ne l'est pas.
2. Elle vient de perdre son mari. La pauvre femme!

XXII

L'IMPÉRATRICE EN ÉGYPTE — LES ÉLECTIONS A PARIS — LE TRIOMPHE DE M. DE ROCHEFORT ET LES RÉFLEXIONS DE L'AUTEUR.

Novembre 1869.

Le mystère des élections ne sera connu que dans une heure : c'est plus de temps qu'il n'en faut pour féliciter M. de Lesseps, lequel gémit depuis deux jours sous la grand'croix de nos ordres. L'isthme est percé d'outre en outre : le canal de Suez est ouvert. Les canards l'ont passé d'abord, les vaisseaux sont venus ensuite. Un navire prudemment chargé portait sur les flots changeants l'impératrice dans sa fortune. Les poëtes se souvenaient du doge de Venise et du Bucentaure, et plus d'un, rêvant aux noces d'une souveraine et de la mer Rouge, accordait son mirliton et préparait l'épithalame. C'eût été un mariage d'amour, mais l'impératrice autrefois en a fait un de convenance. Parmi les autres princes conviés à ces petites fêtes sur l'eau, aucun, dit-on, n'avait le cœur tranquille et la main libre. Pour ces raisons et pour quelques autres, la mer Rouge restera fille.

Depuis les récits de la Bible, la mer Rouge n'a pu reprendre ses relations avec les princes. Les souverains s'en défient un peu, et surtout ceux qui vont en guerre. Elle a englouti jadis Pharaon et son matériel, et c'est là un de ces cas de guerre où la diplomatie s'embarrasse. L'impératrice, heureusement, a pacifié le différend par l'entremise de l'abbé Bauër, aumônier de ses antichambres. L'abbé, paré de toutes ses croix, s'est incliné devant les princes et redressé devant les flots. Puis, d'un geste aimable, il a changé pour jamais les lacs amers en eau bénite.

Quant à l'empereur, abusant un peu de la volonté nationale et de la grâce de Dieu, il cherche à jeter ses ministres à la porte et notre argent par la fenêtre. Malgré les soucis de la politique et le voyage de l'impératrice, il se préoccupe aussi peu des élections que du Grand Turc, et l'autre soir, à Compiègne, il a dansé sur un volcan. Il a dirigé les joyeux quadrilles et levé sa jambe auguste à la hauteur des événements. Et s'il regarde autour de lui pour deviner si nous sommes ivres, quand il a bu, il ne voit dans les nymphes de sa cour que les images un peu légères de la fantaisie qui s'envole et de la liberté qui vient.

L'heure est passée... Déjà sur les journaux du soir resplendissent les noms des élus. L'inévitable est arrivé. C'était écrit, diraient les Turcs. Rochefort a conduit le fiacre vainqueur et doublé sans coup férir l'humble borne où gît son mandat. Il est favori des faubourgs et député de Béotie. Le peuple souverain, contre ses habitudes, s'est reposé le dimanche et a travaillé le lundi. Ses choix ne sont pas sérieux, et c'est là ce qui permet de rire. Désormais, c'est au comte de Rochefort et au millionnaire Raspail que la plèbe a confié le soin de mettre la révolution en chambre et le socialisme en bouteille.

Le seigneur de Rochefort n'est déjà plus qu'une lanterne éteinte. Jadis il a beaucoup promis, mais il ne tiendra pas mieux que le serment qu'il va prêter. Il eut dès ses premiers pas autant de succès qu'il montra d'esprit. Volontaire de la petite presse, il courut aux aventures, fronda la cour et le théâtre, et, d'une plume pour levier, il souleva le demi-monde. Il fut quelquefois amer dans sa gaieté, mais les temps en étaient la cause; souvent cruel dans ses attaques, mais les hommes en étaient l'objet. Il payait de sa personne et dépensait son esprit. Pendant trois ans, il tint la campagne; de temps à autre, il la battit. On lui disait en l'applaudissant : *Macte animo, sic itur ad astra.* « Courage, tu suis la route des étoiles. » Et le courageux écrivain quitta un beau matin le *Figaro* pour le *Soleil*. C'est ainsi qu'il allait aux astres.

Un peu plus tard, il alluma sa lanterne en l'honneur de la République. Il dirigea contre l'Empire un petit journal folâtre, et, sans ménagement comme sans scrupules, il traita Rolet de fripon et nos maîtres de valets. Il fut hardi, vivant et jeune. Il inventa, si je puis dire, un genre bouffe de raillerie, et trouva une note nouvelle et juste qui évite la grossièreté en recherchant l'insolence. Il rappelait ce personnage des contes de fées qui riait aux éclats en appuyant une chiquenaude sur le nez d'aigle du prince royal. La *Lanterne* devint vite la consolation d'un peuple ennuyé. On la voyait dans toutes les mains, on l'achetait à tous les prix ; elle tirait à cent vingt mille, et, comme la mer, montait toujours. Malheureusement, le jour vint où M. Rochefort cessa de rire et voulut se fâcher. Lui qui visait aux empereurs s'importuna d'un pamphlétaire. Il frappa de la plume et périt par elle. Oubliant la logique et perdant la tête, il laissa retomber sa main sur le visage d'un imprimeur. Le gentilhomme se transformait en citoyen. Depuis ce jour il ne rit plus.

Ce procédé tout démocratique le mena droit devant les juges. Le tribunal indulgent lui vota quatre mois de prison, tout en soufflant sur sa lanterne. M. Rochefort, préférant l'exil au martyre, emporta dans la libre Belgique ses espérances, ses pénates et son journal. Son esprit resté français ne le suivit qu'à la frontière. Il reprit sa publication, mais il n'était plus le Rochefort d'hier, qui plumait l'aigle de l'Empire. Il avait changé, en émigrant, sa gaieté en extravagance, ses ironies en injures, et sa Lanterne en Lampion. Il acquit la licence, mais il perdit la mesure. La liberté d'écrire a ses limites aussi, et il n'est pas besoin que la loi les définisse pour que l'écrivain les connaisse. A défaut de la crainte des juges, on garde le respect de soi. L'insulte brutale est sans portée et revient vers qui la lance. Il faut, pour qu'elle touche au but, ou que l'art la déguise ou que l'éloquence l'entraîne. Comme exception confirmant la la règle, je ne trouve à citer que le mot « propre » de Cambronne. Mais Cambronne avait ses excuses : il n'aimait pas les périphrases et parlait à des étrangers.

J'ignore si les Anglais l'ont entendu ; je ne crois pas qu'ils l'aient compris.

Le citoyen Rochefort a des excuses à faire valoir. Ce n'est pas en pays d'exil qu'on peut créer cette chose légère qui, en modes comme en littérature, s'appelle l'article de Paris. Il faut la perspective des boulevards, le spectacle des gens dans la rue, l'odeur des cigares dans l'air, l'oisiveté active et recueillie, les amis qu'on croise et qu'on quitte, les bruits qu'on recueille, les mots qu'on échange et tout ce tumulte fécond dont on devient le centre et l'écho. Une fois en Belgique, M. Rochefort ne se renouvela plus, mais s'imita. Toutefois, il apprit le belge, ce qui lui fit une langue de plus.

Quelques mois se passèrent encore, et Paris, en fièvre d'élections, voulut Rochefort pour député. Une première fois, le rédacteur de la *Lanterne* dut céder la place à Jules Favre. Son élection était différée, mais elle ne fut pas perdue. Peu de temps après, la première circonscription, devenue vacante, choisit Rochefort pour candidat. L'exilé retourne à Paris, et l'on put connaître enfin ce candidat retour de Belgique. Il vient, on le voit, il triomphe ; mais à quel prix et après quelles chutes ! Il se contredit pour réussir et s'abaisse pour être élevé. Selon le public et l'occasion, il prêche et combat la violence, condamne et promet le parjure. Il agite tour à tour la carmagnole de Robespierre et les grelots du socialisme, et jette, pour perles à ses auditeurs, des quolibets vieillis qui n'ont plus cours, même à Bruxelles. Enfin, il accepte le mandat impératif et s'annonce comme un député soliveau sur lequel viendront coasser les grenouilles populacières. La foule applaudit, et pourtant,

> Que faisiez-vous au temps chaud ?
> Dit-elle au citoyen comte.
> Dans la *Lanterne*, gaiement
> Je chantais, ne vous déplaise !
> Vous chantiez, j'en suis bien aise.
> Mais vous sautez maintenant.

Enfin Rochefort l'emporte et, à coup sûr, il était temps ; chaque jour éclaircissait ses partisans, et si la lutte se fût prolongée d'une semaine encore, le chambellan du peuple eût pour jamais perdu ses clefs. On dit qu'aux yeux de ses électeurs, il personnifie la République. J'aurais cru plus de mémoire et plus de goût à la bonne femme de 48. Au surplus, cela la regarde. A mon sens, les voix de Rochefort furent données, moins au champion de la République qu'à l'adversaire de l'empire. On se souvenait de la *Lanterne*, dont, à vrai dire, jusqu'à ce jour on n'avait pas payé le prix. Après Victor Hugo, assez loin de lui, mais, enfin, après lui, c'est Rochefort qui, sans négliger les comparses, s'est attaqué le plus vivement au maître même des abeilles. Il a semé parmi nous le réveil de la gaieté, et le rire prolongé dont il poursuivit les puissants fut alors le soulagement de la défaite et la forme de la vengeance. En nommant Rochefort, les électeurs nés malins ont prétendu jouer un tour au souverain qui s'y connaît. Et maintenant le tour est joué.

Une fois à la Chambre, quel rôle tiendra le nouvel élu dans cette confusion d'hommes et ce néant d'idées ?

Il s'assoira près de Raspail; à quel moment se lèvera-t-il? Tout en lui deviendra prétexte aux soupçons, attitude, silence ou parole. Le peuple a des héros d'un jour et se chauffe le lendemain du bois pourri de ses idoles. Pauvre Rochefort, dans le parti des frères et ennemis, les uns le jalousent et les autres le suspectent. Mon cher ami, réfléchissez avant de parler, lui dit Charles Hugo, qui réfléchit avant d'écrire. Pendant son séjour à Bruxelles, Rochefort accepta d'être le parrain du petit-fils de Victor Hugo. En racontant cet incident à la tribune de Belleville, il a sacrifié l'obligation d'être vrai à l'agrément d'être impie. Reçu aux jours d'exil dans l'intimité du poëte, il oublia un peu trop vite que

L'amitié d'un grand homme est un bienfait des dieux.

Les dieux sont loin, il n'y croit plus. Vous n'êtes pas, ajoute M. Charles Hugo, « le porte-drapeau de la République; vous en êtes le tambour battant. » Tout est là. Rochefort voudra-t-il sonner des charges, ou se contentera-t-il d'en faire? Les orateurs des Folies-Belville proclament son incapacité de parole; mais ils cotiseront leur éloquence pour lui composer de rudes discours. Pauvre Rochefort! il est naïf, s'il les apprend, et ridicule, s'il les prononce. Ce qui ne fait aucun doute, c'est que l'opinion publique surexcitée attend de lui, pour ses débuts, quelque chose d'inouï, de retentissant et d'énorme. Son premier acte, en effet, sera raide, — son serment.

J'ai à payer à M. Rochefort une vieille dette de reconnaissance; qu'il me permette aujourd'hui de m'acquitter par un conseil. Si j'avais quelque crédit auprès du triomphateur d'hier, je lui dirais : Ne forcez pas votre talent, tâchez seulement de le retrouver. Imitez les petits modèles; prenez exemple sur Glais-Bizoin. Voyez ce vieillard aimable, embaumé sous les cosmétiques et rajeuni par le succès. Il a gagné du terrain sans avoir l'air de courir, et laissé loin derrière lui les deux figures allongées de Brisson, le barbu, et d'Allou, le bâtonnier. Il fut l'ouvrier de sa victoire, et le peuple s'est souvenu de lui. Il détestait le gouvernement; c'est pourquoi il s'est fait aimer. Il avait perdu son brevet d'interrupteur, et voici qu'on le lui rapporte. Le peuple fort qui lit les journaux avait constaté qu'aux séances de la Chambre chaque interruption de Glais-Bizoin était suivie d'un long tumulte. Le président était hors de lui et n'y rentrait qu'avec peine. Le tiers-parti hochait la tête, et les mamelucks faisaient rage. Ils se fâchent, pensait l'ouvrier, et s'ils se fâchent, il a raison.

Si vous daignez m'en croire, monsieur, une fois entré à la Chambre, vous y jouerez les Glais-Bizoin. Forcez la note, si bon vous semble, le public vous en saura gré, et vos effets n'y perdront rien. Évitez les déclamations stériles, les questions sociales et le camphre du voisin Raspail. Rééditez à la tribune vos premières *Lanternes*, et franchement c'étaient les meilleures. Ouvrez vos lèvres, si les sarcasmes en découlent, et vos mains, si les vérités s'en échappent. Et cela, je vous l'assure, sera neuf, intéressant et hardi. Si les longs discours vous font peur, fuyez-les; ils n'ont rassuré personne. Pour moi, pour d'autres aussi, vous serez le bienvenu, si vous dites en peu de mots de ces choses encore inentendues qui satisfassent, en les vengeant, la conscience et l'opinion. Pour regarder au banc des ministres, vous n'avez pas même besoin de la lanterne de Diogène; au ministère, il n'y a pas d'hommes.

XXIII

LE DISCOURS DU TRONE — UN PASTICHE DE MOLIÈRE
UN MOT SUR LA POLITIQUE

Décembre 1869.

Si vous avez lu Molière, vous vous souvenez d'Amphitryon. Ce prince s'est fait avantageusement connaître par le luxe de ses réceptions et l'étendue de ses malheurs. Ce fut un général rempli d'adresse et un mari plein d'attentions : toutes les fois qu'il battait l'ennemi, il le faisait dire à sa femme.

Lorsque Amphitryon portait au loin le drapeau thébain, une grande idée marchait devant, beaucoup de soldats venaient derrière. Ayant un jour remporté une victoire sans conséquence, il désira que sa femme absente fût la première à s'en réjouir. Il se faisait des illusions sur l'importance de son triomphe et l'allégresse de sa moitié. Jupiter l'aveuglait déjà, preuve certaine qu'il devait le perdre.

En ce temps-là, la renommée était tardive, malgré ses ailes. Le prudent Amphitryon imagina de la devancer. Il remit donc ses dépêches dans les mains d'un certain Sosie, qui lui servait de chambellan. Sosie avait mission de dire à la belle Alcmène : « Madame, le roi, votre époux, s'est couvert d'une gloire immortelle. » Tous les princes se couvrent de gloire, et je ne sais comment il advient que presque tous se découvrent. Cette réflexion m'est personnelle ; le bon Sosie ne l'eût pas faite. Pendant qu'il s'occupait de son ambassade, Alcmène, à côté d'un dieu fait à l'image de son mari, se soumettait à Jupiter et commençait Hercule.

Je marche dans une voie périlleuse et la mythologie m'embarrasse.

> Ce que l'on conçoit mal s'exprime obscurément.

Je le reconnais et j'en souffre. Tout peut s'écrire cependant, et, selon la parole du sage, on a la ressource de chanter ce qu'on aurait trop de peine à dire. Je me souviendrai du précepte : si la raison me fait défaut, j'essaierai de trouver des rimes.

C'était, je crois, lundi dernier. L'empereur, en costume de guerre, jouait l'ouverture des deux Chambres. Comme les autres, je prêtais l'oreille à cette symphonie de haut goût, véritable musique de chambre, dont chaque note vibrait distincte. Près de moi se tenait un valet de la cour portant à la fois culotte courte comme un danseur, glaive doré comme un petit-maître. Il avait, je le vois encore, une perruque blanche sur la tête, un frac brodé sur le dos, et l'aigle noir à ses boutons. Était-il de la cave ou du grenier, de l'antichambre ou des cuisines ? Était-ce un écuyer tranchant ou un cocher surnuméraire, un échanson ou un panetier ? Était-il de la garde-robe ou des vivres, et promenait-il dans sa double vigilance, les yeux sur les plafonds et les pieds sur les parquets ? J'ignore ses attributions et son rang ; ce que j'en puis dire, le voici : ses bas étaient blancs comme neige et le jour semblait moins pur que la boucle de ses souliers.

Tant que le discours dura, il écouta, bouche béante, ravi en extase et stupéfait d'admiration. Il aimait cette musique-là, et le témoignait si naïvement, qu'on n'eût osé lui reprocher une éducation plus négligée que son costume. Parfois il inclinait la tête, souvent il joignait les mains. Quand l'empereur eut prononcé ses trois mots, désormais célèbres : « L'ordre, j'en réponds ! » le brave homme n'y put tenir et, tournant vers moi son visage, illuminé d'aise : « Ah ! dit-il, ah ! par exemple, ça, c'est tapé. » Il avait raison, la tape y était.

Il exhala pourtant un long soupir, et ce fut quand l'empereur parla de l'isthme de Suez et de l'impératrice absente. Ce serviteur, vraiment modèle, se plaignait de cette grandeur, qui attache aux rives lointaines les impératrices voyageuses. Il songeait que sa souveraine, en compagnie du khédive, heurtait son frêle esquif aux cataractes du Nil, ou présentait sa toilette neuve aux quarante siècles des pyramides. Il eût mieux aimé la voir, attentive comme d'habitude à l'allocution conjugale, les pieds perdus dans un flot de velours et parée, en guise de fleurs,

> De pauvres diamants que ses yeux font pâlir.

Tout a une fin en ce bas monde, même le discours d'un souverain. La foule s'écoulait lentement et je marchais, battu de toutes parts d'un flot doré de fonctionnaires. Chemin faisant, il me souvint de la victoire d'Amphitryon et du message de Sosie. Amphitryon, je venais de l'entendre, il avait figure de vainqueur; Sosie, je venais de le voir, il avait l'air d'un messager.

Et poursuivant ma comparaison et mon rêve, je me figurais Sosie dépêché vers Alcmène pour lui porter les nouvelles du trône et une copie de son discours. Il y a loin de Paris au Caire. A moitié route, Sosie s'arrête et prémédite son compliment. Il pose à terre la lanterne qui figure Alcmène, ouvre Molière, et s'exprime ainsi :

> Madame, l'empereur, mon maître, et votre époux,
> (Bon, beau début) l'esprit toujours plein de vos charmes,
>   M'a voulu choisir entre tous
> Pour vous donner avis du succès de ses armes,
>   Je veux dire de son discours.
> Il fut court, mais disert; impérieux, mais tendre;
>   Les moments ont paru trop courts
>   Aux élus qui pouvaient l'entendre.
> — Comment va l'empereur, Sosie? — Assurément,
>   Madame, en homme d'éloquence;
>   Mais il désire seulement
> Que vous puissiez bientôt, par un retour charmant,
>   Refaire avec lui connaissance.
> — Eh mais! quel est l'état où son discours l'a mis?
> Que dit-il? que fait-il? Contente un peu mon âme.
>   — Il dit moins qu'il ne fait, madame,

Et fait trembler ses ennemis.
— Peste! où donc mon esprit va chercher ces merveilles?
Que font les révoltés, dis-moi, quel est leur sort.
— Nous avons résisté, madame, à Rochefort,
    Et logé Raspail en bouteilles.
L'autre jour, à dîner, nous daignâmes encor,
    Comme faisait notre oncle mort,
    D'Ollivier tirer les oreilles.
— Ah! quel succès! O Dieu, quelle heureuse victoire!
    Mais, sans revenir au passé,
Tâche de retrouver, Sosie, en ta mémoire,
    Ce beau discours où je dois croire
    Que mon époux s'est surpassé.
— Je le veux bien, madame, et vais vous satisfaire.
    Votre époux, que chacun révère,
Sur un trône doré commodément assis
    Parla, je vous le garantis,
    De la liberté nécessaire,
    En termes vraiment très-polis :
La liberté n'est rien, messieurs, la France encore
    Veut l'ordre, et l'ordre, j'en réponds,
    Dit ce sauteur de Rubicons
    D'une voix profonde et sonore.
    On applaudit de toute part
Ce cri parti du cœur et qu'on sentait sincère,
    Ce bel « ordre » était fait pour plaire,
    Bel « ordre » est un effet de l'art.
    J'ai pour moi le droit et la force,
Ajouta l'empereur, dont la phrase se corse ;
    La force, bien ; mais, quant au droit,
    On lui donna plus d'une entorse.
Si ce n'était pas vrai, du moins ce fut adroit ;
    Et pour tout dire, je soupçonne
    Qu'un peu d'erreur ne messied pas
    Dans un discours de la couronne.
    Puis votre époux, sans embarras,
    Parla dans un excellent style
    De mille sujets différents :
Du canal de Suez, des chambres, du concile,
    Tous trois ouverts en même temps.

Dirai-je les bravos qui venaient l'interrompre?
Bien, s'écriaient les uns et les autres, très-bien.
    On applaudissait à tout rompre
    Et pourtant on ne rompit rien.
J'ai fini; laissez-moi, charmante souveraine,
    Vous rappeler en terminant
    Ce mot d'Eschine analysant
    Les harangues de Démosthène.
« Il fut plus éloquent que vous ne le croyez,
Et puisque à m'écouter votre joie est extrême,
    Que serait-ce si vous aviez
    Entendu le monstre lui-même? »

Au terme de ce badinage, j'éprouve un regret, et même, je crois, un peu plus. J'ai usé envers Molière de libertés un peu trop grandes, le parodiant, ce qui est léger, et l'augmentant, ce qui est coupable. Je m'accuse et je me pardonne; mais il n'importe, la faute est grave. J'avouerai même, à ma grande honte, que j'ai failli le deux décembre! Que voulez-vous, messieurs, l'exemple!.....

En ce moment, la politique ressemble à un vaudeville compliqué : moins on comprend, plus on s'amuse; les hommes s'agitent et nul ne les mène. La Chambre comprend dix partis, qui tantôt s'agglomèrent et tantôt se subdivisent. L'extrême gauche veut la révolution, la gauche pure la république. Le centre gauche paraît plus libéral que dynastique, et le centre droit plus dynastique que libéral. La droite regrette le sénatus-consulte, et l'extrême droite le coup d'État. Quelques députés, hésitant du centre aux ailes, signent tour à tour les revendications radicales et les compromis dynastiques. Entre les nouveaux centres et l'ancienne Arcadie, M. Émile Ollivier, toujours vierge de portefeuille, navigue aussi péniblement qu'un navire au canal de Suez. Après tant d'évolutions, M. Ollivier doit s'attendre à récolter peu d'estime. Mais, depuis longtemps déjà, il ne tient plus à la moisson.

XXIV

UN VOYAGE AU SÉNAT — M. ROUHER — UN DISCOURS
DE M. DE FORCADE — UN MOT DE M. GAMBETTA

Décembre 1869.

Je n'ai jamais traversé le quartier latin sans remercier M. Haussmann d'avoir respecté, dans une seule rue, l'œuvre charmante du hasard. C'est, j'imagine, un heureux destin qui fit se regarder de si près deux bâtiments faits l'un pour l'autre : l'Odéon où l'on débute et le Luxembourg où l'on finit. Le vieux palais des Médicis est devenu le dernier asile de la comédie moderne. C'est là que les sénateurs ont adressé à la Constitution, leur pupille, des harangues de pères nobles ou des soupirs de jeunes premiers. En ce temps, la Constitution était intacte et protégée. Personne n'osait y toucher : maintenant, tout le monde y retouche.

Le Sénat conservateur délibérait jadis les portes closes. Ennemi du profane vulgaire, il prenait le soin de l'écarter. Comme aux dieux en bonnes fortunes, il fallait l'enveloppe d'un nuage aux sénateurs délibérants. En vain le marquis de Boissy disait alors à ses collègues : Vous êtes les lumières du pays, ne restez pas sous le boisseau. Admettez le public à la satisfaction de vous voir et au régal de vous entendre. Les Pères conscrits, modestes sur leurs siéges, comme des violettes dans la mousse, murmuraient en hochant la tête. Loin de nous et hors d'ici, les sujets de rire ne chôment guère. Les Pères Conscrits se trompaient, hélas ! En ce temps-là, on riait peu.

M. de Boissy a cessé de vivre, mais son idée a fait son chemin. Les représentations du Luxembourg sont ouvertes à tout venant, et le spectacle des sénateurs en séance figure aussi bien sur le programme de nos libertés que sur la liste de nos plaisirs. Le marquis de Boissy avait tort. Le Sénat gagnait au mystère. Comme la pomme du Paradis, il avait le charme de l'inconnu et l'attrait de la défense ! Depuis qu'Adam mangea la pomme, chacun de nous sait ce qu'elle vaut.

Mardi dernier, quelque diable aussi me poussant, je pris la route du Luxembourg. On m'introduisit sans résistance dans la tribune des journalistes. Arrivé longtemps d'avance je regardai pour me distraire. Dans la tribune voisine, un spectateur lisait le *Rappel*. Dans la salle abandonnée se promenaient de temps à autre les huissiers mélancoliques. Je voyais l'heure à des cadrans dorés surmontés d'amours en bois. On ne s'attendait guère à contempler au Sénat des amours, même en sculpture ? Après tout, ils sont à leur place, trop élevés pour qu'on y touche et marquant le temps qui passe.

La salle a l'air d'un théâtre ; les siéges des sénateurs ont l'apparence de fauteuils d'orchestre ; les tribunes figurent les loges. Tout concourt à l'illusion, les colonnes dorées et le lustre aux mille rameaux. Vu la solitude, on se croirait à l'Odéon. Cette impression se dissipe pourtant à un regard plus attentif. De chaque côté de la tribune aux harangues, deux escaliers parallèles conduisent aux hauteurs sereines où préside M. Rouher. Derrière le fauteuil présidentiel s'ouvre un large demi-cercle peuplé d'un monde de statues. Voici Colbert et d'Aguesseau, l'Hôpital et Turgot : l'art les imita à défaut des sénateurs. Pour avoir des grands hommes au Sénat, il a fallu les sculpter, et c'est toujours quelque chose.

Au plafond de la salle, quatre aigles aux ailes déployées semblent prêts à prendre leur vol; ce sont les aigles de Damoclès : on voit leurs serres, on craint leur chute. Deux grandes figures collées au mur représentent, je crois, l'une la Justice, et l'autre l'Intégrité. Cela console toujours un peu, et l'œil se repose au moins sur les souvenirs du passé et les silhouettes des absents.

Cependant le moment s'approche, et les aiguilles placées sous le patronage des Amours ont marché l'espace d'une heure. Les sénateurs, arrivant l'un après l'autre, gagnent leurs siéges d'un pas lent. Ils ont revêtu l'uniforme; ainsi le veulent les exigences de l'étiquette et les intérêts des tailleurs. Quelques-uns, — les plus jeunes, je veux dire les moins vieux, —

ont arboré des pantalons couleur du temps. Ce jour-là, le temps était gris. Tous ont revêtu la petite tenue des séances. Leur frac est brodé d'or sur le collet, les manches et les poches. Ils portent tous des plaques d'argent sur la poitrine et des boutons d'or sur le dos. Si l'habit ne fait plus le moine, il fait encore le sénateur.

Quel est l'animal qui, le soir venu, marche sur trois pieds? demandait le Sphinx au fils de Laïus. C'est l'homme, répondait OEdipe. A ce point de vue, que de sénateurs qui sont hommes. J'en ai vu qui, dans leur marche pénible, s'aidaient à la fois de leur canne et du mur. Têtes blanches et corps pliés, ils se traînaient jusqu'au fauteuil de velours qui gémissait de leur poids et retentissait de leur chute. La vieillesse a droit au respect, je le sais bien, mais si quelque chose en affaiblit le prestige, c'est la dorure qui la couvre et le salaire qui la rétribue. Tous ces antiques, blanchis par tant de services et usés par tant de serments, touchaient sous l'uniforme du Sénat la récompense d'une métamorphose et le prix d'une défection.

J'ai observé çà et là des sénateurs entre deux âges. M. Leverrier, né sous une heureuse étoile[1], et M. Baroche, un ancien juste... de la justice. Il en est des Pères conscrits comme des immeubles : les uns le sont par vocation, les autres par nature, et les derniers par appétence. Voici les gloires de la marine et de l'armée, la fleur des magistrats et l'élite des diplomates. J'aperçois M. de Nieuwerkerke, artiste sans nécessité et

---

1. Elle a pâli et depuis un mois on a cassé M. Leverrier comme verre.

surintendant sans cruelles. Près de lui, tous ses collègues me semblaient peuple. Il s'avance plus élégant et mieux en cour que jamais. La veille au soir, il assistait à la comédie d'E. Augier dans la loge d'une grande dame, tout à fait princesse et Demidoff[1]. La pièce tomba, mais non pas lui. On l'avait dit en disgrâce. Bien au contraire, il est en grâce.

Le retentissement des tambours annonce que le président sort du Petit-Luxembourg pour se diriger vers le grand. Une porte s'ouvre; les huissiers s'inclinent, les sénateurs se lèvent et M. Rouher apparaît. Il reluit comme un soleil et s'adjuge plus de galon que ses collègues n'en sauraient prendre. Il porte le bouton de cristal des mandarins du céleste empire; sa mise révèle le dignitaire, et son embonpoint l'homme puissant. Soit don de nature, soit effet de l'art, il a l'air d'un jeune homme, et pourtant il mûrit. Il est soigné comme un petit-maître et sérieux comme un croyant. Ni poses légères, ni mèches folâtres. Dès qu'il penche la tête, apparaisssent les lacunes de sa chevelure : les places blanches indiquent ce qu'il a donné de cheveux noirs, et les teintures noires dissimulent ce qu'il lui reste de cheveux blancs.

M. Rouher devient ermite et c'est la preuve qu'il se fait vieux. L'autre jour, déplorant la mort impie de Sainte-Beuve, il a parlé avec onction des consolations religieuses et des espérances éternelles. Il ne songe certes point à plier de sitôt son important bagage. Le

---

1. Elle est veuve, la pauvre femme! — Mais je l'ai déjà dit.

cas échéant, comme le personnage de La Fontaine, il demanderait à Clotho du répit pour son testament et du temps pour se retourner. Et pourtant, qui sait mieux que lui qu'on se retourne en moins de rien?

> Attendez quelque peu :
> Ma femme ne veut pas que je parte sans elle.
> Il me reste à pourvoir un arrière-neveu,
> Et souffrez qu'à Cercey j'ajoute encore une aile.

Quand on est le mieux renté des hommes de France, quand on fut vice-empereur et qu'on peut le redevenir, quand on a des châteaux en province et des diamants sur ses plaques, on estime que cette terre est un paradis qui vaut l'autre : on s'y tient et on y tient, et le goût ne vous vient guère d'entamer avec feu Troplong le dialogue des présidents morts. — Messieurs, dit M. Rouher en prenant place au fauteuil, messieurs, la séance est ouverte.

Le sénateur-secrétaire lit le procès-verbal de la dernière séance. Comme sénateur, il jouit d'un habit brodé, et comme secrétaire, d'une belle voix. Son procès-verbal est rédigé en termes d'élite. Le Sénat se montre bon père et l'adopte sans coup férir. Après quoi, un court débat s'engage entre Leverrier, fils des étoiles, et Baroche, semblable aux dieux. L'aigle Baroche soutient sans peine le feu de la planète Leverrier.

Trois rapporteurs de pétitions arriérés occupent successivement la tribune. Pendant qu'ils lisent leur écriture, ce qui est parfois pénible, les sénateurs inattentifs s'adonnent aux exercices du corps. Les uns causent, les autres écrivent. Ceux-ci s'en vont, ceux-là circulent. Plusieurs penchant le front sur leurs pupitres goûtent un sommeil paisible, où l'innocence n'entre pour rien.

Pendant ce temps, M. Rouher, l'air nonchalant et dédaigneux, désintéresse sa pensée de ce murmure de paroles vaines. Comme la vache de Victor Hugo,

<blockquote>Pensif, il regardait vaguement quelque part.</blockquote>

A quoi songe-t-il? Sans doute à sa grandeur passée dont vibrent encore les échos; aux jours d'autrefois, où le front perdu sous sa calotte de velours noir, il intimidait la Chambre du seul froncement de ses sourcils. Il se revoit ministre d'État et confident de Jupiter; ralliant d'un discours les majorités naïves, et faisant flotter, dans les débats parlementaires, sa mèche unique ondulant comme un panache. Maintenant, ministre déclassé, il se regrette et s'espère encore. Qui donc fut plus que lui efficace dans le conseil et persuasif par la parole? Qui donc, en se maîtrisant moins, sut mieux dominer les autres? Ayant perdu la prétention d'être nécessaire, il garde le désir d'être utile. Appelé à la présidence du Sénat, il s'ennuie à diriger le conservatoire des momies et le musée des antiques. L'oisiveté lui pèse et l'accable. Plus grand, mais plus annulé, il souffre du néant des fonctions déguisé sous la splendeur du titre.

Et les rapporteurs parlaient toujours. La nuit était venue et la lumière des lampes se jouait sur les crânes chauves des sénateurs. Sur les tribunes et sur l'assemblée s'étendait un immense ennui. Enfin,

> La séance cessa, faute de rapporteurs.

Je sortis, heureux d'être délivré,

> Jurant, mais un peu tard, qu'on ne m'y prendrait plus.

A peine rentré, j'ai rédigé à la hâte mes impressions de voyage. Leur seul mérite est d'être sincères. Et encore j'aurais pu mentir, car certainement je reviens de loin.

Du Luxembourg au Palais-Bourbon l'espace est grand, mais la transition naturelle. Depuis huit jours, nos législateurs ont repris l'examen des élections contestées. La majorité reconnaît les siens aux peccadilles qu'on leur impute et, sans scrupule aucun, vérifie, vérifie, vérifie. Seul le marquis de Saint-Hermine eut la fragilité du verre comme il en avait l'éclat. Jusque-là tout est dans l'ordre ; mais hier, **M. Forcade La Roquette** a prononcé un discours à sensation qui n'eut pas plus de précédents qu'il n'aura de successeurs. Il a composé avec talent et récité avec mémoire. Il s'est révélé tout à coup de la postérité des Billault et du lignage des Rouher. M. Forcade fut éloquent :

> Rodrigue, qui l'eût cru ? Chimène, qui l'eût dit ?

A la surprise de ses adversaires, et surtout de ses amis, il a développé excellemment le thème des Ollivier et la version des Cent-Seize.

Et toutefois, après de tels discours, qui, à défaut de la décision d'un acte, ont la valeur d'un engagement, j'éprouve que la critique est aisée et l'indignation salutaire. Dans l'homme public, le caractère importe plus que le talent. Voilà un ministre qui vient déclarer, au nom de son maître, l'ouverture des temps nouveaux. Il répudie le passé et salue l'avenir. L'empereur, rompant avec ses précédents, ambitionne la plus haute gloire des princes : il veut devenir le fondateur de la liberté française. Et moi aussi je suis libéral, s'écrie le ministre inspiré. Je revendique une part d'initiative dans les mesures qui sont écloses, et une part de direction dans les réformes qui vont naître. Puis il trace de l'empire futur une peinture à donner envie : l'âge d'or revient, la paix fleurit, et le Saturne couronné ne mangera plus ses enfants. Déjà les abeilles ont perdu leur aiguillon, et le prince, revenant à ses premiers jeux, s'occupe d'apprivoiser les aigles.

Eh bien ! ce même ministre, qui se révélait hier comme partisan de la liberté, s'était affirmé naguère comme un souteneur du despotisme. Tous les actes du gouvernement personnel, — surtout les pires, — vous ont eu pour complice, dans le conseil ; pour défenseur, devant les Chambres. N'est-ce pas vous qui meniez l'agence des candidatures officielles, et qui, hier encore, à travers cet étalage de libéralisme, sollicitiez le maintien d'une élection scandaleuse ? Et vous voulez nous faire croire qu'ébloui sur le chemin de Damas, par le rayon de la liberté, vous êtes tombé, comme saint Paul, à genoux et en adorant. Les ministres ne ressentent guère ces conversions instantanées. Leur intérêt leur tient lieu de foi. Ils servent toutes les causes, pareils à ce voyageur qui avait épousé sur sa route des femmes de toutes les nuances, dans le double but, disait-il, de former sa jeunesse et de comparer les couleurs.

C'est la plaie vive de ce temps-ci : l'abaissement des caractères. Les institutions se renouvellent, non pas les hommes. Les autels changent, non pas les ministres :

> Arrière ceux dont la bouche
> Souffle le chaud et le froid.

Et si la liberté se fonde jamais dans ce pays, qu'elle appelle à sa défense des hommes nouveaux, n'ayant jamais aimé qu'elle. Le temps n'est plus des complaisants de la couronne et des mercenaires de la parole.

La tâche de ce gouvernement n'est pas d'établir la liberté. La France la demande, et il suffit. Le rôle du prince est de subordonner sa volonté à celle de tous. Tout accepter, ne rien conduire : le pourra-t-il, le voudra-t-il ? L'Empire a contre lui la tache de son origine et les fautes de sa gestion. Tout doit s'expier et se réparer. Peut-être, comme s'écriait M. Gambetta dans un élan de piété confiante, est-ce à la justice éternelle qu'il appartient de nous venger. Tant pis, car, dans ce cas, il nous faudrait beaucoup attendre.

XXV

UNE SÉANCE A LA CHAMBRE — M. CHEVANDIER DE VALDROME — JULES SIMON ET QUELQUES AUTRES — LES DÉBUTS DE M. BANCEL — UN ORAGE EN CHAMBRE — MM. MATHIEU, DE LA CORRÈZE, DUGUÉ « DE LA FAUCONNERIE », PINARD ET OLLIVIER — L'ÉLECTION DE M. DUVERNOIS

Décembre 1869.

J'aime les lois, d'ailleurs il en faut. C'est, dit-on, la nécessité qui les fait, mais quand la nécessité chôme, les législateurs y suppléent. Les législateurs seuls me paraissant bons à connaître, je résolus de les voir tous et d'en entendre plusieurs. Samedi dernier, en entrant dans une des tribunes du Corps législatif, je m'écriai comme le sylphe des *Orientales :*

Je tiendrai peu de place et ferai peu de bruit.

La tribune regorgeait de monde : cependant je pus m'asseoir. Mon voisin tuait le temps par un article des *Débats*, ma voisine le ressuscitait par la lecture de Gustave Droz. C'était une femme entre deux âges : celui qu'elle voulait paraître et celui que je crains d'avoir.

La séance va s'ouvrir. Déjà les députés s'agitent,

sans que M. Schneider les mène. Ce forgeron toujours absent traite ses vice-présidents comme le fer de ses usines. Il les fait battre pendant qu'ils sont chauds. M. Chevandier de Valdrôme monte au fauteuil qu'il occupe et ne remplit pas. Taille mince et cheveux gris il a tout à la fois le nez pointu de ceux qui cherchent et les yeux vifs de ceux qui trouvent. Bien vu de tous les partis, il les ménage sans s'y confondre, et s'il penche vers la liberté, il se préserve d'y tomber. Il fut des quarante-cinq comme il est des Cent-Seize, et, modéré par nature, il n'a pu transformer encore ni ses rêves en réalités ni ses désirs en passions. Jadis il défendit les forêts que l'État brûlait d'aliéner. Il savait bien que si les bois perdaient leurs coins, on ne saurait plus ni où cacher les fonctionnaires, ni où rencontrer les ministres.

L'heure sonne, et les députés s'éparpillent, soit au sommet de la Montagne, soit aux vallons de l'Arcadie. Quelques jeunes gens qui promettent se mêlent çà et là à des vieillards qui n'ont pas tenu. Voici, sur les bancs de la gauche, M. Gambetta, maigri de moitié, et M. Picard, grossi du double. J'aperçois M. Crémieux, feld-maréchal à l'ancienneté dans la grande armée des singes. M. Jules Favre revient du Palais de Justice en émigrant d'une chambre à l'autre. Tout à l'heure encore, il plaidait pour une épousée mécontente des justes noces. Il a charmé ses juges, gagné sa cause et fait séparer deux corps ennuyés de se réunir.

Toutes les têtes se retournent sur le passage de M. Rochefort. C'est un Alcibiade moins joli que l'autre, et qui pour se rendre célèbre a fait de la peine à son chien. Il a déjà enfanté un projet de loi avec Raspail et un mot heureux sur Boulogne. Au-dessus de lui siége Arago, fils récompensé d'un père qui montait aux astres. M. Jules Simon suit d'un air pensif le chemin qui mène à son banc. Il est plein de lui, ce qui le retarde. C'est un disciple de Platon, nourri de grec et frotté de miel. Il compose sur le devoir et chevauche sur les principes. Il a acheté un fond de morale qu'il débite à ses collègues et revend à l'ouvrière. C'est l'homme de France qu'on connaît le moins et qu'on nomme le plus. Il obtient les voix du peuple et le sourire des princes. Élu naguère par deux départements, et ne sachant où placer son élection et ses préférences, il a mis l'une à la charge de Bordeaux, les autres au comte de Paris.

On prétend que la séance sera chaude. Elle l'est déjà, car on étouffe. L'adoption du procès-verbal donne lieu à des escarmouches d'avant-garde. C'est à propos de l'ordre du jour qu'un beau désordre est annoncé. On passe aux vérifications des pouvoirs. Il s'agit d'un député de l'Arcadie en faveur duquel un préfet a travaillé manuellement, à l'exemple du meunier Girault. Tout a concouru à l'élection : l'écharpe des maires, la voix des instituteurs et le baudrier des gendarmes. On a voté dans des soupières, et, quant au scrutin, on réussit à l'enrichir en oubliant de le dépouiller : tant de manœuvres habiles ont décidé du gain de la journée. Le gouvernement l'emporte, et, dans sa joie, décore les maires, fait avancer le préfet et, peu après, les soldats.

Les ouvriers s'insurgent à la Ricamarie. Qu'importe ! on met des balles sur la poudre qu'on leur jette aux yeux. La paix revient, et l'on célèbre les gloires de l'empereur, qui, pareil à Jupiter, se transforme tour à tour en flot d'or quand il séduit et en cygne lorsqu'il chante.

L'élection sera combattue et la gauche a choisi M. Bancel comme porte-voix [1]. M. Bancel prend possession de la tribune et s'y compose à loisir un maintien qui ne déplaît pas. Il est petit, mais fait avec soin. Jeune encore malgré l'exil, il a laissé en Belgique une partie de sa chevelure; mais toute sa barbe revint en France. On se penche pour mieux le voir, on se tait pour mieux l'entendre. Il possède une voix charmante et dont il use en artiste. Il consacre son exorde insinuant à l'apologie des ouvriers et à la critique des ministres. Il a des paroles conciliantes accompagnées de gestes nobles, et son éloquence, comme le verre qu'il va vider, se compose de sucre et d'eau claire.

En un instant, il a séduit les faibles femmes. Elles sentent qu'elles auront leur place dans la République qu'il rêve. Ma voisine m'entretient, en soupirant, des droits qu'elle revendique et des libertés qui lui manquent. En ce qui touche ses libertés, je conjecture qu'elle les a toutes prises. Si toutefois ses apparences ne mentent point, sa réflexion part d'une bonne nature et ses soupirs d'une blanche poitrine.

M. Bancel a le talent de commencer, mais il ignore

[1]. Bancel, disait un de ses collègues qui aime à rire, Bancel, c'est un mouton, menacé d'apoplexie.

l'art de finir. Comme la machine pneumatique, plus il travaille, plus il fait le vide. Il sait à fond son métier de rhéteur et vous trousse une conférence aussi bien qu'homme de Belgique. Il ne sait rien de son sujet, mais il s'occupe de bagatelles et buissonne aux environs. Il est ciseleur en phrases et fleuriste en rhétorique. Il est homme jusqu'au bout des ongles, et dans le choix des adjectifs : Il a de « mâles » soucis et des croyances « viriles. » J'ai dit qu'il plaisait aux dames.

C'est, comme on l'a déjà nommé, le troubadour de la sociale. Il s'est prêté à part lui une foule de serments internes qu'il tiendra jusqu'au scrupule et n'exhibe pas par prudence. Il est plein d'intentions généreuses dont quelques-unes auront leur jour. Comme il a le goût des beaux-arts, il supprimerait leur intendant. Enfin, comme il aime les lettres, il dispenserait l'empereur d'écrire.

M. Bancel récolte un véritable succès d'estime. Ce sont ses convictions seules qui le distinguent du vulgaire et le rattachent à l'élite ; or, la foi, même allant à gauche, sauve toujours ceux qu'elle inspire. Naturellement il perd sa cause, et le député qu'il combat est validé sans obstacle. Un peu plus tard, comme la Chambre exécutait une seconde variation sur le thème électoral, on entendit courir sur les bancs comme un présage de tempête. Le vent souffle, un nuage se forme, le tonnerre gronde : l'orage éclate, les députés s'agitent comme des arbres sous l'aquilon. Les uns se lèvent, les autres se penchent ; ceux-ci lèvent la voix, ceux-là les mains ; les cris partent, les menaces s'échangent, et la déesse de la discorde jette ses pommes entre les bancs : le tumulte s'accroît sans cesse, et le charivari prend peu à peu les proportions d'une épopée. Je me souviens des lutteurs antiques s'invectivant avant le combat, et Garnier Pagès m'apparaît sinon comme un héros d'Homère, du moins comme un guerrier d'Offenbach. Il me semble voir, aux sons d'une musique de chambre, le noble Plancy, prince des Champenois pouilleux, étreignant dans une lutte corps à corps l'immense Picard, égal aux dieux.

Muse, redis-moi ceux qui se signalèrent davantage, qui de la parole et qui du geste. Voici d'abord M. Mathieu qui remplaça M. de Jouvenel dans les amours de la Corrèze inconstante. Sa barbe est blanche, blanche est sa tête ; mais ses passions brûlent toujours sous la neige des hivers précoces. Il n'a que cinquante-six ans, mais on jurerait que, comme à Napoléon, on lui fêta son centenaire. Parti de rien, il eut la chance d'arriver à bien des choses. Il grandit à l'ombre de Delangle et sous l'aile de Baroche. Grâce à ces deux protecteurs, il a gagné les sommets, pareil à cette tortue ambitieuse qui, pour s'élever dans les airs, s'appuyait sur deux canards. Enfant d'un double ministère, il a commencé par le barreau et s'est continué par la Chambre. Aussi

> A l'empereur il s'est voué ;
> Dès qu'un ministre est mal à l'aise,
> Mathieu s'agite sur sa chaise,
> Mathieu rougit comme la fraise :
> Le Mathieu le plus dévoué
> Est le Mathieu de la Corrèze.

Non loin de lui, M. Dugué de la Fauconnerie se démène comme sur un trépied et danse comme sur un volcan. Il est le fruit savoureux d'une candidature officielle et passe à bon droit pour

> Le plus terrible des enfants
> Que la droite ait portés jusque-là dans ses flancs.

Il a l'audace des heureux et les couleurs de la jeunesse. Comme le Marcellus de Virgile, il est terrible à ses ennemis, soit qu'il passe à pied ou monte en voiture, soit qu'il dirige contre eux les roues d'un vélocipède ou le galop de son coursier. Ses alliances, comme son nom, le prédestinent à des destinées sans secondes. Quand on s'appelle de la Fauconnerie [1], il est juste qu'on serve les aigles.

Enfin M. Pinard se soulève au-dessus des flots irrités; il parle, et sa voix calme, comme par miracle, le déchaînement de l'orage et les houles de l'Arcadie. Il a la taille exiguë, et, si j'ose dire, la dignité courte. C'est un roseau peint en fer, qui promet aux apparences, mais qui ne donne qu'au pouvoir. Procureur général, puis ministre, et mélangeant la raideur et l'obéissance apprises dans ses deux fonctions, il dissimule l'ambition du disgracié sous l'austérité du juge. Phaéton foudroyé par décret, il tient à retrouver son char et s'exerce à le mieux conduire. En attendant, il plaît à la majorité qui retrouve, condensés dans ce petit

---

[1]. C'est le village où il est né qui s'appelle Lafauconnerie. Ne pas prendre Lafauconnerie pour un nom d'homme.

homme, les défauts dont elle est parée et les talents dont elle est veuve.

La Chambre, variant ses plaisirs, se prépare aux émotions du scrutin. Pendant que M. Ollivier rallie ses fidèles autour des urnes voyageuses, un de mes compagnons fredonne d'une voix fausse deux ou trois couplets de la ballade du grand Emile :

> Ollivier, beau d'insolence,
> Se balance,
> Noble et nu comme la main,
> Au-dessus d'une fontaine
> Toute pleine
> De l'eau qu'il mit dans son vin.

> Comme Narcisse, il admire
> Son sourire
> Qui se reflète dans l'eau.
> J'ai là, dit-il, je suppose,
> Quelque chose
> Du grand homme Mirabeau.

> Ah ! si j'étais aux affaires
> Étrangères,
> Ou même à l'intérieur,
> J'écrirais le *Livre jaune*,
> Près d'un trône,
> Entre l'aigle et l'empereur.

> Mes croyances envolées
> Sont allées
> Où vont les neiges d'antan.
> J'ai déjà le doux khédive
> Dont m'arrive
> Un peu d'or mahométan.

> Si j'avais le ministère[1],
>   Qui diffère,
> Je vaudrais plus de moitié,
> Et recevrais sur ma tête
>   Inquiète
> Le flot d'or de Danaé.

J'arrête ici la chanson pour reprendre à petits pas mon voyage autour de la Chambre. Le pauvre député de la Vendée a épuisé, dans un jour de disgrâce, toutes les rigueurs de ses collègues. Chaque jour le Corps législatif vérifie quelque élection scandaleuse,

> Moins blanche encor que Sainte-Hermine.

Les députés ne flattent pas le pays, s'ils s'imaginent le représenter. Notre suffrage universel est à l'image de nos préfets : il manque un peu de dignité.

Hier, il s'agissait de M. Clément Duvernois, du jeune et vert Dunois, comme l'appelait M. About. Le candidat s'est conduit tout simplement comme un second Annibal.

> *Sævas curre per Alpes*
> *Ut pueris placeas et declamatio fias.*

Il s'est élancé vers les Hautes-Alpes pour y séduire les enfants et y déclamer ses articles. Il n'allait pas précisément seul dans ce pays de montagnes. Sa renommée marchait devant lui et ses œuvres venaient derrière. On le savait intelligent, puisqu'il avait beaucoup changé. On disait de lui des choses étranges, dont grandissait son prestige. L'empereur, jaloux d'écrire un

---

[1]. Il l'a.

mot, lui avait emprunté sa plume, et, parfois, errant comme Numa, dans les bois frayés des Nymphes, il avait vu se pencher sur lui quelque Egérie de haut parage, demi-déesse par la puissance et deux fois femme par les années.

Aussi comme il fut accueilli au beau pays des Hautes-Alpes! Il s'y présenta comme candidat, il en revint comme député. Mais comme il fut ardent à promettre et ponctuel à s'acquitter ! Il sema assez d'argent pour récolter une élection. On n'avait qu'à lui demander pour obtenir et les faveurs arrivaient par son canal mieux que les vaisseaux par celui de Suez. Au récit de ces merveilles, les députés, hochant la tête, complotaient de l'invalider; mais on leur dit : « Qu'allez-vous faire ? La plus belle conquête que l'empereur ait jamais faite, ce n'est pas le trône, c'est Duvernois. Il a toutes les fidélités comme il a tous les parfums : violette pour la modestie et lierre par l'attachement. »

Cet argument suprême fit mollir bien des résistances. M. Duvernois eût échoué pourtant, si M. Ollivier ne l'eût aidé de son influence et appuyé de ses fidèles. En agissant comme il l'a fait, M. Ollivier devient tout à la fois le bienfaiteur et l'obligé, et il accepte autant qu'il donne. Il errait, triste comme un tome dépareillé, et voilà qu'il retrouve le second volume de ses œuvres et le double de sa personne. Ses doctrines ont un disciple, son école un écolier, ses exemples un successeur. Il n'est plus seul à invoquer pour ses revirements le prétexte du bien public ; il n'est plus seul à poursuivre la liberté sur le chemin des ministères et dans les salons du prince. Pauvre liberté, Eurydice blessée à mort, que réclament ces nouveaux Orphées! Mis en présence du sombre dieu qui t'a frappée, ils chantent!... mais d'autres amours et d'autres rêves que les tiens! Ils sortent, mais aucun d'eux n'a l'idée de regarder derrière lui, pour te revoir une fois encore dans les détours du chemin et les visions du passé!

Vous fûtes jadis des nôtres, disait M. Bancel à M. Duvernois; et vous le redeviendrez, le jour où nous serons les plus forts. C'est là une triste espérance, et qu'autorisent des souvenirs tristes comme elle. En France, depuis quarante ans, la force règne aux dépens du droit. Les pouvoirs se déplacent, mais les hommes se retrouvent, adorateurs du succès, de quelque forme qu'il se pare et quelque titre qu'il usurpe. Mais je glisse sur ce sujet, tant de fois traité, et, à propos de M. Duvernois, je n'ai plus qu'un mot à dire. Il me semble que son élection fut faite avec les ressources du budget; j'y ai contribué comme contribuable, et ce n'est pas à de telles fins que nous avons à solder l'impôt. Cependant, me dira-t-on, c'est avec l'impôt que vous acquittez la liste civile du souverain, le traitement des sénateurs, la rétribution des fonctionnaires, les frais de l'empire et le salaire de ses gloires. Je ne l'ignore pas; mais, comme dit le poëte:

Si jamais ton jour vient, Dieu juste, Dieu vengeur!...

Eh bien?... Eh bien, j'en serai bien aise.

XXVI

Mᵉ DELANGLE — LE MINISTÈRE OLLIVIER — LE CHEF ET LES SOLDATS
— MM. LOUVET ET SEGRIS, M. LE MARQUIS DE TALHOUET,
MM. BUFFET, DARU ET MAURICE RICHARD — CONCLUSIONS

Janvier 1870.

Nous venons de franchir un de ces jours à l'aide desquels depuis six mille ans nous comptons l'âge du monde et les pas du temps. A chacun de ces renouveaux de l'année, la famille en fête réunit ses deux extrêmes : le vieillard qui la couronne et l'enfant qui la recommence. C'est l'époque des vœux, des caresses et des dons. Plus on se rapproche du terme et plus on se souhaite de vivre. C'est le moment où chacun de ceux qui ont l'âge d'homme regarde à la fois derrière et devant lui pour peser dans sa main vide la poussière de ce qui n'est plus et l'illusion des jours à naître. Qu'une année est rapide à fuir, et quel contraste entre nos projets sans fin et notre vie d'un instant ! « Mes jours déclinent comme l'ombre, » s'écriait le sage David, qui fut musicien dans son royaume et prophète dans son pays.

Je ne m'arrêterai pas plus longtemps aux lieux communs du jour de l'an. La politique, au surplus, nous a consolé des étrennes, et 1869 s'est éteint avec plus de grâce que n'en déploient d'ordinaire les années non bissextiles. Malheureusement, une douleur récente est venue tempérer nos joies. Sur le seuil même de 1870, M. Delangle a fait un tel faux pas, qu'il en est mort. C'était une de ces natures exquises que le ciel forme pour être toujours en place. Des gouvernements, il n'avait souci : la fonction seule lui importait. Il était, en pareille matière, indifférent quant à la forme, mais scrupuleux quant aux fonds. Doué d'un grand talent, que les convictions ne gênaient guère, il brilla dans le barreau et s'éteignit dans le pouvoir. Magistrat de première classe et sénateur en évidence, il mangeait à deux râteliers les foins dorés du budget. Plus sage que le vieux Gaulois, il craignait peu la chute du ciel ; mais il se défiait de la sienne. Il avait étudié les lois assez à fond pour les éviter. De plus, comme il portait la robe, il connaissait le cœur des femmes.

M. Delangle a cessé de vivre en même temps que le ministère. Nous redevenons parlementaires comme autrefois, et nous répudions les errements du Deux-Décembre et le souvenir du coup d'État. Au jour de l'an dernier, le souverain s'est comparé à un voyageur lassé qui jette une partie de son fardeau pour avancer d'un pas plus leste. Cette image un peu risquée a constitué l'étrenne du Corps législatif. J'aime les parallèles, et qui donc ne les chérit pas ? Mais l'idée ne me fut jamais venue de comparer à un simple voyageur le chef glorieux de notre État. J'en dis tout de suite la raison. Je suppose qu'un voyageur doit s'en aller et j'imagine que l'empereur reste.

Ce n'est pas tout. Le souverain a écrit à M. E. Ollivier une de ces lettres qui font admettre leur auteur dans l'académie des gens hilares. Par cette épître, le député du Var recevait l'invitation de composer un ministère. La réputation de M. Ollivier n'est point de celles qui séduisent, mais l'empereur ne s'occupe guère de ces détails. Beaucoup prétendent que le chef de l'État expérimente sur des âmes de second choix. Il se servirait d'Ollivier comme d'un citron qu'on exprime et qu'on jette, et, revenant à ses origines à travers des voies prudentes, il démontrerait la nécessité de son premier pouvoir par l'impuissance de ses nouveaux ministres. Le plan suppose plus de finesse qu'on n'est en droit d'en attendre du conquérant du Mexique. Cependant tout est possible. L'aigle a vieilli, mais Jocko sait plus d'un tour. Depuis que l'impératrice a ramené un singe d'Égypte, une grande malice règne aux Tuileries.

Quoi qu'il en soit, M. Ollivier s'est mis en devoir de s'annexer des collègues. Ce fut une tâche que rendaient mal aisée la divergence des opinions et la personnalité du chef. M. Ollivier courut les centres et battit la campagne.

> Vingt fois sur le métier remettant son ouvrage,
> Le polissant sans cesse et le repolissant.

Après de longs jours d'incertitudes, de revirements et d'essais, enfin Malherbe vint, enfin parut le ministère.

. . . .

Je ne dirai rien de M. Ollivier; on le connaît, et c'est

ce qui le perd. Après de longues métamorphoses, il a reçu sa récompense et fait tinter les sonnettes du hochet ministériel. Moins arrivé que parvenu, et, devenu de superflu, nécessaire, il abaissa son caractère pour rehausser sa personne. Il succède à M. Baroche dont il rappelle par plus d'un trait l'inconsistante majesté. C'est un spectacle curieux que de voir à la tête de la magistrature un avocat qui fut tour à tour suspendu par un tribunal et rejeté par le barreau. C'était aussi, paraît-il, dans la destinée de la justice, de se voir administrée par deux hommes qui, en toute occasion, l'ont aimée en amateur et servie en irréguliers. Ce n'est pas tout, M. Ollivier s'accorde un secrétaire général, et c'est à ce second rang que M. Philis [1] va briller d'une flamme modeste. M. Philis méritait cet excès d'honneur. Vu sa fidélité rare, le nouveau garde des sceaux ne pouvait se dispenser de lui confier une surveillance. De plus, comme son nom l'indique, il commençait à désespérer à force d'espérer toujours.

Parmi les récents ministres qui dérivent du centre droit, je remarque en première ligne MM. Louvet et Segris, ces deux moitiés qui, réunies, arrivent presque à former quelqu'un : l'un a le pied timide et l'autre la

---

1. M. Philis a beaucoup changé. Prononçant en 1855 le discours de rentrée à la Conférence des avocats, il décrivit avec une complaisance visible, ce qu'il appelait « le groupe harmonieux et sombre d'Harmodius et d'Aristogiton. » C'est à son propos qu'on a pu dire : On n'a vis-à-vis des princes qu'on déteste que deux partis à prendre : les assassiner ou les servir.

vue bornée. C'est leur union qui fait leur force ; ils sont un homme en deux tronçons et n'opèrent pas séparément. M. Louvet est un des forts banquiers de Saumur.

> Eh quoi ! défendez-vous au sage
> De se donner des soins pour l'intérêt d'autrui !

Je dis « un des banquiers, » car il possède un associé. Seulement l'associé reste à Saumur. Plus audacieux, M. Louvet gagne Paris, où il joue au naturel les petits rôles politiques. Député depuis longues années et indifférent aux orages, il n'a gardé ni rancune à la république, ni rigueur à l'empire. A la Chambre, il passe pour indépendant ; mais il est vrai que l'on passe vite. Il a repoussé la loi militaire, et, à quelques exceptions près, tout ce qui choquait son bon sens ou effrayait sa droiture. Il a une parole entrecoupée qui scande les mots et frappe les phrases. Ses discours sont rares, mais ils portent. Il a du goût pour la liberté et des aptitudes pour les finances. Aussi on l'écoute dès qu'il parle et on le consulte quand il se tait. Il va prendre son onzième lustre, jolie recette pour un banquier. En somme, M. Louvet est la troisième merveille de Saumur. Les deux autres sont la Loire et l'école de cavalerie ; mais le prudent M. Louvet se contient quand l'une déborde, et se range quand l'autre passe.

Si M. Louvet est la fleur de Saumur, M. Segris est le lion d'Angers. Il commença par être avocat, mais on ne commence jamais bien. Le jour où l'envie d'être député troubla ce cerveau tranquille, chacun de ses clients dut lui dire, ou à peu près :

> Cher monsieur Segris, autrefois
> Au palais, qu'il vous en souvienne,
> Vous m'avez prêté votre voix,
> Aujourd'hui je vous rends la mienne.

Si nombreux étaient ses clients qu'il fut nommé sans conteste. Jugez un peu comme il plaidait. Il parle comme un Ange... vin et il mérite sa renommée. On ne lui connaît qu'un défaut, ce qui n'est guère pour un homme seul. Si la modestie est la grâce du talent, la timidité n'est qu'une faiblesse de l'esprit. M. Segris est timide jusqu'au miracle. On le voit hésitant au moindre mot, inquiet de son ombre, troublé de ses succès,

> Et rouge pour une mouche
> Qui le touche
> Comme une grenade en fleurs.

En politique, bien entendu, il lui manque l'audace du bien dont il a le sentiment. Loin d'avoir le courage de ses opinions, il n'en a que la terreur. Tel qu'il est, le monde l'aime toujours. A la Chambre, où ses scrupules contrastent avec le cynisme d'autrui, on lui sait gré d'avoir un front qui rougit de temps en temps. Il est partisan de l'empereur comme il le serait de tout autre, les oppositions ou les dévouements décidés n'étant ni dans le goût, ni au pouvoir de ces natures indécises. S'il accepte un portefeuille, c'est moins par envie des honneurs que par embarras d'un refus. En montant au ministère, il me rappelle plus d'une vierge allant à l'autel. Elles n'aiment, je parle des vierges, ni leur fiancé, ni le célibat. Et pourtant elles ceignent la fleur d'oranger n'ayant, hélas, ni le désir de devenir femmes, ni le courage de rester filles.

M. de Talhouët est un marquis comme on n'en voit guère. Tout lui sourit, ce qui l'égaie. C'est un honnête homme dans toute la force du terme, honnête par tempérament, homme aussi par les faiblesses. Légitimiste à vingt ans, il oublia au cours des années cette vertu de sa jeunesse. Il sacrifie aux dieux de l'empire, sacrificateur indépendant, mais parfois agréable. Estimé et bien vu de tous, pour être heureux, il n'a qu'à se laisser vivre. Il parle rarement mais bien, et toutes les fois que la justice est en souffrance ou la vérité sans défenseurs. Son crédit est grand, mais il est si riche. Conjointement avec le duc d'Uzès, il hérita de la fortune d'un roi ou pour mieux dire d'un comte Roy. Suzerain d'une infinité de millions, il a mérité par ses dîners et par ses votes ce mot d'un gentilhomme de grande maison qui un jour disait de lui : « Il pense moins bien qu'il ne faut, mais il dépense comme il convient. » Au demeurant la fortune lui sied. Elle le singularise et dore en lui jusqu'au talent. Il me représente un capital bien placé qui impose par sa puissance et s'augmente dans sa marche. Pour le peindre on emprunte à la métallurgie ses plus riches comparaisons. Quand il parle, il parle d'or. S'il veut se taire, son silence est toujours d'or. S'il fut blond, et il a dû l'être[1], ses cheveux étaient d'or pur, et s'il grisonne, ils sont d'argent.

1. Il est brun.

M. Buffet est un personnage consulaire qui fut ministre et le redevient. Vétéran des assemblées parlementaires, il fut un des vaincus et des captifs du Deux-Décembre. J'espère encore qu'il s'en souvient. Ramené à la Chambre par les suffrages d'une opposition dynastique, il ondula, non sans charme, des sommets du tiers-parti aux premières pentes du centre gauche. Aussi influent par les fonctions qu'il a remplies que par l'attitude qu'il sut prendre, il avait pour lui le prestige de la chute et l'espérance de l'ascension. Il a gardé l'attitude et la tenue d'un oracle : la mise sévère, l'air sérieux, les lèvres fines et deux yeux dissemblables dont l'un semble prévoir et l'autre se souvenir. Il est sûr d'être écouté, car il ne monte à la tribune que pour y dire quelque chose. Il se défie de lui, ce qui est sage, et même des autres, ce qui est adroit. Il ne s'avance qu'avec réserve et ne se livre qu'à demi. Il raffole de l'hypothèse et abuse de la conjecture. Il louvoie sans aborder, et s'il prend le taureau, c'est par la queue plus volontiers que par les cornes. Là est son défaut et sa force. Son défaut, parce qu'il lui manque cette décision et ce courage qui figurent parmi les éléments de l'éloquence et les attributs de l'orateur. Sa force, parce que, membre de la Chambre présente, il peut, grâce à sa timidité même, faire luire un éclair de bon sens à l'horizon des majorités dévoyées. Il se charge d'administrer les finances : il les connaît, car il en a. Heureux s'il peut rattraper tant de millions envolés dont la trace se retrouve à peine dans des comptes de l'autre monde et chez les hommes de celui-ci.

Le comte Napoléon Daru est un ministre par droit de conquête. Il eut pour parrain le premier empereur et Joséphine pour marraine. De l'un il tient le nom qu'il porte, et de l'autre la grâce d'État. On est filleul de souverain comme on est amiral suisse ; ces choses-là sont de naissance. Devenu maître de ses actions, le comte Daru consacra aux princes d'Orléans les préludes d'une voix jeune et d'une ardeur naissante. Il fit un chemin rapide et sut briller un peu partout. Nommé jadis membre de l'Académie des sciences morales et politiques, il trouve enfin l'occasion d'appliquer son double savoir. Depuis longtemps, au reste, il met la morale en pratique et la politique en action. Député sous la République, il était vice-président de nos Assemblées quand sonna l'heure du Deux-Décembre. Ce fut lui qui, à la mairie du dixième arrondissement, présida la réunion fameuse d'où sortit la mise hors la loi d'un prince en travail d'empire. Par un brusque changement des choses humaines, le voilà ministre d'un homme dont il fut jadis le prisonnier et le juge. Quelque douloureux que puissent sembler ces rapprochements, rien n'autorise à penser qu'il se transforme ou se désavoue. Il est au-dessus du soupçon, et arrive par la force des choses et non par le choix du maître. Et cependant dans le doute, abstiens-toi, dit le sage, mais, que voulez-vous, M. Daru n'a jamais douté. Et puis son baptême engage ! Quand on s'appelle Napoléon, on s'en souvient toujours un peu.

Ayant déjà parlé de M. Chevandier de Valdrôme, je n'ai plus à m'occuper de ce riche homme récompensé.

Reste M. Maurice Richard relégué, vu sa jeunesse, dans les coulisses du ministère. Depuis deux législatures il représente Mantes la jolie et autres bourgs d'un heureux nom. Jadis MM. de Janzé, Ollivier et lui composaient une trinité où il ne jouait pas le rôle de l'esprit. Il prend parfois la parole, mais il ne la rend qu'un peu tard. On l'a vu, enhardi par la bienveillance qu'il inspire, poser des arguments *ad hominem* et des questions au ministère. Il plaît et cela dit tout. Il se tient dans ces régions tempérées qui offrent trop peu de place pour la haine, trop peu de hauteur pour l'envie. Il a l'air aimable, la figure avenante, les manières toutes pareilles et une forte réserve de jeunesse qui n'a pas encore donné. Tant de qualités le rendaient propre au ministère qu'il occupe. Il ne pense pas, comme ses prédécesseurs, qu'un beau désordre est un effet des beaux-arts, et gouvernera d'une main ferme le demi-monde des théâtres et le domaine des musées. Il s'est déjà défait d'un surintendant trop prodigue : M. de Nieuwerkerke perdant sa place, nos tableaux vont reprendre la leur [1].

Le moment est venu de conclure. Le voilà, ce ministère auquel personne ne voulait croire et qui pourtant vient d'éclore. Les hommes qui le composent, arrivés des quatre coins de l'horizon politique, semblent s'être réunis pour une œuvre de liberté, de justice et de réparation. Nous les jugerons selon leurs actes, et, quel que soit le sentiment qu'on éprouve, ou la cause qu'on défend, le temps n'est pas encore des doléances ou des

[1]. Hélas, non !

apothéoses. Jamais plus qu'aujourd'hui je n'ai ressenti pour les miens et pour moi le noble orgueil de n'être rien. Notre politique triomphe et non pas nous. C'est nous qui les premiers et le plus haut avons revendiqué ce patrimoine qu'on va nous rendre des libertés françaises. Ce qu'on restitue, on l'avait pris, et, dès lors, il n'y a ni bienfaiteur ni obligé, ni faveur ni reconnaissance, mais un créancier qui réclame en face d'un débiteur qui s'acquitte. Sans blâmer les hommes dévoués qui vont réclamer nos perles sur le fumier de l'empire, on peut leur en préférer d'autres qui n'exposent rien d'eux-mêmes dans des compromis ministériels. Pour nous, pour d'autres aussi, tant que ne sera pas lavée la vieille injure du Deux-Décembre, nous regarderons les destinées de l'empire courir éperdument de l'attentat qui les commence à l'expiation qui les attend.

On n'en saurait disconvenir, M. Ollivier déconsidère plutôt qu'il ne fortifie le cabinet qu'il a formé. Ses métamorphoses et son ambition font de lui un personnage discrédité, dont le talent n'est plus un levier ou le nom une garantie. S'il bénéficie de l'estime que ses collègues inspirent, il les affaiblit en retour de la défaveur qu'il mérita. Toutefois, relégué au second plan par l'adjonction du centre gauche, il devient plutôt subi que désiré, et plus annulé qu'influent. En résumé, malgré ces lacunes et ces regrets, le ministère né d'hier est le seul depuis le coup d'État où les honnêtes gens prédominent. C'est la première fois, depuis vingt ans, que le pouvoir n'est plus donné comme récompense ou comme instrument à des fils par trop naturels de la fortune et des hommes.

Enfin Augias vient de remettre en bonnes mains le soin de nettoyer ses étables. Et quel travail, grand Dieu! Réformes dans les personnes et dans les choses, dans les pratiques et dans les abus, dans les mœurs et dans les lois! les candidatures officielles à supprimer, les lois électorales à refondre, l'article 75 à abroger, la presse à affranchir, l'administration à purifier, la décentralisation à opérer, le pouvoir personnel à détruire et la liberté à fonder. Enfin, pour compléter l'œuvre, déchirer ces vieilles formules dont on rit et qu'on prête, et, par l'abolition du serment, ôter la possibilité du parjure!

En parlant du comte Daru, j'évoquais naguère le souvenir de la résistance légale essayée dans une des mairies de la ville. Si celui-là même est ministre qui prononça la déchéance et subit l'emprisonnement, faut-il voir là une des contradictions de notre nature ou une leçon des événements? Prenons garde que notre promptitude à blâmer ne nous devienne une occasion d'erreur. Ce sont les temps qui ont changé, non pas les hommes. Ce qui élève l'ancien proscrit jusqu'aux sommets du ministère, c'est la volonté du pays, naguère attestée par quatre millions de libres suffrages. Ce que nous saluons et ce qui nous frappe, c'est la défaite de l'empereur et la revanche des vaincus. Malgré le souverain et en dépit de lui, ils rentrent dans leurs biens dont on les avait privés et dans leur maison d'où on les avait chassés. Ils sont revenus aux affaires publiques ceux qui les gouvernaient autrefois et qui livrèrent à la force triomphante les bons combats de la justice.

Nous applaudissons à leur retour comme à l'aurore des jours nouveaux. L'heure approche où nous allons être vengés. *Finis imperii.* Voici la fin du commandement. Le pouvoir personnel va perdre une à une toutes les forteresses puissantes derrière lesquelles il tirait sur nous. Et tout cela, c'est l'œuvre des anciens partis sur lesquels avaient passé, disait-on, la faux du temps et le niveau de décembre. Ils prétendaient, que voués à l'impuissance éternelle, nous n'avions plus qu'à chercher la liberté parmi les ombres et le souvenir parmi les ruines. Ils nous montraient les blessures qu'ils nous avaient faites, nous défiant de les guérir ou menaçant de les rouvrir. Ils se vantaient, comme d'un triple titre, de leur puissance, de leur audace, et de leurs victimes. Et maintenant, empire, où sont tes victoires, et cherchez ce qu'il advient du vol des aigles et du dard des abeilles?

N'était-ce pas hier que le souverain déclarait n'avoir pour juges que Dieu, sa conscience et la postérité? Que cet hier est loin de nous! l'empereur me fait l'effet d'un chevalier privé de ses armes. Il a perdu le bouclier, le casque, l'épée. Voici qu'on ôte la cuirasse et qu'on va confiner dans un grenier inaccessible tous ces débris d'armure faussée. Ainsi dépouillé, le chef de l'État prend les allures d'un bourgeois paisible qui n'aurait fait campagne que dans la garde nationale. Il conserve toutes ses croix, ce qui fait bien et ne peut pas nuire. Il regarde l'aigle de Boulogne s'endormir sur son perchoir et, de temps en temps, fomentant entre M. Ollivier et Jocko une jalousie de métier, il s'égaie aux combats singuliers de son singe et de son ministre.

Que le nouveau cabinet se mette à l'œuvre, et, si ses œuvres sont bonnes, nous ne lui ménagerons ni l'hyperbole, ni la litote, qui sont des fleurs de rhétorique. Déjà ils se sont défaits d'Haussmann et gantés de Chevreau. C'est déjà bien, mais nous voulons mieux. Ce qu'il est curieux de noter et réjouissant de voir, c'est l'enthousiasme des journaux et des gens soupçonnés de cette maladie vague qui s'appelle l'orléanisme. Au *Journal de Paris*, en parlant d'Ollivier, M. Hervé se rengorge et M. Weiss s'épanouit. C'est à croire qu'on leur a fait des offres réelles. Dans le *Journal des Débats*, M. Prévost-Paradol entonne un hymne d'allégresse. L'empereur s'étant comparé à un voyageur qui jette une partie de son fardeau sans s'affaiblir pour cela, M. Prévost fait ressortir ce que cette image a de juste, de naturel, d'exquis. Allons, encore un académicien à la mer, mais qu'importe? la mer est si grande et un académicien si petit!

XXVII

LES GLACES ET LES MINISTRES — LES EXPLOITS DU PRINCE PIERRE BONAPARTE, SA VICTIME, SES ANTÉCÉDENTS — LES FUNÉRAILLES DE VICTOR NOIR — LES POURSUITES CONTRE M. ROCHEFORT

Janvier 1870.

C'était, je crois, soit en France, soit en Belgique, mais en tous cas il y a longtemps. Le monarque, alors régnant, venait de congédier un de ses ministres; assurément c'était son droit. L'ayant destitué, il le remplaça : c'était agir en roi prudent. Si la logique n'exige pas que les ministres se ressemblent, elle veut au moins qu'ils se suivent. Le ministre disgracié possédait une femme charmante, dont quelques grains de coquetterie rehaussaient encore les charmes. Cette aimable dame se plaisait infiniment au spectacle de sa beauté. Narcisse en vertugadin, et moins niaise que son émule, elle jugeait que le besoin de se voir pouvait s'allier au plaisir de vivre. Pour satisfaire à toute heure son innocente récréation, elle avait orné sa chambre et jusqu'à son lit de ces confidents discrets que nous appelons des miroirs. Comme elle aimait la vérité, elle se plaisait à en arborer le costume et à en rechercher l'image.

Le nouveau ministre s'était marié lui aussi, et même il lui en restait quelque chose — sa femme : mais une femme réservée, ne montrant à son miroir qu'un peu de nécessaire et rien du superflu. Or donc, comme elle visitait au bras de son mari les appartements destinés à leurs grandeurs, elle vint à cette chambre des miroirs où sa devancière avait passé, en se regardant. Ayant écarté les rideaux du lit, elle rougit, non sans décence, et faisant appeler les huissiers du cabinet : « Enlevez la glace ! » leur dit-elle. On obéit, et vraiment, ajoute l'historien auquel j'emprunte ces détails, et vraiment ce fut dommage. La glace était de bon conseil ; elle avait tant réfléchi.

Si les détenteurs de portefeuilles trouvent le temps de méditer cette anecdote, ils y apprendront une façon de se regarder sans rire, qu'ignoraient les anciens augures. Il est douteux que jamais la grâce des Dieux m'élève au rang de ministre ; mais, le cas échéant, en prenant possession d'une de ces splendides demeures où sont logées les Excellences, mon premier soin serait de faire changer les glaces. Par exemple, je respecterais les araignées. On en a vu de sensibles, et quoi qu'en pense M. Ollivier, elles ne prennent pas la mouche du coche.

Mais pour les glaces, c'est autre chose. Je songerais avec effroi que devant ces cadres dorés, tous mes prédécesseurs, l'un après l'autre, sont venus étudier une attitude, essayer une grimace ou sourire à la fortune. C'est là que tour à tour ils se sont contemplés, alors qu'il s'agissait ou de faire le jeune homme ou de dépouiller le vieux. C'est là qu'après tant de défections ils ont tenté de se reconnaître ; c'est là enfin que leur visage s'est reproduit, égayé par le triomphe ou attristé par les adieux. Je voudrais des miroirs tout neufs et n'ayant jamais reflété d'autres métamorphoses que les miennes. Pour mes visiteuses, je me souviendrais de la légende de Salomon. Ce roi étendit sur le chemin que la reine de Saba devait suivre tout un parquet de glace polie. Croyant marcher sur l'eau, la reine releva sa robe et le cristal reproduisit les pieds charmants qu'elle lui montra. Salomon voulait savoir si son amie se terminait aussi gracieusement qu'elle commençait. Il sut que oui et fut très-content. Puis il fit briser le miroir de peur que d'autres pieds, même moins petits, y fussent jamais retracés. C'est par des procédés toujours ingénieux que le sage Salomon arrivait à découvrir le cœur des mères et le pied des femmes.

Maintenant que la glace est rompue, je puis parler de nos ministres. Quelques-uns de ces messieurs organisent un chemin de Damas à l'usage des convertis. Le postulant, parvenu à moitié route, voit briller des croix dans l'air et des lumières sur les sommets. Il songe immédiatement soit à l'Ollivier qui fleurit, soit au Buffet qui réconforte. Après quoi il tombe à genoux et se relève dignitaire.

Déjà MM. Weiss, Hervé, brebis doucement dévoyées, poussent un bêlement d'allégresse, en rentrant dans le bercail du ministère. En tête du troupeau qui rentre, M. Prévost-Paradol, enrubanné de neuf, fait tinter à chaque mouvement sa clochette d'académicien. Ils sont conduits par Philis, un joli nom de bergère. D'autres les suivent et les rallient. Ces chères brebis ont enfin trouvé qui les mène et vont tondre l'herbe fleurie aux bonnes places du conseil d'État.

Au surplus, les nouveaux ministres ont déjà pris de sages mesures et prononcé de long discours. M. Ollivier a déjà saisi l'occasion de vanter, en excellents termes, la dignité de la justice et l'indépendance des juges. Le pensionné du petit Turc, je veux dire du vice-roi d'Égypte, a plutôt conservé les illusions de l'innocence que la rancune d'un condamné. Il se déclare prêt à passer selon l'occurrence de la douceur d'un agneau à la force d'un pacha. Heureuses les natures qui, se transformant à volonté, s'en vont du grave au doux et du plaisant au sévère.

Mais ce ministre vient de commettre des fautes de conduite toujours plus graves que des erreurs de langage. C'est ici qu'il me faut venir à ce fatal événement dont le retentissement a fait taire tous les autres bruits. La chose est simple et peut se dire en deux mots. Lundi dernier, le prince Pierre Bonaparte a tué Victor Noir. En voilà assez pour que les intérêts s'alarment et que la liberté recule; assez pour provoquer les mesures exceptionnelles et les passions populaires; assez pour que la dynastie, encore une fois avertie, puisse lire à ce nouveau présage les menaces du temps et les refus de l'avenir.

On sait qu'à la suite de ses articles dans un journal de Bastia et de sa lettre à un journal de Paris, le prince invitait son adversaire à passer de la plume à l'épée. Il ne voulait qu'un duel, mais il en avait provoqué deux. Attendant chez lui les témoins d'un député, il vit paraître les envoyés d'un journaliste. Le prince les reçut l'injure aux lèvres et le doigt posé d'avance sur la détente d'un révolver. Ici les versions se contredisent, soit qu'on écoute l'un ou l'autre des deux survivants de la lutte. On ne sait encore quel bras se serait le plus tôt levé; mais la conversation s'engageait de telle façon que forcément les paroles appelaient les gestes. Ce qui est certain, et à cet égard la déclaration même du meurtrier ne permet pas l'ombre d'un doute, ce qui est certain, c'est que des lèvres et des mains du prince sont partis la première insulte, hélas! et le dernier coup.

M. Pierre Bonaparte est un des fils de Lucien et, par conséquent, neveu du premier empereur et cousin germain du troisième. Néanmoins, il cousinait peu. Comme plusieurs des siens, il a mené une vie d'aventures, semée de coups de pistolet, d'emprisonnements et d'évasions. Héros d'un mauvais roman, il a eu des duels, des combats et des victimes. Conspirateur, soldat, député, il se bat, il déserte, il provoque. Membre de la Chambre républicaine, il frappe en plein visage un vieillard de quatre-vingts ans. C'étaient là les jeux de ce prince. Il siège au sommet de la montagne, sans recruter un ami parmi les défenseurs de la république ou les fidèles de son cousin. Vint le coup d'État, dont il repoussa la pensée et recueillit le bénéfice ; il se rallie et passe au rang d'Altesse, mais d'Altesse de second ordre. Le roi Jérôme et sa lignée occupent les premiers honneurs ; ils siégent sur les marches du trône et ils hériteront de l'empire si Dieu refuse au titulaire la possession d'une épouse et la joie d'un enfant. Mais Dieu ne refusa rien.

Depuis le 2 décembre, le prince Pierre Bonaparte s'était fait pardonner, c'est-à-dire oublier. Pris du besoin d'écrire, toujours funeste à ceux de son nom, il s'est rappelé violemment à nous par son langage et par ses actes. Il sort de l'obscurité sous une accusation d'homicide qu'il encourt pour la troisième fois. Telle est la solidarité entre les membres d'une même race, que l'un d'eux ne peut faillir sans que les autres se puissent affranchir de la souffrance ou de l'affront. Quelle fatalité pèse donc sur cette famille que l'Italie nous a léguée ! Prenant en main les récits de l'histoire ou les arrêts des tribunaux, il est facile de démontrer que trois de ses représentants, dont deux empereurs, se ressemblent par un côté : le mépris de la vie humaine, s'affichant dans les trahisons, les batailles ou les complots.

Je ne raconterai pas les funérailles de la victime : on avait interdit l'entrée de la ville à ce malheureux corps. Une foule immense a suivi le char funèbre jusqu'au champ des sépultures : foule inquiète, bruyante et roulant dans ses vagues les meilleurs et les pires. Un grand nombre de femmes en deuil, doublement émues par la douleur d'une fiancée et par la jeunesse du mort. Là, les ouvriers de la révolte ou de la plume, l'élite et l'écume, les représentants de tous les mondes et de tous les âges, attirés par la curiosité, la sympathie ou la colère. Malgré les excitations de la presse désordonnée, plus de sagesse et de recueillement qu'on n'eût cru. Beaucoup d'hommes revenaient, ayant à leur boutonnière des immortelles jaunes ou rouges, signes de douleur ou de ralliement. Des cris, des vivats, des chants, et au lieu des prières de l'Église, la *Marseillaise* entonnée à pleine poitrine comme un hommage à la victime ou un appel à la vengeance. Le gouvernement s'était prémuni contre une émeute redoutée de tous. Mais heureusement la force armée est demeurée inactive, les uns craignant de la provoquer, et les autres de s'en servir.

Les ministres ont compris que le rang n'assurait pas l'impunité. Ils ont cherché le meurtrier et ils lui ont trouvé des juges. C'est là qu'apparaît la première de leurs erreurs. Ils auraient dû porter le crime et le coupable devant son juge naturel — le jury. Tout leur en faisait un devoir, tout aussi le leur demandait; l'opinion, la justice, le meurtrier. Ils se sont arrêtés par respect de la constitution, et devant l'obstacle des lois, comme si dans ces derniers temps surtout on s'occupait à autre chose qu'à refaire ou à violer la constitution et les lois. De toutes les magistratures le jury est la seule dont personne n'ait encore douté. Les autres ont inspiré des doutes, et notamment aux prévenus. Mais, hélas! si fort qu'ils aient douté ils n'ont jamais pu s'abstenir.

M. Ollivier et ses collègues ont préféré en appeler à la haute cour de justice, juridiction spéciale, toute d'exception et par conséquent de privilége. La haute cour se compose, partie de conseillers de cassation nommés par le chef de l'État, partie de conseillers généraux provenant des candidatures officielles. Dès lors, elle offre plus de garanties au gouvernement qu'au prévenu [1]. Au surplus, il est dans ses attributions de connaître des délits et crimes imputés à la famille des Napoléon. Faisant d'une pierre deux coups, elle va juger l'un après l'autre le prince Bonaparte et le prince Murat [2]. Autrefois elle fut convoquée pour juger, après le coup d'État, le président de la République. Elle s'est réunie à ce propos, mais si peu... Tous ses membres reculaient alors..... Ils ont avancé depuis.

Le ministère a commis une seconde faute; les fautes ne vont jamais seules. Il a demandé au Corps législatif l'autorisation de poursuivre M. Rochefort. Ce n'était pourtant ni le cas, ni le moment de sévir. Député, M. Rochefort avait, à la tribune, gravement insulté les Bonaparte, mais, pour cent bonnes raisons, les Bonaparte ne se plaignaient pas. Publiciste, il avait écrit dans son journal quelques lignes où la mort de Victor Noir lui avait

---

1. La haute Cour s'est réunie. Le prince Pierre a été jugé et..... acquitté. Dans aucune affaire criminelle on n'avait vu accusé plus privilégié, magistrats plus complaisants, et plus de répulsion soulevée par tous, coupable, juges et témoins.

2. Le prince Pierre est acquitté et le prince Murat est quitte. Ce dernier savait bien sur quoi *Comté*.

fourni le prétexte d'un appel aux armes et l'occasion de déclamer. Lignes insensées, je le veux bien, et criminelles, j'y consens. Au moins avaient-elles leur excuse : l'indignation. Il en avait tracé de moins justifiables auxquelles on n'avait opposé que le silence et l'impunité. Qui ne voit qu'en cette occasion du moins, il convenait de pardonner, à la colère son explosion, à la douleur son égarement.

Certes, j'ai une égale horreur des jacobins et des arcadiens, mais j'estime que ces deux extrêmes peuvent s'entendre. M. Rochefort, malgré ses violences, et surtout à cause d'elles, a bien mérité de l'empire. L'empire doit donc être indulgent pour des folies qui lui ont servi. S'il n'avait pas eu d'ennemis de ce genre, il se serait mieux rendu compte du petit nombre de ses amis. Puisque M. Ollivier aime les apologues orientaux, qu'il me permette de lui en dire un : « Si un fou te jette des pierres sur la route, passe ton chemin, sans avoir l'air de les éviter ou de les craindre ! Elles n'effleureront pas même tes pieds. Si tu te retournes dans l'attitude de la curiosité ou de la menace, la plus grosse te frappera au front. Ainsi, tu seras puni de l'attention que tu témoignas à des choses qui n'en valaient pas la peine. C'est par le châtiment qu'Allah nous apprend la sagesse ! » Les Orientaux content bien.

La condamnation grandit toujours la victime, et si la faute rabaisse, trop souvent la peine rehausse. C'est dans ce sens que Proudhon a pu dire : « Il n'y a rien de plus haïssable que les persécuteurs, si ce n'est les martyrs. » Jadis vous avez poursuivi M. Rochefort;

qu'en avez-vous fait? Un député. Gardez-vous bien de lui donner de l'avancement, car la seconde faute serait pire que la première. Dans les procès politiques, le condamné domine le juge. Et après... l'homme tombe captif ou vaincu. L'idée se relève et s'échappe.

Eh quoi, ministres d'hier, vous prétendiez inaugurer une ère nouvelle et vous remontez déjà le vieux sillon de vos devanciers. Si vous n'avez à craindre que les déclamateurs de Belleville, rassurez-vous, vous vivrez longtemps. Si vous n'avez à redouter que l'opposition systématique de Gambetta, proclamant du haut de la tribune la République indivisible, réjouissez-vous, vous êtes immortels. Ce n'est ni par la contradiction, ni par la violence, que l'empire doit succomber. Il n'a qu'une rivale, mais toute-puissante : la liberté passant dans l'air, un bulletin de vote à la main. Plus elle s'avance, plus aussi l'empire s'efface. Le jour où ce gouvernement deviendrait inutile, il serait bien près de ne plus être. Il disparaîtrait sans lutte, sinon sans chagrin, car selon le dire du poëte : le plus semblable aux morts meurt le plus à regret.

XXVIII

LES POURSUITES CONTRE M. ROCHEFORT — EXEMPLES CHOISIS
DU CRIME DE LÈSE-MAJESTÉ. — RÉFLEXIONS AD HOMINES —
COMME QUOI M. OLLIVIER RESSEMBLE AU ROC

Janvier 1870.

Tout est fini, et la Chambre complaisante a cédé au triple désir d'un procureur général, d'un souverain et d'un ministère. M. Ollivier a fait d'une question de principes une question de cabinet et tout marche selon les vœux de M Grandperret, surnommé « l'éloquence même. » On va poursuivre M. Rochefort, et j'imagine qu'on l'atteindra. Laissez passer la justice de l'empire. Puisqu'on songe à la réformer, c'est bien la preuve qu'elle est passée.

Dans le cas qui nous occupe, les principes le cèdent aux princes. M. Rochefort est accusé de lèse-majesté. Depuis qu'il existe des majestés, on en a lésé beaucoup. J'emprunterai mon premier exemple au livre d'un académicien arrosé des sources antiques. L'empereur est-il seul? demandait un sénateur qui désirait voir Domitien. Il n'y a personne auprès de César, lui répondit un chambellan : personne, pas même une mouche. Ce qui rendait le propos particulièrement blessant, c'est qu'on était au mois d'Auguste. Domitien pouvait sévir, il aima mieux pardonner. Comprenant qu'il remplissait les fonctions d'une araignée, il récompensa son chambellan et s'abstint de prendre les mouches. M. Rochefort fut loin d'égaler l'audace du Romain dont j'ai dit l'histoire. En effet, accusez un souverain d'avoir en un jour de décembre fait disparaître deux mille personnes, il essaiera de se justifier. Mais reprochez-lui d'avoir en un jour d'été causé le décès d'une seule mouche, il n'osera plus respirer.

Si vous voulez que je descende des antiques aux modernes, j'invoquerai deux exemples dont l'un est vieux de dix années et dont l'autre date d'hier. Il y a dix ans, peut-être un peu plus, un journaliste anglais voulut se venger du prince Albert qu'il jugeait trop paternel et même trop souvent père. Prenant la plume, ou pour mieux dire le crayon, il donna au prince consort la forme que le maître des dieux adopta pour séduire Europe. L'autre jour, étant au théâtre, le général Grant, président des États-Unis, sentit tomber sur sa tête une pomme lancée d'une main sûre. Certes, le prince et le général avaient trouvé l'un et l'autre une belle occasion de s'irriter : ils restèrent calmes cependant. L'un s'égaya de son portrait, et l'autre a mangé la pomme.

Je choisis ma dernière preuve dans la boutique d'un confiseur. En ce moment même, déroulant quelques-unes de ces papillotes où la poésie se marie au chocolat, je découvre un dizain de Lebrun entre deux pastilles de Devinck. M. Devinck est le seul à ne pas se connaître. Tout le monde sait qu'industriel et financier il possède deux natures : dont l'une passe à la politique et l'autre reste au cacao. M. Lebrun, légèrement voué à l'oubli, n'a qu'une renommée discrète, si discrète qu'elle ne parle plus. Possesseur de deux fauteuils : l'un au Sénat, l'autre à l'Académie, il s'endort inconnu aux vestibules de l'immortalité. Et cependant sa poésie, qui déguise les bonbons du jour, a connu des destinées meilleures. Dans sa jeunesse, et il compte plus de quatre-vingts ans, il célébra sur la lyre nos victoires expiées et nos conquêtes perdues. Il n'oubliait pas l'amour, récompense ou délassement des vainqueurs, et les femmes qu'il comparait aux roses se pressaient autour de lui dans la joie de s'épanouir ou le chagrin de s'effeuiller.

Dans le dizain que j'ai découvert, le poëte sénateur rajeunit la vieille querelle de l'Amour et de la Raison. La Raison dit d'excellentes choses, mais elle a le tort de bâiller en conversant. Cette aimable personne, peu fréquentée en 1807, avait fini par ressentir quelque chose de l'ennui qu'elle inspirait. Lebrun la traite de prude et lui suppose un grain d'orgueil. Il la compare aux prédicateurs de son temps, dont les sermons faisaient dormir. L'Amour sourit, n'ayant pas même besoin de répondre pour triompher :

> Amour se tut, mais fit parler Hortense,
> Vous voyez bien que la raison eut tort.

Les jolis vers à enrouler des bonbons, et comme l'enveloppe est supérieure à la dragée! Jamais plus fine moquerie n'emprunta pour s'envoler les ailes rieuses du vers. Cette Hortense, qui donnait à la Raison de si gracieux démentis, effleura des plis de sa robe un trône à peine entrevu. Je n'aurais jamais si bien dit, comment l'Amour, nous voulant du mal, sut lui prêter tour à tour ses grâces et son sourire, son langage et son silence.

J'aurais rappelé aux ministres d'aujourd'hui tous ces ressouvenirs d'autrefois; j'aurais ajouté, poussant un peu plus loin la liberté du discours : Rentrez en vous-mêmes, quelque doux qu'il vous soit d'en sortir. Ce crime de lèse-majesté, que vous réprimez chez autrui, ne l'avez-vous jamais commis en la saison de vos croyances mortes? Il y a quinze ans, M. Philis, dans ses rêves républicains, brandissait le double poignard d'Harmodius et d'Aristogiton. Il cache aujourd'hui, sous les fleurs du conseil d'État, son serpent qui ne veut pas mordre. Au même moment, M. Ollivier posait devant les photographes pour le spectre du deux Décembre. Il s'est mis à la recherche d'une position plus sociale que celle de spectre, mais en souvenir de sa profession première il évoque encore aujourd'hui le vain fantôme de la justice. Quelles subites transformations! Nulle trace du vieil homme ne se trouve sous le ministre à peine éclos. Les anciens ont connu et chanté de moins complètes métamorphoses. Aréthuse, Narcisse et Daphné devenaient sources, arbres ou fleurs, mais quelque chose des nymphes ou des héros disparus flottait encore dans le feuillage des arbres, le murmure des sources et le parfum des fleurs.

Et vous, MM. Daru, de Talhouët et Buffet, trois excellences de fraîche date, maires du palais, naguère échoués dans une mairie! N'est-ce pas vous qui jadis convoquiez le peuple aux armes et insultiez dans son berceau la majesté d'un empire! Comme Mlle de Montpensier, qui d'un coup de canon tua son mariage, vous avez d'un seul décret failli tuer vos ministères. Pourquoi donc, en frappant M. Rochefort, voulez-vous décourager un imitateur zélé qui s'inspirait de vos souvenirs et s'instruisait à vos exemples? Si je ne puis vous blâmer, il faudra donc que je l'excuse, car ayant moins d'audace, il a subi même disgrâce. Eh! messieurs, qu'a donc à craindre cet empire condamné par vous, puisque vous avez consenti, soit dévoués, soit résignés, à le porter sur vos épaules? Oserai-je vous le dire, vous me rappelez, toute proportion gardée, ce beau groupe de Germain Pilon qui représente les trois Grâces! Je les regardais l'autre jour sur la cheminée d'un ami, soutenant une vieille pendule dont la sonnerie est muette et dont l'aiguille ne marche plus.

J'avais dessein d'ajouter que pour ceux qui acceptent le suffrage universel comme le souverain juge de notre temps, c'est folie que de soumettre ses élus à d'autres jugements que les siens. O ministres! vous présentez un projet de loi destiné à rendre au jury la connaissance des délits de presse, et vous traduisez un écrivain devant des juges qui, plus avares que l'Achéron, ont toujours prononcé l'amende. Vous vouliez élever la magistrature au-dessus du soupçon, et voilà que, par menaces, ou par influence, vous renouez d'un lien plus étroit l'alliance, un moment brisée, de la politique et de la justice. M. Rouher n'eût pas fait plus, et M. de Forcade a moins fait. Où sont donc ces moissons de libertés que vous deviez récolter sous l'influence du soleil et la rosée du budget?

Mardi dernier, j'étais à la Chambre. M. Schneider présidait encore. Il s'est assis, la poitrine traversée d'un cordon rouge plus éclatant que son mérite. Parmi les députés qui l'entourent, il choisit le suave Pelletan, dont il presse amoureusement la main droite. Libre enfin de ses mouvements, il se barbouille de tabac.

> Et parfois même, ô surprise!
> Les grains du tabac qu'il prise
> Pleuvent avec abandon
> De son nez sur son cordon.

La séance à peine ouverte, M. Gambetta prend la parole. Il reproche à M. Ollivier la mobilité de sa conscience. Vous n'expliquerez jamais, lui dit-il, que votre changement ait coïncidé avec votre fortune. « Moi, répond M. Ollivier, j'aime si peu le changement que je tiens fort à rester en place. J'ai introduit, et j'en suis fier, la variété ministérielle dans la famille républicaine. » Ces explications sont accueillies sans faveur. M. Gambetta s'agite et M. Schneider le mène. Pendant ce débat orageux, je songeai que M. Ollivier n'est pas de ceux auxquels s'applique encore le mot célèbre de Tacite : « *Neque beneficio neque injuria cogniti.* » Au train dont vont les choses et lui, il restera plus connu par les injures que par les bienfaits.

De pareilles scènes ne devraient avoir ni retentissement ni lendemain. Il est cependant plus aisé d'en prévoir que d'en empêcher le retour. Toujours on recherchera les antécédents des ministres et les origines du pouvoir ; la foule et l'élite s'abstiendront de tout appui dès qu'une tache apparaîtra soit au passé des hommes d'État, soit au berceau des empires. La liberté, assurément, est la grande chose; mais il est plus facile à un gouvernement comme le nôtre d'en concéder le bienfait que d'en subir l'épreuve. La liberté, vous l'attendez, dites-vous, du bon vouloir du prince et de l'habileté d'un ministre. J'accepte l'augure, mais, malgré moi, je répète le vers que Racine mit autrefois sur les lèvres de Joad :

> Jéhu, sur qui je vois que votre espoir se fonde,
> . . . .
> N'a pour servir sa cause et venger ses injures,
> Ni le cœur assez droit ni les mains assez pures.

Les poëtes parfois prophétisent. Le roi David l'a bien prouvé.

Je n'ai pas le temps de donner à ces idées le développement qu'elles comportent et je m'arrête sur un dernier souvenir. En se déclarant immuable, M. Ollivier n'a pas craint de se comparer au roc. Selon les légendes orientales, si chères au garde des sceaux, le roc est le plus énorme, le plus mélodieux et le plus volage des oiseaux. Il est malaisé de le prendre, plus malaisé de l'apprivoiser, et cependant on y parvient. Ses œufs sont d'une dimension, d'un poids et d'une beauté rares. Tout monarque qui se respecte, met son orgueil à s'en procurer. Il les acquiert au poids de l'or, mais en Orient les princes sont riches. Après quoi il les attache aux voûtes de ses salons, et là ils charment les yeux par leurs effets variés et leur balancement perpétuel. Je ne m'oppose nullement à ce que M. le garde des sceaux soit un roc de haute volée. Admis dans le palais des rois, il a chanté son premier morceau et pondu son premier œuf.

XXIX

LA GRÈVE DU CREUZOT

Janvier 1870.

J'avais commencé, sur les événements du Creuzot, un poëme épique en douze chants. Qu'on se rassure, je ne le finirai jamais. Certains auteurs, et des plus grands, ont introduit, dans leurs œuvres complètes, tout ce qu'ils ont laissé d'inachevé. C'est une façon de ne rien perdre, dont le public ne s'est jamais plaint. Ainsi ferai-je ; je publie des lambeaux épars de mon poëme, n'ayant ni le goût de les compléter ni le temps de faire autre chose. Quand les vers viendront à manquer, j'y suppléerai par un doigt de prose. Mon premier chant était consacré tout entier au départ de M. Schneider. Il ne m'en reste que trois strophes. Le nombre impair a du prestige. Si j'avais pris à tâche d'être aussi long, que M. Schneider est important, je n'eusse jamais pu finir. Il vaut donc mieux que je commence.

> Don Schneider est en campagne,
> Un régiment l'accompagne
> Portant casque et chassepot.
> Dans un grand fauteuil de soie
> Il s'étend et se déploie
> L'homme riche du Creuzot.

> Son sein gonflé se soulève,
> Pensif, il songe à la grève
> Qui peut-être a réussi.
> Son œil irrité s'allume
> Comme en lisant un volume
> De Madame Rattazzi.

> Pour retrouver l'espérance
> Il a traversé la France
> De Paris à Montchanin.
> Tout à coup vers lui chemine
> Un ouvrier qui s'incline
> Sa casquette dans la main.

Ici devaient se placer l'histoire et la description du Creuzot : c'était l'objet du second chant. Dans le troisième, mouvementé d'allures et peuplé d'incidents, je devais chanter la révolte des forgerons contre Vulcain. M. Schneider eût fait Vulcain. De temps en temps, pour égayer le tableau, on eût entrevu quelque Vénus effarouchée, ramenant ses colombes du Creuzot à Paris :

Des forges de Lemnos aux myrtes de Cythère.

Pour captiver, en la suspendant, l'attention du lecteur curieux, l'ouvrier introduit au premier chant, n'eût parlé qu'au quatrième. Cet homme du peuple, dont le portrait reste à tracer, eût apostrophé son patron d'une voix respectueuse mais ferme.

Monsieur Schneider, homme puissant,
Dieu bénisse vos destinées,
Que le chiffre de vos années
Atteigne le numéro cent !

**

Et comment va Votre Excellence ?
La santé, c'est le plus grand bien.
Vraiment vous avez l'apparence
D'un homme qui se porte bien.

**

C'est vous ! Voilà ces lèvres fines,
Ce teint de flamme et ces yeux gris,
Dont les filles rêvaient jadis
Du Creuzot à Monceau-les-Mines.

**

Je vous parle sans embarras
De la saison des vieilles roses...
Mais on raconte encor des choses
Que je ne vous redirai pas.

**

Comme ces temps sont loin et comme
Le génie en vous s'éveilla!
A présent vous êtes grand homme.
Qui pouvait deviner cela?

***

Mais un ingénieur habile
Vous sondant de la tête aux pieds,
Découvrit la mine fertile
Des talents que vous recéliez.

***

Comme dans la mythologie,
On dit que pour séduire encor
Le Dieu puissant se change en pluie
Dont chaque goutte est un grain d'or.

***

Ah! Schneider vous ouvriez vite
(En cela vous n'aviez pas tort)
A Jupiter faisant visite
Dans son costume de flot d'or.

***

On nous conta, je le répète,
Et nous en sommes enchantés,
Que vous agitiez la sonnette
A la Chambre des députés,

***

Qu'à votre cordon d'écarlate
Pendait la plaque en diamant :
Monsieur Schneider, cela nous flatte,
Cela nous flatte énormément.

***

Et maintenant, imposant trêve
Aux compliments trop familiers,
Vous demandez pourquoi la grève
A fait le vide aux ateliers?

***

Ces fournaises aux bruits sauvages,
Où s'entre-choquaient, confondus,
Le feu, le fer et les visages
De dix mille hommes aux bras nus.

*_**

Pourquoi? Par plaisir ou paresse,
Pour qu'on jase; nous désirions
Régir notre petite caisse;
C'est la grosse que nous battons.

Cette allocution et la réponse de M. Schneider font la matière du quatrième chant. Au chant suivant, la musique militaire salue l'apparition d'un nouveau personnage. C'est un ouvrier du genre Briosne agrémenté de Budaille; superbe comme orateur, déplorable comme ouvrier; cheveux au vent, la blouse trouée et les mains sales! Au son de sa voix, les vitres tremblent, mais M. Schneider ne tremble pas. Ainsi déclame le nouveau venu :

O maître, sur votre fortune
Chacun de nous a réfléchi,
Et c'est l'éternelle rancune
Du pauvre contre l'enrichi.

*_**

Lorsque du soir jusqu'à l'aurore
L'ouvrier pétrit les métaux
Et qu'en sueur il se colore
De la pourpre des grands fourneaux,

*_**

L'œil en flamme et la main rougie,
Il a d'étranges visions,
Et sent alors la nostalgie
De vos nonante millions.

*_**

Votre fortune accumulée
Dont l'appétit lui vient, hélas!
Grandit après chaque volée
Du marteau que brandit son bras.

*_**

Il le sent et puis il tressaille;
En grève, allons, et l'on verra!...
S'il s'enrichit quand je travaille;
Si je chôme, il s'appauvrira;

*_**

La misère ou bien la richesse,
C'est ma devise; tout ou rien :
Ne pouvant grandir, je rabaisse
Ceux dont le front passe le mien.

Le prolétaire allait aborder les questions socialistes et sociales, lorsqu'il se sentit arrêter par le regard d'aigle du grand Schneider. Le maître du Creuzot prenant la parole qu'il conserve tout le sixième chant, raconta ce qu'il avait fait pour le bien-être et la prospérité des travailleurs. Il flétrit en excellents termes ces ouvriers de désordre, toujours à dada sur leurs droits, jamais sur les principes. Ils reçoivent plus qu'ils ne valent et dépensent plus qu'ils ne gagnent. Ici se place la description réaliste des cabarets où les débauchés boivent en un jour leur salaire de la semaine. Les auditeurs sont touchés jusqu'aux larmes, ce que voyant M. Schneider change de sujet, il parle de lui : l'émotion cesse et l'admiration commence. Il se déclare fils de ses œuvres et fait l'éloge de ses pères. Puis revenant à la situation et montrant à ses ouvriers les baïonnettes étincelant à l'horizon : Songez, dit-il, que du fond de cette vallée quatre mille hommes vous contemplent. Ce mot renouvelé des Napoléons est le bouquet du sixième chant.

Toute l'action se passe en discours. Le septième chant est rempli par l'allocution d'un mineur animé de sentiments délicats. Ce brave homme vit en M. Schneider : on pourrait vivre plus mal.

<blockquote>
Content de moi, libre de plainte,
Je me dis, faisant mon devoir,
Tout le monde ne peut avoir
La chance d'aller à Corinthe.

**

Je reste, moi, mais vous partez
Pour Corinthe ou bien pour la gloire,
Votre succès est ma victoire,
Et je triomphe à vos côtés.

**

Si votre hôtel brûle, j'appelle
Les pompiers à noyer mes toits.
Aimez-vous ? J'aime, et je chancelle
Si l'on vous fait porter la croix.

**

Et quand l'impératrice-mère
Vous lance un de ces mots si doux
Qui cependant n'ont pas su faire
Autant de fortune que vous,

**

Le bonheur alors me rend ivre
Et je me dis, le cœur troublé :
Je puis mourir, j'aime mieux vivre ;
L'impératrice m'a parlé.
</blockquote>

Le dernier chant du poëme est le songe de Schneider et C⁶.

> Il voit, il est venu, la victoire lui reste ;
> Comme un autre Neptune il a calmé d'un geste
>   L'orage des flots irrités.
> Au bruit des lourds marteaux retombant en cadence,
> Il sommeille à demi, rouvre les yeux et pense
>   A la Chambre des députés.

*_**

> Il voit ceux de la droite et de la gauche adverse
> S'élancer à l'assaut des traités de commerce ;
>   Ils vont ; et de tous le premier
> Le jeune Estancelin décoche un trait rapide,
> Et Brame, triste et seul, erre comme un corps vide
>   Dont l'âme était Pouyer-Quertier.

*_**

> Thiers à la langue d'or, Forcade aux belles formes,
> S'accablent tout un jour sous les chiffres énormes
>   Balancés par leur forte main ;
> Et dans l'entr'acte on voit lutter dans l'hippodrôme
> L'aimable Chevandier, vidame de Valdrôme,
>   Et Gambetta le Phocéen.

*_**

> Et Schneider dit tout bas : O fortune cruelle !
> Comme à mes intérêts, à mon devoir fidèle,
>   Contre la grève j'ai lutté ;
> Pendant ce temps, David ou Leroux, son compère,
> Trônent sur le fauteuil où j'appuyais naguère
>   Le centre de ma gravité.

*_**

> Enfin, la nuit venue, il s'endort et murmure...
> Scrutin, ordre du jour, silence, la clôture,
>   Le pouvoir est un lourd fardeau !...
> Et s'il s'agite encor sur sa couche inquiète,
> C'est qu'il vient de rêver qu'il a bu sa sonnette
>   Ou fait tinter son verre d'eau.

. . . .

J'ai mieux aimé rire que pleurer en ce si grave sujet. De tristes augures se dégagent de ces grèves multipliées qu'une loi réglemente et que le bon sens réprouve. La lutte du travail et du capital commencée dans les réunions publiques se continue dans les chantiers. Partout les ouvriers, dont la situation ne fut jamais plus prospère, élèvent leurs exigences à la hauteur d'un droit. Nous le voyons trop; la question sociale est le nœud gordien qu'il faut dénouer par la patience ou trancher par le glaive. Le mal vient de haut et de loin; il a sa source dans les origines et les agissements de nos maîtres. Le présent nous déconcerte, mais l'avenir nous effraie; et cette pauvre société démoralisée par dix-huit années d'empire, cherche vainement son point d'appui entre les orgies de l'empire et les menaces de la plèbe.

XXX

M. LE DUC DE BROGLIE

Février 1870.

Les de Broglie sont la plus belle conquête que nous ayons jamais faite, — en Italie bien entendu. Il est peu de familles dont la noblesse ait obligé davantage. Venus en

France depuis deux siècles passés, les Broglie, à chaque génération, se sont parés d'un homme illustre. Tour à tour Saint-Simon les dénigre et Voltaire les exalte. Une particularité digne de remarque, c'est que la dernière syllabe de leur nom renferme un « i » dont le mutisme est sans remède. Ils tiennent à cette voyelle : ils la surmontent d'un point, mais ils ne la parlent pas.

Comtes à leur début, ils ont gravi l'échelle des titres. Le roi Louis XV les nomma ducs, le Saint-Empire les a faits princes. Trois d'entre eux, qui se sont successivement transmis le bâton de maréchal, ont eu sur les champs de bataille le grand Condé pour général ou Frédéric le Grand pour adversaire. Tous ont compté leurs combats par leurs victoires. Aussi utiles dans les camps que dans les conseils, tour à tour généraux et ministres, ils ont vécu sans intrigues et sont morts en disgrâce. Un des leurs, général sous la Révolution, paya de sa tête sa fidélité à la monarchie ; un autre, évêque sous Napoléon, paya de l'exil son dévouement à la Papauté. De nos jours, les aînés de cette puissante maison se lèguent les palmes vertes de l'Institut, comme leurs ancêtres avaient fait du bâton des maréchaux. Remplaçant la gloire des armes par le culte des lettres, ils ont rempli ces fauteuils étroits que l'Académie réserve aux politiques sans emplois et aux immortels sans volumes.

Victor de Broglie, qui vient de mourir, fut, parmi ceux de sa famille, le premier qui fut académicien et le troisième qui fut duc. Son père, entré jeune dans la carrière des armes, prit part à cette guerre d'Amérique dont le succès rayonna sur les débuts du règne de Louis XVI. Il a écrit, nous dit Sainte-Beuve, le récit de ses aventures. Il était dans le goût de son temps : parfois sérieux, souvent frivole, toujours Français. Il allait, comme tant d'autres, semant, à travers les deux mondes, les saillies, les fleurettes et les idées. Admirateur de Washington, il en laissa un portrait fidèle, agréablement tracé ; mais il garda ses préférences pour les nonnes de Tercere et les dames de Caracas. Conversant avec un médecin de la nouvelle Espagne ayant le nom de Prudhomme, il jeta dans cette âme innocente un ferment de révolution et des grains de philosophie. Menant de front les lectures, les plaisirs et les combats, il revint de ce voyage où s'était formée sa jeunesse, ayant profité de la fortune et du temps, et singulièrement aguerri son esprit aux études, son corps à la fatigue et son cœur à l'amour.

Député aux États généraux, membre de l'Assemblée constituante, il suivit la Révolution, mais d'un pas plus sage et mieux réglé que le sien. Jamais, même aux mauvais jours, il ne consentit à émigrer, trouvant indigne d'un gentilhomme de servir hors des frontières la royauté aussi menacée que la patrie. Employé à l'armée du Rhin en qualité de maréchal de camp, il refusa de reconnaître l'acte qui suspendait de ses fonctions le monarque déjà condamné. Sa destitution précéda de bien peu sa mort. Il passa de l'armée du Rhin au tribunal révolutionnaire et du tribunal à l'échafaud. Il avait trente-quatre ans à peine. Avant de marcher au supplice, il fit venir son jeune fils âgé de huit ans et lui recommanda, malgré tout, la cause de la liberté, à laquelle d'avance et pour toujours il entendait le consacrer. L'antiquité n'offre pas de plus beaux exemples que celui de ce jeune homme désintéressant la liberté des crimes commis en son nom, et la saluant, une dernière fois, sur les marches d'un échafaud et dans l'avenir d'un enfant.

Victor de Broglie fut fidèle, à quelques contradictions près, au noble vœu de son père. Il ne fut ni ébloui ni séduit par l'empire. Bien qu'ardemment sollicité, il refusa de rentrer dans les armées du vainqueur et fut le premier de sa race qui sortit de la voie militaire. En 1809 il entra au conseil d'État; et bientôt, comme la plupart des jeunes auditeurs, il joua le rôle et tint l'emploi d'un intendant en pays conquis. Administrateur nomade, il courut d'Autriche en Espagne et de Pesth à Valladolid, prenant le goût des voyages et l'exercice de ses fonctions. En 1812, il fut attaché à l'ambassade de Varsovie, puis à celle de Vienne et suivit comme secrétaire M. de Narbonne au congrès de Prague. Dans les diverses occasions qu'il eut d'entendre et d'approcher l'empereur, il fut frappé des défauts plus encore que des qualités. Il notait les emportements de ce génie qui, pour triompher des hommes et des choses, s'égarait aux extrémités de la colère ou de la démence. L'empereur était pour lui moins un sujet d'admiration qu'une occasion d'études; et plus il étudiait, plus aussi il s'étonnait de ce qu'en dehors de la morale et des lois, les hommes peuvent oser et les peuples subir.

La Restauration, dès son avénement, fit du duc de Broglie un pair de France. Il n'avait pas trente ans encore. Il venait d'atteindre cet âge requis pour le vote, lorsque la Chambre des pairs eut à juger le maréchal Ney. Cédant aux entraînements de la jeunesse, ou aux conseils de la prudence en désaccord avec la justice, le nouveau pair poussa l'indulgence jusqu'à ses limites extrêmes. Sur la question ainsi posée : le maréchal a-t-il commis un attentat contre la sûreté de l'État? une seule voix répondit non, et ce fut celle du duc de Broglie. La culpabilité une fois admise, il vota pour la peine la plus douce, qui était la déportation. Certes, le duc put juger sans erreur que le maréchal était de ceux dont la gloire couvre les crimes; mais, dans le vote qu'il émit, la théorie sociale se rattachait à la question d'humanité. Il se demandait si le droit de punir pouvait s'exercer sans limite, et si la vie humaine n'était pas respectable même chez les criminels. Traitant plus tard la question dans un remarquable écrit, il s'inquiète plutôt de la régénération que de la punition des coupables. Après avoir examiné la peine de mort au triple point de vue de l'intérêt, de la morale et du droit, il conclut timidement et pour l'avenir, à ce que le législateur ne remette plus un châtiment sans réparation aux décisions d'un juge sans certitude.

Il épousa en 1816 la fille de Mme de Staël : ce mariage, dit Sainte-Beuve, marque une seconde époque de sa vie intellectuelle. Il avait commencé par le libéralisme pur et net; mais, en s'ingéniant noblement à se perfectionner sans cesse, il éprouva, à ses dépens, peut-être, que la notion du bien s'efface à la recherche du mieux. Si son libéralisme ne diminue pas, tout au moins il se combine. Toujours selon Sainte-Beuve « il s'inquiète davantage de ce qu'on appelle en langage politique l'élément gouvernemental. « Il émet, à trois années de distance, des votes contradictoires sur des questions identiques, et commence, bien qu'à regret, à tenir compte des circonstances jusqu'au sein des principes. » En même temps il se lance dans une opposition doctrinaire et vigoureuse, et passe au rang des mecontents que M. de Villèle fit éclore. Dans le discours qu'il prononça au sujet de la guerre d'Espagne, il admet pour les peuples le droit de résister à la tyrannie, et monte à l'éloquence par le chemin de la passion. De tels élans sont rares chez lui. Ce fut un orateur de discussion, plus propre à élever qu'à émouvoir. Maître de son sujet comme de lui, il n'abordait la tribune que préparé par l'étude et mûri par la réflexion. Ses idées se déroulaient dans l'ordre qu'il avait tracé, et chez lui la clarté s'alliait à la hauteur des vues. Le reste lui venait par surcroit, et par « le reste » j'entends le don complet de se traduire sans efforts. Quant aux mots, il les trouvait sans les chercher. Il parlait avec une méthode et une élégance où se reflétait le caractère de sa personne et de son esprit. Parfois son improvisation savante ressemblait si fort à un discours médité, qu'on était tenté de rapporter à sa mémoire ce qui venait de sa nature. En un mot, sa pensée naissait dans une forme imprévue et rare, qui lui donnait non pas une force, mais une grâce de plus.

Selon Sainte-Beuve, les dernières années de la Restauration furent un beau moment pour M. de Broglie; quant à moi, je le crois sans peine. Sur les ruines déjà réparées de l'empire, s'élevait un gouvernement constitutionnel et libre, à l'avenir duquel les nobles esprits pouvaient croire. « M. de Broglie eut en ce temps-là un véritable rêve d'homme de bien, de philosophe élevé croyant en Dieu, et en même temps à la perfectibilité de l'esprit humain, à la sagesse et au progrès de son siècle, au triomphe graduel et ménagé de la raison dans toutes les branches de la société et de la science, et dans l'ensemble de la civilisation même. » Ainsi parle Sainte-Beuve, et personne ne saurait mieux dire. A cette époque, M. de Broglie publia dans la *Revue française* une série d'articles qui le placent au premier rang dans la famille des écrivains et des penseurs. « Soit qu'examinant le système pénal, il essaie de fixer dans ses limites et de rattacher à son principe le droit que la société a de punir; soit que, réfutant les théories matérialistes de Broussais, il se complaise à rétablir les titres authentiques de la spiritualité et de l'énergie propre de l'âme; soit enfin qu'abordant à propos de l'*Othello* de M. de Vigny, la question de l'art dramatique en France, il se félicite de la disposition du public, et que, de ce côté aussi, il marque sa foi dans un certain bon sens général qui semble mûr pour le vrai et pour le beau : partout et toujours il incline vers la meilleure espérance. » Sainte-Beuve, auquel j'emprunte ce passage, ne laisse pas que d'introduire une critique sous les éloges. Ces articles, dit-il, sont des traités ; ils en ont l'étendue et aussi la gravité. Il les compare à des arbres trop chargés, et voudrait des éclaircies pour qu'on puisse sentir l'air et voir le jour à travers le fouillis des rameaux et des branches. Les pensées sont belles, mais la place manque pour les regarder. Il n'y a là, dit-il encore, « ni pause ni repos. » Trop de silence nuit, trop de longueur fatigue, et quand on se mêle d'écrire, il faut savoir se borner. Enfin, Sainte-Beuve, terminant par un pieux désir, souhaite au duc de Broglie un grain, seulement un seul, de cette légèreté française que son père apprit aux dames et n'oublia qu'en mourant.

Son père, je l'ai dit en commençant, défendit jusqu'à la fin les nobles causes de la liberté et de la monarchie française ; lui, crut devoir autrement agir. Après 1830, il salua la fortune et non le malheur. Il eut, sinon cette excuse, au moins ce mérite, qu'il resta fidèle et désintéressé dans l'inconstance. Quoi qu'il en soit, la révolution de Juillet porta du premier jour M. de Broglie au ministère. Il garda quelques mois seulement le portefeuille de l'instruction publique, et, deux ans après, fut appelé à un rôle dirigeant. Dans le ministère formé au 11 octobre 1832, il eut les affaires étrangères, et les conduisit avec une habileté qui n'excluait pas l'énergie. Son opinion pesa pour beaucoup dans la décision du siège d'Anvers. Un peu plus tard, les souverains de Prusse, d'Autriche et de Russie, ayant paru se réunir dans un accord menaçant pour notre influence, il répondit aux ambassadeurs de ces différents princes avec la fierté souple d'un diplomate sachant tourner trois dépêches. Il sut varier les nuances aussi bien que choisir les termes. Il parla, — c'est lui qui le dit, — au chargé d'affaires de Prusse un langage fier et hautain. A l'égard de l'Autriche il témoigna de la bienveillance, et vis-à-vis du cabinet de Saint-Pétersbourg il affecta quelque dédain. J'ignore ce que les cours de Vienne et de Berlin pensèrent de sa courtoisie et de sa hauteur. Quant au czar Nicolas, il continua de témoigner, soit au gouvernement, soit à la personne de Louis-Philippe, un mépris mal déguisé, dont on n'osait point le punir, et qu'on ne savait pas lui rendre.

M. de Broglie quitta le cabinet en avril 1834. Il y rentra l'année suivante, y retrouvant son portefeuille et ses collègues et recevant la présidence du conseil comme indemnité de son absence. Ce fut lui, — je cite toujours Sainte-Beuve, — « qui, après l'attentat de Fieschi, vint proposer aux Chambres les lois dites de septembre, dont le but était de faire rentrer tous les partis dans la Charte et de ne plus souffrir qu'on remît chaque jour le principe même en question. » Ainsi cet homme de liberté apportait à des lois d'exception l'autorité de sa parole et le patronage de son nom. Sainte-Beuve l'affirme, et je n'en doute pas : en ce faisant, il violentait évidemment ses théories antérieures et ses croyances passées. Il consentit au sacrifice de ses doctrines, et fit de ce qu'il croyait la nécessité, non pas la vertu, mais la loi. Étrange erreur de ce grand esprit ! En protégeant contre toute attaque les origines du nouveau pouvoir, il ne voyait pas qu'il élevait à la hauteur d'un dogme la négation même des principes. Ce qui fit la faiblesse du gouvernement de Juillet, c'est qu'il ne put avoir et n'eut jamais ni de base dans la morale, ni d'appui dans l'opinion. Il ne satisfaisait pleinement ni le droit ni la liberté : ce fut au mépris de l'un qu'il s'établit, en lutte avec l'autre qu'il succomba. Il était sans racines et sans avenir ; et, comme il était né de l'orage, il disparut dans la tempête. Il a eu toutefois deux rares fortunes. D'abord, il fut servi par des ministres dévoués, qui ont honoré son passage, raconté son histoire et gardé son souvenir. Ensuite si on le compare aux régimes qui l'ont suivi, il triomphe du rapprochement. Malgré tout et dans la décadence même, il présente, dans la traversée qu'il a fournie, des exemples dont la tradition s'efface et des vertus dont le règne est passé.

M. de Broglie considérait le pouvoir plutôt comme un fardeau que comme un honneur. Il tenait aussi peu à la popularité qu'à la puissance. Ce double dédain lui semblait facile, et c'est ici, dit Sainte-Beuve, « qu'on pouvait trouver que la hauteur de cœur et un reste de hauteur de race se confondaient en lui. » Il appelait de tous ses vœux une occasion de retraite, et quand elle vint, il la saisit. Sachant bien que le titre et le rang de ministre ne lui pouvaient rien ajouter, il se contentait de s'appeler le duc de Broglie, tout simplement. Ministre ou non ministre, il apportait à ses amis politiques le secours d'un dévouement toujours le même et d'une influence toujours accrue. Il leur donnait de près son appui, de loin ses conseils. En 1844, étant à Coppet, il écrivait à M. Guizot les lignes que l'on va lire : « Gouvernez votre ministère et la Chambre, ou laissez-les se tirer d'affaire. Dans l'un comme dans l'autre cas, la chance est bonne, et la meilleure pour vous serait une sortie par la grande porte. » M. Guizot, ajoute malignement Sainte-Beuve, profita peu de ce sage conseil, donné pourtant en temps utile. Quant à M. de Broglie, il avait longtemps d'avance mis son précepte en action. Dès qu'il crut avoir fait sa tâche, il sortit par la grande porte, la seule, au reste, qu'il pratiqua toujours pour ses entrées ou ses retraites.

En 1838, il perdit Mme la duchesse de Broglie. Le grand chagrin qu'il ressentit le porta davantage encore à s'isoler de ce monde, en vue, si je puis dire, du ciel et de l'éternité. Il ne joua plus les premiers rôles politiques et prit l'attitude d'un oracle plus consulté qu'obéi. Il était réservé à une nouvelle et amère déception. En 1848, il vit sombrer ce gouvernement dans lequel il avait placé toutes ses espérances, et, mieux encore, sa foi. Ce fut pour lui le dernier coup. Comme le dit excellemment Sainte-Beuve, « M. de Broglie dut comprendre qu'il n'y a aucune portion de la théorie humaine qui puisse être assurée contre le naufrage; et sa pensée, qui n'était pas faite pour le scepticisme, s'est plus que jamais tournée en haut, du côté du port éternel. » Et j'ajouterai : Heureux et rares ceux-là qui, frappés dans leurs affections ou dans leurs croyances d'ici-bas, se font par avance les citoyens de cette cité divine où les âmes pleurant leurs rêves et leurs amitiés perdues seront à jamais consolées et infiniment satisfaites !

Après la révolution de Février, M. de Broglie se tint quelque temps à l'écart ; mais les électeurs du département de l'Eure, où est situé le château de Broglie, l'envoyèrent siéger à l'Assemblée législative. C'était un devoir à remplir : aussi il n'hésita pas. Il parut dans cette Chambre agitée, où le héros de Boulogne entretenait les divisions dont il devait tant profiter. L'autre jour, dit Sainte-Beuve à la fin de son article, « l'autre jour, après une scène violente où l'on avait eu M. Miot à la tribune et où il s'était dit bien des injures, je voyais entrer M. le duc de Broglie paisible, serein et souriant ; et cela m'a consolé. » Les injures de M. Miot étaient peu de chose, le président complotait mieux. Quelques jours plus tard, c'était le coup d'État... Le Rubicon était franchi : on voyait les honnêtes gens en prison, et... les autres au ministère. Nous avions l'empire, et le plus triste c'est que nous l'avons encore.

Il n'est pas besoin de dire avec quelle patriotique douleur le duc de Broglie subit cette réédition de l'empire. Il se résigna à cette troisième épreuve, plus attristé pour son pays que pour lui, et trop près de Dieu pour ressentir la haine ou le mépris des hommes. Au déclin comme au commencement de l'âge il retrouvait le joug pesant des Bonaparte et s'éprenait de ces années d'abondance qui séparent la stérilité des deux empires. Il se tint à l'écart et resta lui-même, c'est-à-dire qu'il ne fut rien. Il pouvait se répéter les belles paroles qu'il prononçait en d'autres temps: « Le droit de compter sur soi-même et de mesurer son obéissance sur la justice, la loi et la raison; ce droit de vivre et d'en être digne, c'est notre patrimoine à tous; c'est l'apanage de l'homme qui est sorti libre et indépendant des mains de son Créateur. » Il avait gardé sa foi dans la liberté, et confiant dans nos destinées futures il annonçait des temps meilleurs, dont son esprit devinait le retour et dont son âge lui défendait l'entrée.

Il accepta les dignités qui sont le couronnement naturel d'une vie pareille à la sienne. J'ignore en quelle année il fut membre de l'Académie des sciences morales et politiques, je sais seulement qu'il en fut membre. M. Cousin disait à ce propos : « Il faut absolument que nous nommions le duc de Broglie : c'est un homme qui, en philosophie, monte au sommet par le labyrinthe. » M. Cousin, qui connaissait mieux que personne tous les détours de la sagesse, ne s'éleva jamais qu'à mi-côte : et cependant il s'élançait d'un pied léger; mais, parvenu au premier plateau, il s'amusait à serrer dans son herbier de philosophe toutes les fleurettes qu'il avait contées.

En si beau chemin le duc de Broglie ne s'arrêta guère. Il prit place parmi les Quarante de l'Académie française, et succéda à M. de Sainte-Aulaire, inopinément tombé de son fauteuil d'immortel. Il prononça son discours de réception en l'année 1856, la quatrième du second empire.

Je ne puis résister au plaisir de détacher de cette éloquente harangue quelques lignes qui sont tout lui-même, et où se reflète, si j'ose dire, la couleur de son âme et du temps. « M. de Sainte-Aulaire vivait dans la retraite : de là, tout à ses regrets, tout à ce qui ne trompe ni ne passe, il avait vu tristement, mais sans s'émouvoir, ce ravage qu'exercent les commotions politiques dans les mœurs et dans les esprits, dans les cœurs et dans les idées, ou plutôt il a revu ce qu'il avait vu, ce qui toujours se voit en pareille occurrence: l'ingrat oubli du passé, l'indifférence aux principes, l'empressement à brûler ce qu'on adorait hier, l'ardeur des conversions, des convoitises nouvelles, la soif de l'or, du luxe et du repos. Il a vu cela, et son âme n'en a point été ébranlée, le découragement ne l'a point atteint. » « Le genre humain, ajoute-t-il, n'est en quelque sorte qu'un même homme qui passe, sous la main de Dieu, de l'enfance à la jeunesse et de la jeunesse à l'âge mûr. S'il est vrai que ce mouvement de l'humanité s'opère de telle sorte, qu'en avançant toujours elle a parfois l'air de reculer, pourquoi l'homme de bien ne regarderait-il pas d'un œil ferme les alternatives d'action et de réaction dans la destinée des peuples? » Pourquoi? Les hommes de bien sont rares, et la fermeté, même pour eux, est une vertu d'un rude abord. Rien aussi n'est plus difficile que de se désintéresser absolument de la foule et du siècle. De là ces protestations généreuses que soulèvent l'impunité des crimes et l'abaissement d'une nation. Beaucoup aussi, parmi les meilleurs, s'indignent, et à bon droit, de voir s'écouler, sans honneur pour leur pays et pour eux, cette part imperceptible du temps qui leur fut donnée pour vivre.

M. de Sainte-Aulaire, s'écrie le duc de Broglie un

peu plus loin, « M. de Sainte-Aulaire avait appris de l'esprit de Dieu lui-même que l'espérance est vertu divine et qu'elle est imposée à l'homme en toutes choses, en toutes circonstances, durant sa traversée de ce monde à l'autre et du temps à l'éternité. Il avait lu dans le livre des livres que Dieu châtie l'incrédulité des peuples en leur suscitant des révolutions, et il voyait dans les calamités dont il était témoin comme une juste rétribution et un avertissement salutaire. »
Ces paroles sont belles; mais on ne peut guère les sentir et les prononcer qu'au couchant même des années, alors, que près du terme, on a reconnu le néant des choses humaines épuisées. L'homme ne vit pas seulement de souvenirs et d'espérances; il vit du pain de chaque jour, c'est-à-dire du présent. Il espère, je le veux bien, mais avec le désir de savourer, avant sa mort, ses espérances réalisées. Il sait, en passant parmi les ruines des siens, que la calamité qu'il endure n'est autre chose que le châtiment qu'il mérite. Il n'ignore pas que l'espérance est au ciel, mais il attend qu'elle en descende; il croit à la résurrection, mais il s'attriste des tombes, et il demande au Dieu qui peut tout, de relever, dans sa bonté, ce qu'il a détruit dans sa justice.

Quoi qu'il en pût dire, le duc de Broglie mettait plus volontiers le renoncement en théorie qu'en pratique, Il compatissait aux misères de son temps à ce point même qu'il prétendit les guérir, ou tout au moins les signaler. Il composa un livre ayant pour titre, s'il m'en souvient : *Mes vues sur le gouvernement de mon pays.*

Il ne destinait pas à la publicité cet ouvrage, qu'il voulut faire tirer à dix exemplaires seulement. C'était trop, au moins pour l'époque. Le livre fut saisi, et il parut aux puissants d'alors, qui sont encore ceux d'aujourd'hui, qu'on ne pouvait écrire sur le gouvernement sans exciter à sa haine, et, partant, à son mépris. Sous cette prévention redoutable, M. de Broglie fut appelé devant le juge d'instruction, homme sévère et souvent injuste. Maintenant il n'instruit plus, mais il conseille. Ce qui vous prouve qu'il avança.

M. de Broglie fut interrogé et convaincu, mais aussi peu que son juge. Quelle est la juridiction que vous prétendez m'imposer? demanda-t-il au magistrat. L'homme de loi, visiblement étonné, répondit après un silence : — Nous avons la sixième chambre, devant laquelle un bon prévenu ne vaut jamais qu'un condamné. — Point, repartit le duc de Broglie : vous convoquerez, s'il vous plaît, la haute cour de justice. — Il ne me plaît aucunement, fit le juge. Êtes-vous membre de la famille impériale, et auriez-vous par hasard le titre de prince du sang ou les gages d'un sénateur? — Nenni, fit le duc de Broglie; mais j'ai l'honneur d'être grand'croix de la Légion d'honneur, et la haute cour de justice a seule qualité pour connaître des délits imputés à mes pareils. — Pour la première fois de sa vie, le juge d'instruction resta muet.

Inutile d'ajouter que le duc de Broglie fut renvoyé des fins de la plainte, et ce sans frais et sans dépens. Il ne dérangea pas la haute cour de justice, qui semble destinée à ne s'occuper que des Bonaparte. On lui remit son crime et, quelques jours après, son livre.

Les choses changent, si les hommes restent. M. de Broglie vit éclore ce mouvement libéral auquel l'empire répondit par des promesses sans valeur et des concessions sans garantie. Ses prévisions s'étaient réalisées, et la liberté reparue ne rencontrait plus devant elle que son adversaire couronné. Il assista, non sans émotion, à ce réveil de l'esprit public, et quand parut le dernier sénatus-consulte, il ne put s'empêcher de dire : « Peut-être pourrons-nous faire l'économie d'une révolution. » Tout en acceptant cette séduisante utopie, j'ai bien peur que la France ne se lasse point d'être prodigue. Depuis le suffrage universel, on peut espérer des révolutions pacifiques. Si je me trompe, mon erreur m'est chère. Rien n'est éternel, même un empire; et puisque « impossible » n'est pas français, j'ai peine à croire qu'il le devienne.

M. de Broglie put saluer avant de mourir ce ministère « d'honnêtes gens » qui nous gouverne aujourd'hui. Il l'accepta plutôt comme un présage que comme une solution. En fait de liberté, c'était pour lui le commencement et non la fin, le premier pas et non le dernier espoir. Il ne fit aucune avance directe et personnelle à ces nouveaux venus, ou parvenus, si l'on préfère. Quoi qu'ait pu dire un de ceux qui ont péroré sur sa tombe, il avait des regrets toujours vivants et des rêves qui dépassaient l'heure présente. Il restait fidèle à la devise de sa maison : « Pour l'avenir, » et il attendait cet avenir promis que vient de lui fermer la mort. Il ne fut point de ceux qui se pressent, depuis quelque temps, dans les salons des ministères, comme pour y retrouver leurs traces. Ainsi qu'il l'avait écrit à M. Guizot, pour entrer ou pour sortir, il n'admettait que les grandes portes. Pensant ainsi, il aimait mieux ne pas sortir; et, à vrai dire, la porte de M. Ollivier était un peu basse pour lui.

J'ai terminé ou à peu près. Je n'ai pas la prétention de l'avoir dépeint ou raconté; seulement j'ai parlé de lui. Il me resterait à rechercher ce que fut l'homme en lui; mais je n'y essaierai même pas. M. de Broglie fut plus grand par ses vertus que par ses actes, mais il cachait modestement sa vie, voulant que Dieu la connût sans que le monde en sût rien. C'est de lui qu'on peut justement dire que sa main gauche ignorait ce que donnait sa main droite; mais combien sa droite fut généreuse et discrète! Il allait au bien et au beau par une pente naturelle de l'esprit et du cœur. Il aimait les lettres, oubliant qu'elles l'avaient illustré, mais reconnaissant de ce qu'elles l'avaient consolé. Elles sont, disait-il, humaines par excellence, *humaniores litteræ*, « parce qu'elles assistent l'humanité dans le combat de la vie et la raniment dans ses défaillances. Elles apaisent l'âme dans le tumulte de la vie et lui sourient dans la retraite des champs. » « Pareilles, dit-il encore, à cette colonne de feu qui guidait Moïse, elles accompagnent l'homme dans son voyage ici-bas, en l'échauffant de leur flamme, en l'éclairant de leurs rayons. » Elles sont humaines, oserai-je ajouter après lui, parce qu'elles racontent notre histoire en renouant la chaîne des temps, parce qu'elles sont notre reflet et notre âme, et surtout, parce qu'elles assurent au souvenir et à la pensée des hommes, l'espace et la durée avec un corps et des ailes.

M. de Broglie eut cette fortune, ou plutôt cette grandeur, que ses adversaires ne lui ont jamais reproché qu'une chose : de ne pas penser comme eux : selon l'heureuse expression de Sainte-Beuve, il fut comme investi du respect universel. Après quatre-vingt-cinq années d'une vie sans taches, sinon sans erreurs, il est retourné au Dieu dont il se rapprochait chaque jour par une imitation plus parfaite et des désirs plus ardents. La place qu'il occupait se mesure au vide qu'il laisse. Il était de cette forte génération qui, ayant atteint l'âge d'homme aux premiers jours de ce siècle, a supporté sans faiblir le choc des événements et la fatigue de vivre. De ses contemporains, bien peu demeurent aujourd'hui. Presque tous se sont endormis au terme de leur course et sur le soir de la vie. Ainsi s'en vont, l'un après l'autre, tous ceux d'entre nous qui avaient des titres à l'admiration ou des droits au respect. Et maintenant, comme les Romains dégénérés, si nous voulons nous convaincre de nos grandeurs éteintes, il nous faut reprendre ces voies du passé, dont chaque arbre est un cyprès et chaque pierre un tombeau.

XXXI

LE PLÉBISCITE — PREMIÈRE PARTIE

Avril 1870.

Depuis deux mois les jours se ressemblent : aucun d'eux ne s'écoule sans enfanter, le soir venu, sa déception ou sa surprise. Le prince Pierre Bonaparte, — et quel prince ! — traduit devant la haute cour de justice est renvoyé de la poursuite avec les honneurs du revolver. Dirai-je ce dont s'occupent la commission décentralisatrice et le concile œcuménique ? Dans la première on acquiert la preuve que l'homme se trompe trop souvent, et, dans la seconde, on ne veut pas que la Trinité se passe sans que le Pape soit infaillible. Tout est contraste en ce bas monde, et le club du dictionnaire, je veux dire l'Académie, vient d'assurer à M. Ollivier la survivance de Lamartine. Je reconnais dans cette élection une ironie de la Providence et le doigt de M. Guizot. Jusqu'à présent, il en faut convenir, M. le garde des sceaux a plutôt écrit pour lui-même que pour la gloire. Cependant, s'il en faut croire un académicien, qui, né malin, n'a pas voté pour lui,

M. Ollivier, parvenu ministre, aurait depuis quelque temps une comedie en portefeuille.

Laissant de côté quelques scandales sans conséquence, j'arrive au grand événement d'hier et de demain, — le plébiscite. A cette seule annonce, voici que se désagrège le ministère « d'honnêtes gens » que le 2 janvier vit éclore. Pauvre ministère! Il avait l'âge de l'innocence, trois mois au plus; et, formé pendant les neiges, il se dissout avant les fleurs. M. Buffet abandonne les finances sans que les réformes qu'il rêvait aient pu mûrir au temps qui féconde. Si peu de jours qu'il ait duré, il a vu accroître par son administration sa réputation d'intégrité, et par sa retraite sa renommée d'indépendance. D'habitude, les gens en place ne briguent pas un semblable éloge. La femme de César fut moins soupçonnée jadis que ne le sont aujourd'hui ceux-là dont les relations avec l'argent public se sont longtemps prolongées. Et quant à l'épouse de César, dont il est si souvent parlé, elle a fini par trouver grâce devant l'histoire indulgente. Depuis les temps antiques, César s'est souvent reproduit et il s'est toujours marié. Et maintenant, grâce à Dieu, ce n'est plus la femme qu'on soupçonne; c'est le mari.

Personne assurément ne songeait, il y a deux mois, qu'il y eût un plébiscite sous les roches de l'empire. Le ministère sans divisions traversait des flots sans orages, content de peu, content de lui. Il n'avait, on l'eût dit du moins, aucun goût à porter César; la fortune seule lui suffisait. On lui demandait de réaliser les promesses formulées sur ses programmes, et le public lui permettait encore de traîner de retards en retards le fil léger de ses réformes. Assurer par des lois sages et courtes la liberté municipale et la liberté des élections; réviser les traités de commerce, qui sont de mauvais traités; débarrasser les journaux des entraves du timbre, et les journalistes du fléau des juges; réduire les grandes armées et les gros salaires; diminuer à la fois la liste civile que touchent les puissants et l'impôt que paient les humbles; rendre en un mot à la nation ce que le souverain lui avait ravi : c'était là une lourde tâche pour des hommes de nos jours, qui pèchent tantôt par l'intelligence et tantôt par l'énergie. Il fallait des procédés et du temps pour arracher à notre prince sa bonne armure de chevalier. « Eh quoi! eût gémi le doux empereur, vous me voulez prendre mon glaive du 2 Décembre, mon tromblon du Mexique et ma cuissarde de Magenta? Je m'appelle Louis-Napoléon, et non Louis le Débonnaire. — Eh! sire, eût dit Ollivier, que vous importe? Vous paraîtrez plus majestueux quand on découvrira de vous ce qu'en cachait la cuirasse : nous déposerons vos armes rouillées, soit au château de Pierrefonds, soit à la vente San Donato. Un Anglais les achètera très-cher, car les Anglais achètent tout. »

De telles réformes exigeaient du temps, mais Paris ne se démolit pas en un jour, M. Haussmann le sait bien. Aussi, pour couronner leur édifice, M. Ollivier et ses collègues avaient-ils un an devant eux, — ce grand espace de la vie des ministres. Après quoi, prononçant la dissolution d'une Chambre viciée dans son origine et condamnée par ses actes, ils eussent soumis leur politique à un parlement nouveau issu de libres suffrages. Oui! mais le souverain dispose. Survient le plébiscite, et nous constatons une fois de plus que, quelles que soient les apparences et les cabinets, c'est toujours l'empereur qui règne et le hasard qui gouverne. Le pays s'agite, les divisions s'introduisent, les séparations s'effectuent, le ministère des honnêtes gens a perdu son nom de baptême. M. Daru [1] exécute après M. Buffet une de ces retraites qui valent mieux que des victoires. M. de Talhouët hésite encore, et son intérieur est en proie à de rudes combats, dont ses dehors ne disent rien. Il sent deux hommes en lui : l'un est marquis, l'autre est ministre. Comme ministre il voudrait rester ; mais, comme marquis, il doit s'ôter.

C'est, paraît-il, du cerveau de l'empereur que s'est envolée, tout armée, l'idée féconde du plébiscite. Le souverain n'a pas oublié que le suffrage universel, tenant par deux fois ses assises, l'a acclamé dans son rôle de président, puis absous dans ses habits d'empereur. Ce prince est un joueur hardi, qui remet tout à la masse. Il aime à retremper ses droits dans la rosée des plébiscites, et il les considère comme un baptême qui efface et un moyen qui justifie le péché de son origine et les tendances de sa fin.

A vrai dire, de tels actes importent peu ; le peuple qui vote ayant rarement le pouvoir ou la fantaisie de contredire l'empereur qui règne. Ils ressemblent à ces curiosi-

---

1. M. Daru a donné, il faut bien le dire, plus de preuves d'honnêteté que d'intelligence. Il sert les aigles sans en être un.

tés inutiles dont la valeur s'abaisse ou grandit aux caprices changeants de la mode. Toutefois, qui ne sent qu'il faut entourer de garanties les manifestations populaires et dorer leur médiocrité pour invoquer leurs arrêts? Vous voulez consulter la sibylle du peuple, soit; mais posez-lui des questions simples et faites-la peu parler. Puis, si vous tenez à ce que la réponse soit sincère, rendez-la libre, et pour cela ne faites pas transmettre, par des fonctionnaires en livrée, des promesses qui sont des fraudes, ou des conseils qui sont des ordres. Nous connaissons les erreurs et les scandales du suffrage universel asservi : la violence et la nécessité ont porté ce fruit singulier, l'empire! Mais alors tout manquait à la fois, les choses aux hommes et les hommes au devoir ; la liberté au peuple, les juges à la justice et le prince au serment.

Transporté dans les régions du droit, le débat s'agrandit et s'élève. On touche à cette question de la souveraineté du peuple que M. Gambetta nous révélait jadis comme le dogme sans contradicteurs de la société moderne. Là serait la source unique dont émanent, où se retrempent et où retournent tous les pouvoirs. Le suffrage universel a ce point de commun avec l'esprit, qu'il souffle où il veut. Il fonde ou détruit, élève ou renverse. Il n'y a ni maître au-dessus de lui, ni droit contre lui, puisqu'il est le maître unique et le droit absolu. Il admet ou acclame tous les régimes, même l'empire ; mais, comme sa volonté fait loi, et qu'il n'y a rien de plus changeant que la volonté d'un peuple, qu'elle se renouvelle ou se modifie de générations en générations et pour ainsi dire d'heure en heure, il s'ensuit que le suffrage universel est forcément exclusif de toute monarchie perpétuée par la transmission et basée sur l'hérédité, de sorte qu'il n'existe qu'un système de gouvernement qui lui soit approprié ou « adéquate, » — la république. *Et nunc erudimini, qui judicatis terram :* Instruisez-vous, vous qui jugez la terre. Ah! que voilà un sage conseil ! Il est certain qu'aux juges d'ici-bas c'est l'instruction qui manque le plus, après toutefois la justice.

Chose étrange ! Pendant cette forte harangue on entendait des bruits flatteurs sur les sommets de l'Arcadie. Jamais rien de tel n'apparut depuis les jours heureux où Orphée charmait les bêtes. Il n'est que trop vrai, s'écriaient en chœur les dévoués de la dynastie, à l'heure où le suffrage universel s'éprendrait de la république, nous sentirions, nous aussi, la lassitude de l'empire. De telles déclarations doivent donner à réfléchir aux souverains portant couronne ; et plus d'un, qui ne s'en doute guère, peut ressembler à celui des Sept Sages qui portait tout avec lui. De toutes les dynasties qui ont passé sur la France, une au moins, après avoir trouvé ses martyrs, peut encore compter ses fidèles. Mais le chef de l'État a-t-il osé se demander ce que, au lendemain d'une révolution triomphante, il laisserait derrière lui d'amis prêts à combattre ou même à se souvenir? Non, sans doute ; et, de quelque philosophie qu'on soit doué, on se refuse toujours à mépriser ceux qu'on gouverne. Le Sénat, ce conservatoire d'hommes d'État, ne fut jamais, je le suppose, une pépinière de dévouements. N'oubliez pas que le roi Lear, chassé de son trône, n'eut auprès de lui que deux fidèles : sa fille qui n'avait pas de mari, et son fou, qui n'était pas sénateur.

Est-il besoin de le dire ? à nos yeux le suffrage universel n'est point un nouveau Warwick ayant la mission de faire les rois ou le pouvoir de les défaire. Depuis quatorze siècles, le principe monarchique s'est fondé en ce pays sur le consentement national. Qui dit principe, dit commencement, *principium*. Or, c'est le principe monarchique qui a présidé à la naissance, à la formation et au développement de ce royaume ; il a pénétré d'âge en âge dans le caractère et les mœurs, et il a, pour ainsi parler, façonné à son image les institutions, les croyances et les lois. Certains pays, comme la Suisse et les États-Unis, se sont assouplis dès leur origine à la forme républicaine : ils ont approprié leur tempérament à leurs traditions et découlent de la république comme des fleuves de leur source. La France, au contraire, a l'essence et le génie monarchiques. Cela est si vrai, qu'après avoir essayé tous les systèmes, elle a rejeté l'un après l'autre ces moules étrangers où sa forme s'adaptait mal ; et, ramenée par une pente naturelle à ses sentiments originels, c'est aux monarchies qu'elle a confié et confie encore ses libertés et ses destins. Monarchies illégitimes et dénaturées, qui donc en doute ? — mais dans lesquelles, comme en des miroirs ternis ou brisés, elle essayait de refléter son image et de revoir son passé.

Les républicains se trompent de pays et de rêve. La

France n'est faite ni pour leur système ni pour eux. A les entendre, — et on ne les entend guère, — le suffrage universel, que le journal où j'écris a demandé le premier, n'est compatible qu'avec leur chimère. Cela n'est pas, et ils le savent. Les institutions monarchiques ne sauraient être menacées parce que les députés faisant les lois sont devenus les élus, non plus de quelques-uns, mais de tous. La souveraineté populaire ne se meut pas, en effet, dans des régions sans limite. C'est au moyen de représentants choisis par elle que la nation, librement consultée, exerce sa part de puissance. C'est à ceux qui paient l'impôt, c'est-à-dire à tous, qu'appartient le droit exclusif de nommer ceux qui le votent. Dans le jeu des monarchies constitutionnelles, on distingue trois pouvoirs équilibrés, dont l'un domine et les autres gouvernent : la Chambre des députés, qui légifère ; la Chambre des pairs, qui contrôle, et le souverain qui sanctionne. Et ainsi l'autorité se trouve à la fois personnifiée dans ce qu'il y a de plus nombreux, de plus éclairé et de plus auguste : — le peuple, l'élite, le Roi.

Jamais, durant la traversée des siècles, la monarchie ne s'est séparée de la France, dont elle était l'image souveraine et la volonté agissante. Elle lui fit de fréquents appels. Et qu'était-ce donc que les États généraux, sinon la nation représentée par ses trois ordres et statuant, soit sur la légitimité des impôts, soit sur la transmission de la couronne, soit sur l'intégrité du territoire ? Et en arrivant aux temps modernes, rappelez-vous ces grandes aspirations libérales qui, dans les cahiers de 89, prirent forme, corps et langage. Puis vinrent les États généraux qui, bientôt transformés en Assemblée nationale, ont scellé et reconstitué l'alliance rajeunie de la France et du Roi. Ces contrats et d'autres encore disparurent avec nos libertés mêmes dans le torrent des révolutions ; mais le droit ne saurait périr, et il est plus aisé de le violer par la force que de le prescrire par le temps. Et afin que rien ne manquât à cette auguste incarnation du droit, — la royauté, — elle a reçu, par Louis XVI et par Charles X, la sainteté du martyre et la consécration de l'exil.

La dernière fois que le roi de France, usant de sa prérogative, voulut interroger la nation, ce fut au pied d'un échafaud, aux sombres jours de 93. « J'en appelle au peuple, » disait Louis XVI. Qui donc invalida cet appel suprême sur les lèvres du condamné? Redites-nous-le aujourd'hui, ô vous qui professez qu'aux mains du peuple est la toute-puissance et le droit primordial, doctrinaires de la République, pâle postérité des Robespierre et des Danton! La Convention ne voulut pas que l'absolution du peuple se changeât une fois encore en sanction de la royauté. Et qu'avait la nation à reprocher à ce juste? Rien, si ce n'est ses bienfaits. L'égalité civile! il venait de la fonder; la liberté politique! il venait de l'accorder. Et de plus, il se présentait entouré de soixante rois, ses aïeux, décorés par le consentement universel des noms de justes, de saints ou de grands, de pères du peuple ou de pères des lettres, et qui tous et tour à tour, par leurs alliances et par leurs victoires, avaient jeté provinces sur provinces et conquêtes sur conquêtes dans le moule enfin rempli de la grandeur française.

Depuis ces temps jusqu'aux nôtres, la France a vu le défilé des gouvernements, sans être appelée à se prononcer sur aucun. Je ne parle pas de ces comédies plébiscitaires qu'à un demi-siècle de distance on essaya de recommencer ; les suffrages asservis sont nuls et la ratification ne saurait être où la liberté n'est pas. Au surplus, j'y reviendrai; la vérité oblige à reconnaître que, sauf en 1814, la nation s'est désintéressée des événements qui l'ont dotée tour à tour de monarchies, de républiques et d'empires. Le premier empire, élevé par l'attentat, est enlevé par la défaite; la dynastie des Bourbons disparaît dans la tourmente; la monarchie de Juillet, amenée par le flux des révolutions, n'attend que dix-huit ans le reflux qui la remmène; enfin, en 1851, un attentat marque la fin de la République en tachant le berceau de l'Empire. Tous ces régimes, formés, à une exception près, en dehors du droit national et du consentement populaire, ont pour fondement une révolution ou un coup d'État, c'est-à-dire le crime d'un seul ou la violence de plusieurs.

Il est temps que le pays fixe lui-même ses destinées. Que l'on procède par l'élection d'une constituante ou par la voie d'un plébiscite, qu'importe, pourvu qu'on ait la liberté de s'entendre et l'occasion de se compter? Hors de là, point de salut, c'est-à-dire rien qui soit sérieux ou qui dure. Voulez-vous la monarchie qui dure? dites-le; mais laquelle ?

Il en est jusqu'à trois que je pourrais nommer.

Monarchies de droit, d'usurpation et de hasard, Bourbons, Orléans, Bonapartes. Voulez-vous la république, ne craignez pas de la demander ; mais laquelle ? on en connaît au moins deux : celle des honnêtes gens et celle des autres. Les honnêtes gens ne sont pas nombreux : ce sont les autres que je redoute.

A la question ainsi posée je souhaiterais que le suffrage universel pût répondre avec connaissance de cause et sans souci du présent. Il serait loisible à chaque parti de se rallier sur un nom et à chaque opinion de se compter par ses votes ; on aurait le vrai bilan de la France. Moins heureux que la république autoritaire ou la monarchie légitime, l'empire n'a pas la bonne fortune de représenter un principe. Son principal titre est son existence. Ses actes, on les condamne ; ses tendances, on les redoute ; mais il nous conduit par la crainte et nous retient par l'intérêt. Il est peu de gens en ce monde qui soient prêts à faire à leur foi le sacrifice de leur fortune. Qu'aurions-nous si l'empire disparaissait ? se demandent-ils avec effroi, et dans leur terreur de l'inconnu, ils aiment mieux le supposer perfectible que périssable. Il suffit, pour que la Bourse baisse, d'un rhumatisme du souverain ou d'un changement de ministère. Je parle, bien entendu, pour les pusillanimes et non pour moi : je ne crains pas les rhumatismes.

Mais César et sa fortune n'entendent pas se confier aux incertitudes d'un plébiscite : le peuple aura à se prononcer, non sur la forme du gouvernement, mais sur un article de constitution. L'empereur vient d'être atteint d'un scrupule juridique, et dans cette situation d'esprit vraiment plus neuve que consolante, il ne consent pas à remanier seul le texte sacré dont il est père. Aujourd'hui, le consentement du peuple est aussi nécessaire pour modifier la constitution que jadis il fut indispensable pour l'approuver. Ce raisonnement est vicieux, on voit bien qu'il vient d'en haut. Aucun contrat n'est valable sans la liberté des contractants ; et puisqu'on veut glorifier le suffrage universel, il serait bon de lui rappeler moins souvent des précédents qui l'outragent. Puisqu'on ne voulait que retoucher le pacte constitutionnel, à quoi bon déranger le peuple? Il eût suffi d'un tabellion. Et encore au tabellion j'eusse préféré un feu de joie. La constitution de l'empire rappelle en quelque façon les neuf volumes de la Sibylle : on peut l'incendier aux trois quarts. Ce qu'on en garde ne vaut même pas ce qu'on en brûle.

Quoi qu'il en soit, il ne reste plus qu'à chercher la formule du plébiscite : pour peu qu'on le veuille, on la trouvera [1]. La Chambre prorogée, les députés de la nation réduits au silence et mis à l'écart, on a livré aux discussions du Sénat la photographie retouchée du pacte constitutionnel. Rien n'est changé, si ce n'est que le pouvoir législatif se partage entre les deux Chambres. L'empereur reste omnipotent et l'empire passe à la postérité, c'est-à-dire au prince impérial. Sur ce sujet et sur bien d'autres, il n'y a eu qu'une ombre de discussion dans le Sénat, pays des ombres. Tous les pères

---

1. On l'a trouvée.

conscrits ont pris hardiment le parti du césarisme. Quelques-uns, qui ont beaucoup servi, ont essayé de se défendre du reproche d'avoir changé. Est-ce ma faute, a dit M. de Ségur-d'Aguesseau, si les monarques tombés se sont sauvés comme des lapins? Je ne sais si d'Aguesseau eût reconnu son langage sur les lèvres de son héritier. Quant à M. de Ségur, on peut lui prédire qu'il ne mourra pas de reconnaissance, et l'on peut lui rendre ce témoignage, qu'une fois les lapins partis, il s'est peu soucié des terriers.

M. Ollivier a joué sa partie dans ce concert de derviches tourneurs. Il a parlé de ses principes et justifié pleinement ce mot d'un de ses collègues d'hier, qui disait en parlant de lui : « Il manifeste du génie dans le servilisme. » En soutenant sans vérité que les deux pôles de la question à résoudre sont : « réaction et liberté, » il déclare accepter sur le terrain même de l'empire tous les adversaires et tous les combats. Et il fait bien. Par le seul fait des réunions publiques, qu'on le veuille ou non, l'empire est en jeu, et avec lui ses origines et ses conséquences, ses théories et ses agissements. On va remonter de l'effet à la cause et des serviteurs au maître. L'empereur lui-même descend dans l'arène, couvert de fleurs, comme un candidat officiel, et frotté d'huile comme un lutteur antique.

Je m'arrête ici. La semaine prochaine, revenant sur ce grave sujet que j'effleure aujourd'hui, j'essaierai de prouver que le sénatus-consulte est un mensonge de liberté, aussi bien que le plébiscite est un piége du gouvernement. Je dirai aussi quelle est, selon moi, la réponse que les principes nous imposent, et je m'expliquerai sans détour tant sur la position de la question que sur le résultat du vote. Aujourd'hui le temps me manque. Cependant, si vous tenez à connaître mon vote personnel, je vous l'indiquerai d'autant mieux que j'espère que le vôtre y sera conforme : je vote *non*. Je vote *non*, et je ne peux, en finissant, vous rendre mieux ma pensée que par ce vers d'un vieux poëte :

Un doux nenni avec un doux sourire.

XXXII

LE PLÉBISCITE — DEUXIÈME PARTIE

Avril 1870.

Le plébiscite est sans mystère ; Féringhea vient de parler. Nous possédons maintenant trois éléments de controverse et une formule de vote. Par « éléments de discussion ou de controverse, » j'entends la constitution de 1870, la proclamation de l'empereur et la lettre des ministres. Je m'expliquerai sur ces trois prodiges, qui, depuis le départ de M. Leverrier, ont flamboyé aux cieux officiels. Quant à la formule du vote, elle eût pu, à la rigueur, se passer de commentaires ; mais César commente toujours.

Irai-je, moi, « homme des champs qui ne sais pas

mon bonheur, » ratifier le sénatus-consulte du 20 avril 1870 ? Cette date toute printanière a bien un parfum qui séduit... Ratifierai-je ? Franchement, comme dit M. Sardou en sa pièce des *Bons Villageois*, franchement, je me le demande. Si l'empereur, las de faire grand, m'eût posé cette question simple : Voulez-vous la liberté ? j'eusse répondu : Oui, en grosses lettres, ne poussant pas jusqu'au refus du bienfait la haine de la main qui donne. La restitution m'eût semblé douce, et j'eusse pensé avec le proverbe, que c'est en payant de semblables dettes qu'un souverain peut s'enrichir, c'est-à-dire se prolonger. Mais loin de là : Voici, me dit mon souverain, une forte constitution, que mes sénateurs dévoués ont léchée pendant deux jours ; — je flaire un ours et je m'enfuis.

Je m'arrête après quelques pas, tant la voix du prince murmure avec charme ces paroles persuasives : « Approuvez-vous les réformes libérales qu'avec le concours des grands corps de l'État, j'ai opérées dans la constitution ? » Je me consulte, et m'approchant d'une constitution si léchée, je la relis avec l'intérêt d'un électeur. Le titre II est ainsi conçu : « De la dignité impériale et de la régence. » Ce titre promet et il tient. Il est tout à fait Régence et affecte dans sa teneur l'allure folâtre des comédies. Il y est traité du mariage et de tout ce qui s'ensuit. Les femmes et leur descendance sont à jamais exclues du trône ; mais si, à ce que Dieu ne plaise ! un empereur en exercice trépassait sans enfants mâles ou légitimes, la France ne souffrirait point, soit de l'infirmité, soit du désordre de son prince. Le souverain peut adopter, quant à moi, je ne saurais. Enfin, à défaut d'héritiers directs ou adoptifs, c'est à des collatéraux que s'en irait la couronne. Je cède à mon penchant, écrivait jadis l'empereur en nous faisant part de ses noces. Cette phrase, et j'en gémis, n'aura plus cours dans sa famille. Ses neveux auront, s'il leur plaît, quelques châteaux en Espagne ; mais, sans la volonté de leur oncle, ils ne pourront y prendre femme.

Je voterai non, ne voulant ni croire ni souscrire à l'éternité du despotisme : l'avenir se joue de ceux qui l'escomptent; on me le dit et je le sais; mais, s'il en advient de cette consitution comme de tant d'autres qui ne sont plus, je ne veux pas que mon adhésion figure sur ces feuilles mortes, roulant au vent. Je passe vite, et, à la poursuite des idées libérales, je m'égare jusqu'au titre III. J'y lis que l'empereur gouverne; à vrai dire, je m'en doutais. Il s'adjoint dans ce dur labeur des compagnons d'élite avec lesquels il partage la puissance législative et l'initiative des lois. Ces deux associés ne sont autres que le Corps législatif nommé par nous et le Sénat nommé par lui. Toutefois, les sénateurs jouissent de ce double et exorbitant privilége qu'ils peuvent voter directement les lois que le souverain leur propose et rejeter sans contrôle celles que les députés leur soumettent (art. 12, § 2). J'en suis marri, mais je voterai non. Ce titre III a pour devise : « Formes du gouvernement de l'empereur. » Les formes sont belles, mais c'est le fond qui manque le plus.

Le titre VI, car je sais tous les titres, est tout entier

consacré à la description de l'empereur. Comme on le devine, l'empereur est long à décrire. Il fait les traités, les règlements et les décrets. Il accorde la paix, déclare la guerre, et commande s'il lui plaît nos armées, de terre et de mer. Je voudrais bien lui voir commander un vaisseau ; mais je me figure que sa grandeur est mieux attachée sur les rivages que sur les flottes. Dans ce même titre, on a maintenu la possibilité du parjure, c'est-à-dire la nécessité du serment. Il est vrai que l'art. 19 établit dans son troisième paragraphe la responsabilité des ministres. Je la voterais avec plaisir, si je pouvais ne voter qu'elle. Mais il en est de la constitution comme du mariage : l'homme ne peut séparer ce que l'empereur a réuni.

Mais que vois-je? Cette responsabilité des ministres devant les Chambres coexiste avec la responsabilité du souverain devant la nation. Ces deux responsabilités s'excluent l'une l'autre : la première relie les ministres aux députés ; la seconde le maître au pays ; la dernière seule est sérieuse. Le pouvoir personnel nous apparaît reconstitué, et le droit d'appel au peuple, réservé à un seul homme, est pour qui s'en sert un instrument de domination, et pour qui le subit, de servitude. C'est la raison d'être des attentats futurs, puisque s'en faire absoudre devient peut-être encore plus facile que de les commettre. C'est créer un droit contre le droit que de mettre un acte de violence aux voix et de subordonner les prescriptions de la morale à la volonté d'un peuple. Devant cette clause maintenue se sont retirés les deux ministres qui, à une place où les « honnêtes gens » ne vont guère et dans un temps où ils s'attristent, ont seuls pu se rendre sans blâme et se regarder sans rire.

Le titre V traite du Sénat, et m'est avis qu'il le traite bien. Le palais du Luxembourg se transforme en un hôtel des Invalides où l'on reçoit, comme par le passé, les fonctionnaires qui ne marquent plus. L'empereur nomme ces vieux débris qui, pour trente mille livres par an, réussissent à se consoler entre eux. Le Sénat ne peut se laver de son péché d'origine ; si ses prérogatives s'augmentent, son influence ne grandit pas. En face des députés élus par le peuple, quelle autorité peut avoir un Sénat choisi par le prince ? Il fallait changer toutes choses et faire que la haute assemblée puisât, dans son origine même, l'influence qui lui échappe et la considération qui lui manque. Grand corps si l'on veut, mais d'où l'âme est absente ; et comment exige-t-on qu'il puisse servir de contre-poids si par lui-même il ne pèse rien ? Que les pères conscrits demeurent les gardiens du sérail où la constitution sommeille, rien de plus juste, et ce sont de hautes fonctions qui conviennent à leur grand âge. Je ne saurais chagriner ces vieillards singuliers, qui ne louent plus le temps passé. Mais il serait imprudent, soit de confier le soin du pouvoir à leur dernière métamorphose, soit de laisser le jeu des lois à leur seconde enfance.

Où sont donc ces réformes libérales que les grands corps de l'État et l'empereur avaient opérées de concert ? Le titre VI statue que les députés ne peuvent être nommés pour une durée moindre de six années : est-ce là une réforme ou une liberté? Le Corps législatif voit, il est vrai, ses attributions s'accroître; mais il partage avec le Sénat ce privilége de faire les lois dont il était seul investi. Une loi électorale sera-t-elle bientôt promulguée? Je n'en sais rien. La nomination des maires sera-t-elle dévolue aux conseils municipaux? Je ne le pense pas. La loi sur la presse est suspendue ; les lois décentralisatrices sont en question ; et, s'il faut tout dire, je préférerais, sous plus d'un rapport peut-être, à la constitution de 70, qui se proclame définitive, la constitution de 51 qui se déclarait perfectible. De deux maux c'est le moindre qu'il faut prendre quand on est contraint d'en prendre un. Cette constitution de 1851, si imparfaite soit-elle, restera l'œuvre capitale que l'historien de César aura tracée pour l'édification de ses peuples, toujours inquiets de savoir s'il leur écrit avec son épée ou s'il les bat avec sa plume.

Il s'agit donc, pour cette fois, de couronner l'édifice ! Quel édifice et quelle couronne ! En ce qui me touche, je m'y refuse, et ce refus emprunte aux proclamations successives de l'empereur et des ministres un caractère plus décidé et une forme plus agressive. C'est sous l'apparence d'un candidat officiel que le souverain descend dans le cirque. Il chante devant le peuple à la façon des anciens Césars, et entouré de spectateurs et de fonctionnaires, il donne aux uns le signal d'applaudir et aux autres l'ordre d'agir. En fait de manœuvre électorale, j'en connais peu de plus osée [1], je n'en sais

---

1. Si, cependant, il y a eu le complot.

pas de plus sûre. Donnez-moi un vote de confiance ! s'écrie le chef de l'État. Ah ! Seigneur, ma confiance m'est chère, et j'entends la bien placer. La France, dit-il encore, est « impériale et démocratique. » Je me méfie de ces grands mots qui s'en vont deux par deux, et dans lesquels je devine soit une erreur soit une menace. Vous me parlez « d'accroître le bien-être moral et matériel du plus grand nombre. » Si je m'en rapporte aux précédents, le mot « moral » me fait sourire ; mais le mot « matériel » m'épouvante. J'ai vu plus d'une fois percer sous la peau de lion de l'empire le bout d'oreille du socialisme ; et même, qu'on me pardonne cette hardiesse, j'ai vu l'oreille tout entière.

« En apportant au scrutin un vote affirmatif, continue le chef de l'État, vous rendrez plus facile dans l'avenir la transmission de la couronne à mon fils. » Même sur le trône un père est toujours père ; mais l'argument est sans valeur pour ceux qui ont, comme moi, placé leurs espérances plus haut que la dynastie qui règne. J'ignore les desseins de Dieu sur la famille des Bonapartes, mais je me souviens que des fils d'une race plus grande ont payé pour des pères moins coupables. Et, sans parler des autres espoirs déçus, la mère héroïque dont la mort nous a mis en deuil, n'avait-elle pas vu la couronne de France sur le berceau de son enfant? Fortune, promesses, avenir, l'exil avare a tout repris, et les destinées, plus amères pour les enfants des princes que pour les autres enfants, veulent que les rois qui n'ont plus le trône, n'aient pas même la patrie.

M. Ollivier a succédé à l'empereur, comme dans l'œuvre de Corneille Attila à Agésilas. Ce ministre trop zélé trouva le secret de renchérir sur son maître. Il a lancé deux circulaires : l'une à l'adresse du peuple, l'autre au profit des électeurs. Il nous apprend, entre autres prodiges, que l'empereur a besoin de la force pour fonder la liberté. Je m'en doutais. Mais la force n'a rien fondé, si ce n'est l'empire. M. le garde des sceaux ne s'en tient pas là. Il faut, ajoute-t-il, « que sur le trône comme dans la plus pauvre chaumière, le fils succède à son père. » Jamais on n'avait assimilé de façon plus singulière la France à un héritage. Ah ! s'il ne fallait au prince impérial qu'un vélocipède, une chaumière et un cœur, je les lui concéderais volontiers : avec cela on va très-loin.

Dans sa lettre à ses électeurs, M. Ollivier vise à l'églogue, qu'il n'atteint pas. Il parle la langue pavoisée d'un Mélibée des Halles-Centrales. Il vante les charmes de la nature et l'unité de ses principes. Qui trompe-t-il ? les autres ou lui ? Il agite le spectre rouge, oubliant, quoiqu'un peu tard, qu'il fut le spectre de décembre. Il prête à ses adversaires, qui cependant ne sont pas riches, « un langage composé de bassesses et d'injures. » C'est ici que l'académicien se trahit, mais il en trahit bien d'autres ! « Je comprendrais, dit-il encore, que vous fussiez séduits, si leurs paroles étaient de miel. » Monsieur le ministre, on le voit trop, vous avez connu les abeilles.

Ces manœuvres diverses seront couronnées d'un inévitable succès ; pour prédire que le plébiscite sera voté, il n'est nullement nécessaire de jouir du don de prophétie. Vous soumettez aux paysans — qui ne sont pas grands clercs — des questions de droit constitutionnel et de politique raffinée. Ils répondront *oui*, si le *oui* vous plaît, et *non*, si le *non* vous sied. Vous recueillerez encore d'autres suffrages. Beaucoup, croyant de bonne foi que la liberté va sortir de la constitution comme une déesse d'un nuage, vous approuveront dans leur sincérité naïve et leur crédulité convaincue. D'autres, plus éclairés, voient le piège et pourtant s'y jettent. Ils voteront *oui*, mais sans enthousiasme et sans conviction, mécontents de vous qui les forcez, mécontents d'eux qui vous cèdent, et n'ayant ni le désir d'une adhésion ni le courage d'un refus. Ils ont la crainte de l'inconnu, dont tant d'autres ressentent l'attrait, et ils aiment mieux, pour tout dire, subir le joug de l'empire que l'épreuve d'une révolution. Ils s'agitent vainement sous la peur qui les aiguillonne et leur intérêt qui les mène. Je l'ai dit et je le répète : la grande force de ce gouvernement, c'est qu'il existe ; mais, s'il n'existait pas, peu de gens voudraient l'inventer.

O puissants du jour ! quel avantage retirerez-vous de quelques millions de suffrages que la nécessité vous amène ou que l'ignorance vous donne ? Ceci vous regarde et non pas moi. Quant à nos amis ils n'ont de choix qu'entre deux partis : s'abstenir, ce qui est bien, et voter *non*, ce qui vaut mieux : car si je trouve l'abstention plus dédaigneuse, je juge aussi la négation plus efficace. Les partis ont leurs drapeaux, et la politique ses champs de bataille. Je préfère pour ma part ceux qui combattent à ceux qui regardent. Dans un ordre voisin d'idées et en faveur du *non,* un de nos amis faisait valoir un argument qu'il me permettra de reproduire, tant il est net, précis et clair. Qu'on se reporte, nous disait-il, aux plébiscites antérieurs qui tour à tour ont ratifié le coup d'État et sanctionné l'empire? On ne se souvient que de deux chiffres : celui des *oui* et celui des *non*. Plusieurs se sont abstenus ; mais personne n'a fait le compte, ne sait le nombre et n'a deviné le secret de ces muets qui n'ont pas parlé. J'ai entendu des abstentionnistes se retrancher derrière le proverbe : « A sotte question pas de réponse. » Je leur en demande bien pardon : la sottise des questions n'empêche en rien l'esprit des réponses.

Or, de toutes les réponses, le « non » est la plus spirituelle, parce qu'elle est la plus vraie. Et que signifiera ce « non » caractéristique tombant de nos mains dans l'urne ouverte du scrutin ? Faudra-t-il en conclure que nous désirons revoir cette triste époque de 1851, où florissait la licence d'une puissance sans contradicteurs et d'un despotisme sans contrôle ? Nullement ; et puisque l'impossible n'est pas français, personne au monde, à coup sûr, ne nous soupçonnera de le vouloir. Notre réponse découle des principes qui nous la dictent : elle signifie que l'empire nous est étranger par ses origines et ennemi par ses actes; que nous ne lui reconnaissons pas le pouvoir de nous faire appel ; elle implique le souvenir et la défiance, et condamne une fois de plus ces traités, ces entreprises, cette politique et ces guerres où furent engagés et compromis tour à tour l'industrie, la fortune, l'influence et jusqu'à l'honneur français.

L'empire a beau nous poser son dilemme favori : la révolution ou moi ; personne ne pense qu'il accepte la question dans ces termes redoutables. Se retirerait-il devant une solution qui serait contraire à sa formule? Il trouve trop de bénéfices à exister pour se résoudre à ne pas être, et préfère, je le conçois, la nécessité de nous effrayer à la douleur de nous quitter. Si — ce qui est peu probable — le pays répondait « non » à ses demandes, notre souverain chasserait le naturel pour s'en revenir au galop. Toutefois il ne reverra jamais les majorités splendides qui ont salué ses coups de maître. L'important, pour le 8 mai, c'est de réduire le gouvernement à sa portion congrue de « oui » ; un peu plus tard nous ferons mieux. Quelques appréhensions sur le résultat se manifestent dans les régions où planent les aigles. Les amis du premier degré, réunis en comité plébiscitaire, avouent déjà que les fonds leur manquent : on sait pourtant des sénateurs qui ont donné jusqu'à cinq francs, et M. le marquis de Caux, chambellan d'autrefois, époux présent de la Patti, a fourni 1,500 livres, qui représentent bien des voix sans compter celle de sa femme.

Dans un journal justement apprécié pour le talent de ses rédacteurs et l'honnêteté de sa polémique, je trouve à mon adresse cette question singulière : « Pourquoi vous prononcez-vous contre l'empire, puisque vous ne savez pas si tout ce qui n'est pas lui vaut mieux que lui ? » En donnant la clef des champs à la folle du logis, on peut imaginer en effet des régimes pires que le nôtre. Ne l'oublions pas toutefois : ceux qui auraient le malheur de moins valoir, seraient certains de durer moins. Pour en revenir à la question qui m'est posée, si je répudie le sénatus-consulte, c'est que je suis libéral, et voilà une première raison. En second lieu, j'avouerai sans difficulté que l'empire ne répond nullement à certaines idées que je me suis faites sur l'origine des pouvoirs, le droit des gens et les règles de la justice.

Alors, reprend mon contradicteur, c'est la révolution que vous voulez : car l'empire, issu de la force, ne s'en ira que par la violence. Certes non. La révolution ce n'est pas nous qui l'employons comme une manœuvre électorale, ni qui la désirons comme un dénoûment utile. Ce n'est pas par la révolution, mais par le suffrage universel, que ce gouvernement doit périr. L'enseignement en sera plus haut, et la chute plus irréparable. Vous posez au suffrage universel des dilemmes à résoudre et des plébiscites à voter; il répondra oui comme en 93, oui comme au 18 brumaire, oui comme au 2 décembre. Vous le provoquez à consacrer ce qui, selon vous, est la liberté : — quelle triste idée vous faites-vous donc d'une si grande chose? il répondra oui. Invitez-le à sanctionner le despotisme; il répondrait encore oui, cent fois oui, toujours oui. Il ignore quel bénéfice vous procureront ses adhésions et quel usage vous en ferez; mais il vous les donne opprimé et indifférent, moitié pour vous satisfaire et moitié pour vous garder. Selon la forte expression du poëte, vous traitez la France en cavale surmenée qui rend encore mais déjà s'inquiète : le jour approche où elle passera de la fatigue à la lassitude, et ce jour-là vous ne serez plus. Contre vous nous n'avons qu'une arme, et elle nous plaît : le bulletin du vote. Si jadis un caillou suffit pour renverser un géant, ce doit être assez pour abattre un homme, d'une boulette de papier.

Je termine par un conte de fées : « Si Peau d'âne m'était conté, disait jadis la Fontaine, j'y prendrais un plaisir extrême. » Le bonhomme avait raison ; seulement on n'aime à entendre que ceux qui savent raconter. J'ai lu dans *Madame d'Aulnoy* la réjouissante aventure du beau Léandre et du prince Faribolant : Faribolant était un souverain qui n'avait pas la grâce d'état ; on prétendait qu'à sa naissance on avait convié les Amours, sans inviter les Grâces, et il se ressentait de l'oubli. Quant au moral, c'était un prince comme on n'en voit pas : prince de hasard et d'aventures, conspirateur de naissance, et souverain par accident ; il disait blanc et faisait noir, parlait peu et se trompait toujours ; il avait la manie d'écrire et la passion de gouverner : on n'était sûr ni du lendemain ni de lui. Il avait des prétentions et point de titres, des caprices et point de jugement. Sans tenue dans ses projets, et aussi prompt à en commencer mille, qu'incapable d'en suivre un, il voulait que chacun des jours de son règne, même le dimanche, fût signalé par quelque chose d'énorme. Quand il marchait, c'était toujours entre une grande idée et cent mille fantassins : la grande idée allait devant, les soldats venaient derrière, mais Faribolant marchait mal.

Le beau Léandre était un brave garçon, qui, contrairement à bien d'autres, s'ennuyait du service des cours. Battu, pillé et mécontent, il avait un désir, bien naturel chez un sujet : celui de se débarrasser de son maître Faribolant. Faribolant, je dois le dire, était désagréable à tout le monde en général et à Léandre en particulier ; mais Léandre avait un enchanteur pour parrain, et pour marraine la fée Gentille : de la nature il tenait un bon sens suprême, et de sa marraine le don de l'ubiquité et le pouvoir d'être invisible. C'étaient là de beaux avantages que n'ont plus prodigués, depuis, la bonne Nature et les fées gentilles. Ainsi pourvu, Léandre imagina de se défaire de son ennemi par un moyen dont les femmes abusent et que les hommes ne dédaignent pas : la contradiction. Chaque fois que Faribolant ouvrait la bouche pour une demande malséante : Non, répondait le beau Léandre ; et les *non* sortaient de partout et s'entendaient de tous côtés. Non, répétaient à la fois, dans un concert universel, les branches des arbres, les portes des palais, les urnes des jardins et les voix des passants ; les roseaux murmuraient non, et l'écho redisait nenni. A ce jeu-là, Faribolant perdit d'abord une grande idée : celle qu'il avait de lui-même. Il perdit bien d'autres choses, que la discrétion veut que je taise. A bon entendeur, salut.

P. S. Je m'étais trompé : Faribolant n'a rien perdu. Il a même trouvé un complot. Aussi pourquoi s'engager dans les rêves d'or et les contes de fées ? Tout songe est mensonge, tout conte est mécompte.

TABLE DES MATIÈRES

I.	Monseigneur le comte de Chambord................	1
II.	Havin, Rossini, Rothschild. — Les débuts de M. Gambetta..	12
III.	Le marquis d'Hastings. — Un mot de M. de Rothschild. — Le roi de Siam. — Le général La Rochejaquelein. — Le Coup d'État, par M. E. Ténot. — *Rara avis.* — L'indépendance d'un tribunal.......	19
IV.	Berryer..	30
V.	L'invitation à Compiègne...	42
VI.	L'histoire de Napoléon, par M. Lanfrey. — Le duc d'Enghien.......................................	49
VII.	Les réunions publiques. — Une élection dans le Gard. — La mort du fils du roi des Belges.............	62
VIII.	Lamartine...	75
IX.	M. Troplong	85
X.	Le temps qu'il fait. — M. Ollivier et son livre. — Le 19 janvier. — La galerie Delessert. — La vente de Berryer. — L'Académie française et M. d'Haussonville. — Sainte-Beuve et M. de Talleyrand. — Deux eaux-fortes de M. de Podestat. — Le picrate de potasse. — Un prologue de M. Gervais.............	90

XI.	M. l'abbé Bauër. — Un mot de Napoléon Ier. — Les couleuvres de M. Veuillot............................	102
XII.	M. Émile Ollivier, ce qu'il a fait et ce qu'il veut. — Sa fin, surtout ses moyens. — L'intérêt personnel et la moralité politique............................	113
XIII.	Les élections. — Les principes et les personnes. — MM. Gambetta, Bancel, J. Ferry, Raspail, Lachaud. — La province. — MM. Magnin et Lombard, candidats à Dijon. — Les opinions de l'auteur et celles de quelques autres............................	127
XIV.	Les élections. — La première des journées où l'on a arrêté. — Un peu d'histoire. — Quelques théories. — M. de Montalembert. — Les candidats qu'il faut choisir. — L'embarras du choix. — L'opinion publique et sa puissance. — Prophéties............	142
XV.	La chambre nouvelle. — Les derniers jours de M. Rouher. — L'interpellation du tiers-parti. — La vérification des pouvoirs. — M. Justin Durand, M. Jules Simon et beaucoup d'autres. — Deux ou trois mots de politique............................	150
XVI	Le cabinet des éphémères. — M. le marquis de Chasseloup-Laubat, M. Duvergier, M. Bourbeau, M. le prince de La Tour-D'Auvergne. — Le prince Napoléon et le conseil privé. — Une lettre de Napoléon III............................	160
XVII.	Les irréconciliables. — La prorogation. — Un manifeste de M. Gambetta. — Deux responsabilités accouplées, celle de l'empereur et celle des ministres. — Les regrets de M. Rouher, parodie de Millevoye. — Le premier discours qu'ait prononcé M. Rouher en sa qualité de président du Sénat. — Deux prix de cent mille francs chacun, décernés l'un à un cheval, l'autre à un architecte. — Le groupe de M. Carpeaux. — Souvenirs d'un volontaire carliste............	167
XVIII.	L'amnistie. — Les œuvres des exilés. — Le colonel	

	Charras et la campagne de 1815. — Un discours du prince Napoléon. — La maladie de l'empereur.....	177
XIX.	Les œuvres des exilés. — M. Edgar Quinet, ses livres sur la campagne de 1815 et sur la révolution. — M. Louis Blanc et ses lettres datées de Londres. — Un conte d'autrefois qui s'applique à aujourd'hui. — M. Félix Pyat. — Le Père Hyacinthe. — Un mot sur Troppmann. — Le jour de naissance d'un roi en exil..	190
XX.	Les œuvres des exilés. — M. Victor Hugo. — *Napoléon le Petit.* — *Les Châtiments.* — La mort de Sainte-Beuve...	203
XXI.	Sainte-Beuve. — Le marquis de Westminster. — Lord Derby, M. Peabody. — M. de Lesseps et son isthme. — La cour et la ville...........................	217
XXII.	L'impératrice en Égypte. — Les élections à Paris. — Le triomphe de M. de Rochefort et les réflexions de l'auteur...	232
XXIII.	Le discours du trône. — Un pastiche de Molière. — Un mot sur la politique.............................	240
XXIV.	Un voyage au Sénat. — M. Rouher. — Un discours de M. de Forcade. — Un mot de M. Gambetta........	246
XXV.	Une séance à la chambre. — M. Chevandier de Valdrôme. — Jules Simon et quelques autres. — Les débuts de M. Bancel. — Un orage en chambre. — MM. Mathieu (de la Corrèze), Dugué « de la Fauconnerie », Pinard et Ollivier. — L'élection de M. Duvernois..	256
XXVI.	Mᵉ Delangle. — Le ministère Ollivier. — Le chef et les soldats. — MM. Louvet et Segris, M. le marquis de Talhouët, MM. Buffet, Daru et Maurice Richard. — Conclusions..	267
XXVII.	Les glaces et les ministres. — Les exploits du prince Pierre Bonaparte, sa victime, ses antécédents. — Les funérailles de Victor Noir. — Les poursuites contre M. Rochefort..	281

XXVIII. Les poursuites contre M. Rochefort. — Exemples choisis du crime de lèse-majesté. — Réflexions *ad homines*. — Comme quoi M. Ollivier ressemble au roc... 291
XXIX. La grève du Creusot................................ 298
XXX. M. le duc de Broglie............................... 306
XXXI. Le plébiscite. — Première partie.................. 325
XXXII. Le plébiscite. — Deuxième partie................. 338

Imprimerie de L. Toinon et Ce, à Saint-Germain.

www.ingramcontent.com/pod-product-compliance
Lightning Source LLC
Chambersburg PA
CBHW050548170426
43201CB00011B/1607